中国社会科学院创新工程学术出版资助项目

意大利
福利制度的双重二元性

李凯旋 著

中国社会科学出版社

图书在版编目(CIP)数据

意大利福利制度的双重二元性 / 李凯旋著 . —北京：中国社会科学出版社，2018.4
ISBN 978-7-5203-2428-1

Ⅰ.①意… Ⅱ.①李… Ⅲ.①福利制度—研究—意大利 Ⅳ.①D754.67

中国版本图书馆 CIP 数据核字（2018）第 078408 号

出 版 人	赵剑英
责任编辑	田　文
责任校对	王纪慧
责任印制	王　超

出　　版	中国社会科学出版社
社　　址	北京鼓楼西大街甲 158 号
邮　　编	100720
网　　址	http://www.csspw.cn
发 行 部	010-84083685
门 市 部	010-84029450
经　　销	新华书店及其他书店
印刷装订	环球东方（北京）印务有限公司
版　　次	2018 年 4 月第 1 版
印　　次	2018 年 4 月第 1 次印刷
开　　本	710×1000　1/16
印　　张	18.25
插　　页	2
字　　数	272 千字
定　　价	78.00 元

凡购买中国社会科学出版社图书，如有质量问题请与本社营销中心联系调换
电话：010-84083683
版权所有　侵权必究

序　言

　　李凯旋博士的著作《意大利福利制度的双重二元性》付梓，邀我作序。作为她博士学习期间的导师，看到她的进步与成长，我由衷地感到欣慰，也为欧洲福利国家研究领域增添了一部有价值的学术著作而高兴。

　　意大利的福利制度非常独特，其独特的原因很值得谈到，但长期以来，意大利福利制度并没有受到国内学者的足够关注。"欧债危机"爆发以后，"慷慨的福利"被指为危机的重要诱因，细致和科学的分析显得尤为重要。

　　李凯旋博士的这项研究具有多重意义。首先，它是一部扎实的国别研究，通过对意大利福利支出结构的分析，指出群体失衡与地域失衡是意大利福利制度的最主要缺陷。其次，作者并未将研究局限于福利制度本身，而是从工业化历史、政党政治博弈和南北方政治文化差异等多重维度，揭示意大利福利制度形成的复杂动力。最后，从对意大利福利制度改革的分析中，探寻欧盟对成员国改革路径的强大影响力，以及欧洲民族福利国家经济社会政策主权的弱化。

　　李凯旋博士用"双重二元性"来定义意大利的福利制度，将其称为结构二元性和地域二元性，逐一分析了意大利南北方资本主义的"不发展与发展"，在此基础上形成的失衡的阶级关系和意识形态冲突，以及畸形的极化多党制。意大利南北方数百年来积淀下的不同政治文化，在新的历史时期依然具有强大的影响力，深深地限制着或推动着新时代所需要的观念革新与制度创新。欧洲一体化为意大利福利制度改革提供了重要的外部推动力，但欧盟毕竟是新自由主义主导下的超国家组织。意大利精英阶层不过是借助这股外源性压力紧缩了福利支出，适度整合了碎片化的制度，固有的双重二元问题并没有得到根本的改变。

李凯旋博士对意大利福利制度改革的分析，对我们理解当下风靡意大利的"民粹主义精神"具有启迪意义。近年来，学界将经济低迷、失业率居高不下、难民大规模涌入等视为民粹主义兴起的主要原因。其实意大利在欧盟压力下实施的一系列新自由主义改革才是更深层次的原因。这些改革基本以逐步抛弃传统社会团结模式为特征，未能修复固有的双重失衡，却带来了新的生计危机，底层民众的被剥夺感日渐增强，因此打着反欧盟、反养老金改革与劳动市场改革的旗号，抛出"公民收入保障"计划的民粹主义五星运动党才能够在南部选民、青年和失业者中获得大量支持。

国内学界对欧美国家福利制度研究的出发点和落脚点，往往是寻求可资借鉴的经验，或值得吸取的教训。然而，这些借鉴与吸取需要建筑在对于福利制度的来龙去脉和特殊环境的深度理解上才更中肯并有意义。希望今后有更多具有理论深度、论证详实且视野开阔的福利国家研究力作问世。

周弘

2018 年 3 月

前　　言

2014年秋，中国社会科学院马克思主义研究院国际共产主义运动研究部组织了一场关于金融危机后欧洲社会矛盾演化的学术讨论会。会上，我讲述了一则新闻：意大利南部某地，一位贫困母亲在超市偷取食品被发现，而警察在看到她两个年幼饥饿的孩子后，动了恻隐之心，不仅为他们支付了食品费用，还免除了责罚。很快有老师质疑道：新闻里不总说南欧福利特别慷慨吗？怎么还会有这种事情发生？我一时语塞，苦思冥想也没能给出令人信服的答案。此后，这一疑问始终萦绕在心头，促使我决心去关注福利问题，并将意大利福利制度作为博士论文的研究主题。

英国著名学者、比较欧洲史研究专家唐纳德·萨松在《欧洲社会主义百年史》中曾说道："我正在从西欧左翼历史的视角来撰写西欧的历史。"[1] 受此启发，我也将所做的对意大利福利制度的研究，视为对这个国家工业资本主义、政治文化与政党政治的变迁史的探索。事实上，民族福利国家与它形成于其中、既努力适应又在无意间改变了的政治经济社会结构是分不开的。这种探索又要求一种对历史细节的敏锐性，以及与之相匹配的专注和摸索式研究。然而，这种浸润式的细节研究一度令我陷入矛盾中，既担心自己会迷失其中，又唯恐太武断地对待了它们，因为它们对理解福利国家的发展、内容和目标等具有重要的价值和意义。

---

[1] ［英］唐纳德·萨松：《欧洲社会主义百年史》，姜辉、于海青、庞晓明译，社会科学文献出版社2008年版，第9页。

意大利福利制度的双重二元性

在对历史细节的把握中，本书形成了一大突出特点，即在比较分析意大利福利制度的特点及其成因时，不仅重视定性研究，也非常重视对经济社会发展的史实、数据与制度细节的梳理与解析。最初完稿的博士论文主要回答了三个问题：其一，意大利福利制度有什么突出特点；其二，为什么会形成这些特点；其三，在所谓欧洲化的改革中，意大利的福利制度发生了什么变化。此后的修改中，结合专家意见和新的思考，补充了马克思主义政治经济学视角下的总体性分析，以及对意大利福利国家建设经验教训的总结。

本书首先将意大利福利制度的主要特征提炼为双重二元性。所谓双重二元性，即结构二元性与地域二元性。结构二元性指意大利较为成熟完备的养老保障与落后的失业、社会救助制度形成反差，从而使得社会保护水平在"老年"和"非老年"群体之间产生了极度不平衡现象。地域二元性主要指意大利的国民医疗体系与社会服务体系在北方更为发达，而在南方地区水平落后且绩效欠佳。

在国家统一前后甚至更早的启蒙运动时期，意大利南北方的资本主义发展就存在显著差距。这种差距在国家统一后的150多年中不断扩大，尤其是第二次世界大战后西方资本主义发展的黄金时代，北方乘着欧洲一体化的列车迅速迈进了高度发达的工业化社会，南方却还未实现工业化便产生了"过时工业化"的问题。南北方"资本主义的不发展与发展"，给劳动力市场和福利国家的构建带来了深远的负面影响。福利国家的制度结构，往往是政治角力的结果。意大利第一共和时代极化多党制下的政治博弈，在福利国家扩张的黄金时期完全固化甚至恶化了法西斯时代遗留的制度结构二元性问题。天主教民主党及其盟友在社会保障制度建设过程中，往往采取较明显的庇护主义策略，以压缩意大利共产党的政治空间。在20世纪60年代后，随着工业化的深入，意大利共产党与工会的影响力逐步提升，与天主教民主党联盟在养老金领域形成了一种"抬价政治"——但凡天主教民主党选民有的待遇，意大利共产党也会为其选民争取到。至于家庭津贴、社会救助等，要么成为政治妥协的牺牲品，要么因利益过于分散而未进入国家层面政治博弈者的视线。

福利制度的地域性失衡，还与南北方反差强烈的政治文化有关。在中世纪至国家统一的一千多年里，意大利南北方在封建专制与城市共和自治两种不同传统中，形成了垂直附庸剥削与横向联合互助两种不同的政治文化。这两种政治文化深刻影响了从拿破仑时代至21世纪的意大利南北方各地在社会救助服务领域的创新能力与管理模式——北方高效多元，公信力强；南部低效保守，公信力弱。此外，意大利的民族认同感依然较弱，地区意识强烈，通过横向财政转移支付以扩大南方福利支出的努力往往遭遇非常大的阻力，且成效愈来愈小。

虽然欧洲一体化给意大利带来了必须进行福利改革的外部压力，推动它作出了系列重大的变革，并使之成为了所谓民族福利国家欧洲化的典型。但必须注意到，意大利的改革者不过是借助欧洲化的力量改变了他们所愿意改变的，通过紧缩福利支出实现所谓公共财政健康化，而他们所不愿触碰或短期内难以改变的——福利制度所固有的、内在的结构性失衡与地域性失衡问题，丝毫没有得到改观，甚至还在恶化。

工业化、政党政治、政治文化与欧洲化的视角，都在马克思主义政治经济学经济基础与上层建筑的基本关系原理中得到统一。意大利"跛足式"的资本主义，生产领域的发展动力，以及在此基础上形成的阶级关系与意识形态冲突，共同塑造了意大利现代福利制度的萌芽、初建、巩固、扩张、危机及改革的路径与方向。

意大利福利制度建设与改革是在其特有的政治、经济、社会和历史文化中进行的，具体的措施不一定适用于我们这样一个国情更加复杂的国家。但是，从历史发展的角度来看，至少有两点经验教训值得我们关注：首先，社会保障体系的构建与改革应兼顾财政可持续和社会公平；其次，社会保障体系应及时"再校准"以适应经济社会的新变化。

目　录

绪　论 …………………………………………………………（1）
 第一节　选题的来源及理论和实践意义 ……………………（1）
 第二节　国内外研究现状 ……………………………………（3）
  一　国内研究综述 …………………………………………（3）
  二　国外研究综述 …………………………………………（5）
 第三节　研究的主要内容及创新之处 ………………………（23）
 第四节　研究方法 ……………………………………………（24）

第一章　意大利福利制度的双重二元性 ………………………（25）
 第一节　福利国家与福利模式 ………………………………（25）
  一　何谓福利国家 …………………………………………（25）
  二　福利资本主义的模式 …………………………………（28）
  三　观察福利国家与福利模式的主要理论视角 …………（34）
 第二节　意大利福利制度的结构二元性与地域二元性 ……（42）
  一　意大利福利制度的结构二元性 ………………………（44）
  二　意大利福利制度的地域二元性 ………………………（49）
 第三节　意大利福利制度概况 ………………………………（53）
  一　社会保险 ………………………………………………（54）
  二　国民医疗保健 …………………………………………（58）
  三　社会救助 ………………………………………………（60）
 第四节　本章小结 ……………………………………………（62）

第二章　工业化理论视角下的双重二元性 …………………… (65)

第一节　从王国统一到第一次世界大战结束：自由主义理念主导下的福利制度构建 …………………………… (66)
 一　19世纪下半叶保守派的"放任自由" …………………… (66)
 二　20世纪早期走向俾斯麦模式 …………………………… (74)

第二节　法西斯时期的制度巩固 …………………………………… (78)
 一　法西斯时期的经济与社会状况 ………………………… (78)
 二　法西斯时期意大利社会保障制度的发展 ……………… (80)

第三节　黄金时代的制度扩张 …………………………………… (88)
 一　黄金时代的经济二元性 ………………………………… (88)
 二　福利制度的扩张与双重二元性凸显 …………………… (96)

第四节　20世纪80年代的危机与徘徊 ………………………… (111)
 一　20世纪80年代的经济危机与失业问题的加剧 ……… (111)
 二　社会保障的结构性失衡与改革的缺失 ……………… (114)

第五节　本章小结 ………………………………………………… (118)

第三章　欧洲化的改革：从1990年到今天 ……………………… (121)

第一节　欧洲化改革的背景 ……………………………………… (122)
 一　欧洲化改革的经济背景 ………………………………… (122)
 二　欧盟影响日益增强，改革压力持续输入 …………… (126)

第二节　迈向多支柱体系的养老金制度 ………………………… (131)
 一　20世纪90年代的改革：迈向多支柱体系 …………… (132)
 二　21世纪的艰难突破 …………………………………… (137)
 三　多支柱化改革的效果与前景 ………………………… (148)

第三节　劳动力市场的灵活化与失业救助的"现代化" …… (153)
 一　劳动力市场灵活化与失业保障改革背景的补充 …… (153)
 二　劳动力市场灵活化改革的路径与内容 ……………… (157)
 三　失业收入保障制度的"现代化" …………………… (162)
 四　改革的效果与影响 …………………………………… (163)

第四节　社会救助二十年改革：未完成的现代化 ……………… (166)

一　20世纪90年代改革：现代化之路初启 …………………（167）
　　二　21世纪的改革：未完成的现代化 ……………………（169）
　　三　改革后的社会救助制度 …………………………………（172）
　第五节　医疗卫生体制改革 ……………………………………（174）
　　一　20世纪90年代管理结构的改革 ………………………（175）
　　二　21世纪的改革：大区获得财政自主权 ………………（177）
　　三　二十年来改革的影响 ……………………………………（180）
　第六节　本章小结 ………………………………………………（182）

第四章　政党政治与福利制度的结构二元性 ……………………（184）
　第一节　极化多党制与福利制度的结构二元性 ………………（184）
　　一　第一共和时代的极化多党制 ……………………………（185）
　　二　政党政治对福利制度二元结构的塑造 …………………（190）
　第二节　第二共和时代政党政治对福利制度改革的影响 ……（199）
　　一　第二共和时代多党政治的特点 …………………………（200）
　　二　两翼化格局中失衡的改革 ………………………………（204）
　第三节　本章小结 ………………………………………………（211）

第五章　地域二元性背后的政治文化与国家权力结构因素 ……（213）
　第一节　地域二元性背后的政治文化模式差异 ………………（213）
　　一　横向互助合作与垂直附庸剥削模式下的社会救助 ……（214）
　　二　不同政治文化下社会救助管理制度的发展 ……………（218）
　第二节　国家权力结构联邦化对地域二元性的强化 …………（223）
　　一　共和时代国家权力结构改革 ……………………………（224）
　　二　地区自治下发展失衡的社会救助 ………………………（229）
　第三节　本章小结 ………………………………………………（240）

第六章　难以破解的双重二元困局
　　　　——基于马克思主义政治经济学视角的分析 …………（242）
　第一节　工业资本主义的"跛足式"发展与福利制度的
　　　　　双重二元性 ……………………………………………（242）

    一　自由主义时代意大利工业资本主义的起步与福利
　　　　制度的雏形 ………………………………………………（244）
    二　法西斯时代意大利资本主义的停滞与福利制度的
　　　　收缩 ………………………………………………………（250）
    三　第二次世界大战后的"跛足式"发展模式与
　　　　福利国家建设的完成 ……………………………………（251）
第二节　意大利福利制度二元困境下的危机与改革…………（253）
    一　意大利福利制度的矛盾与危机 ………………………（254）
    二　意大利福利制度再校准改革的悖论及其政治
　　　　经济根源 …………………………………………………（256）
第三节　本章小结 ………………………………………………（260）

结　语
    ——兼论对我国转型时期社会保障体系构建的启示……（262）
    一　意大利福利制度双重二元性的本质、根源与前景 ……（263）
    二　意大利福利制度构建与改革的经验与教训……………（268）

参考文献 ………………………………………………………（271）

后　记 …………………………………………………………（279）

绪　　论

第一节　选题的来源及理论和实践意义

"过度的福利和慷慨的保障"，近年来常常被媒体和学界视为南欧地区爆发主权债务危机、经济走向崩溃边缘的重要诱因之一。[①] 而根据欧盟统计局公布的数据，在2009年，西班牙、意大利、葡萄牙和希腊等国社会保障支出占GDP的比重分别为24%、27.5%、24.5%和26.6%，皆低于欧盟二十七国27.6%的平均水平，与欧盟十五国28.2%的平均水平也有较大差距。[②] 这些数据似乎继续印证着雷勃弗莱德（S. Leibfreid）二十多年前的观点，即南欧国家社会支出水平和发展水平都落后于西欧和北欧。[③]

既然如此，为何南欧地区的福利与保障会被认为"慷慨"且"过度"，甚至还被视为导致经济走向崩溃边缘的重要诱因呢？这恐怕还要从福利支出的内部结构去考察。毕竟，福利国家对经济社会

[①] 国内也有相当一部分学者持有此种观点。如郑秉文《高福利是欧债危机的重要诱因》（http://theory.people.com.cn/GB/49154/49155/16901318.html），最后登录日期为2016年4月17日。

[②] 参见欧盟统计局网站（http://appsso.eurostat.ec.europa.eu/nui/submitViewTableAction.do），最后登录日期为2016年5月12日。

[③] 1992年，雷勃弗莱德指出，包括意大利、西班牙、葡萄牙和希腊在内的南欧国家社会保障的总支出占国民生产总值的比重比西欧和北欧低，社会救助发展水平落后，福利体系"发育未完全"，因而将它们归为"拉丁—地中海模式"。参见 S. Liebfried, "Towards a European Welfare State? On Integrating Poverty Regimes into the European Community", in Z. Ferge and J. Kolberg (eds.) *Social Policy in a Changing Europe*. Boulder, Westview Press, 1992, pp. 245–279.

2　意大利福利制度的双重二元性

的影响，并非仅仅取决于支出总量，还取决于支出结构，以及在支出结构影响下不断固化的制度特性。意大利的社会保障支出在老年群体和非老年群体之间存在着显著的不平衡，老年群体吸收了大部分社保支出，至少在金融危机爆发时，收益确定型下的公共养老保障是非常慷慨的，退休较早且替代率高，公共部门和私营部门雇员甚至分别可达100%和80%。但是，意大利对幼儿和青年等非老年群体的投入，如家庭津贴、失业津贴等，则少之又少，甚至没有建立针对长期失业群体的最低收入保障制度。此外，意大利的医疗、教育和社会救助服务还存在严重的地域发展失衡问题——以2012年为例，北部瓦莱达奥斯塔地区人均社会支出达到了277.1欧元，南部卡拉布里亚大区和莫里塞大区人均仅为24.6欧元和41.9欧元，而意大利全国的平均支出水平为117.3欧元。[①] 意大利社会保障支出结构的失衡——对非老年群体收入支持的不足，很大程度上降低了通过劳动力市场灵活化改革提升经济发展活力的实际功效；福利制度发展的地域不平衡，肇始于工业化的失衡，反过来又恶化了地域经济失衡。换言之，福利支出的结构失衡与地域发展失衡，或意大利学者所谓的"二元性"[②]，才是考察意大利福利制度为何会制约本国经济发展的恰当视角。

本书将围绕三个问题展开：首先，意大利福利制度双重二元性的表现是什么；其次，20世纪90年代以来的欧洲化改革如何强化了双重二元性；最后，双重二元性得以形成和强化的经济与政治原因是什么。

或许是出于"内需导向"的缘故，即为中国构建社会保障体系

[①] Protezione sociale, Istat: *Rapporto Annuale 2016*, http://www.istat.it/it/files/2016/12/C05.pdf, p.161.

[②] 参见 Maurizio Ferrera, Valeria Fargion, Matteo Jessoula, *Alle Radici Del Welfare All'italiana: Origini e Futuro di un Modello Sociale Squilibrato*, Venezia: Marsilio, 2012; Ugo Ascoli and Emmanuele Pavolini (eds.), *The Italian Welfare State in a European Perspective: A Comparative Analysis*, Bristol: Policy Press, 2015. 其中，费雷拉（Maurizio Ferrera）等更强调福利制度的结构失衡问题，阿斯科利（Ugo Ascoli）等更突出地域不平衡问题且明确使用了"二元性"（dualismo）一词。

寻求可资借鉴的经验，学术界的大部分目光都集中于北欧、欧陆和盎格鲁—撒克逊等国家集群的福利体系，而"忽视"了南欧福利国家。从理论角度而言，加强对南欧福利国家的研究，有助于我们对欧洲福利国家的多样性和差异性有更全面的了解，对社会保障制度的发展动力，以及制度构建进程中各主体的交互作用等重要问题有更多的认识。从实践角度而言，20世纪初期以及第二次世界大战后"经济奇迹"年代，意大利作为福利国家建设的先行者之一，在构建更为完备的社会保障体系中所经历的快速工业化和社会转型过程，以及所面临的难以逾越的地域发展鸿沟问题，与今日中国之境况确有很多相似之处。其相关经验，对我国构建可持续的多层次社会保障体系是具有一定借鉴意义的。因此，对意大利福利体系的构建进程与改革进行深入研究，无论在理论上还是实践上都有重要意义和价值。

第二节 国内外研究现状

一 国内研究综述

如前文所述，国内对欧洲福利国家的研究多以"内需导向"为基础，更为关注福利国家的整体性发展、危机与改革，侧重点主要集中在北欧和西欧地区的福利国家。[1] 对意大利福利体系的研究相对较少，且多数以介绍为主，纵向深入的历史考察与制度研究极为鲜见。20世纪80年代，劳动部对意大利社会保险制度进行过比较简单的介绍[2]；研究意大利问题的学者译介了意大利社会福利制度危机方面的研究报告，重点突出了其"过度慷慨"的公共养老体系的财政不可

---

[1] 国内在这方面的成果还是较为丰富的，比较有代表性的著作有周弘的《福利国家向何处去》，郑秉文、和春雷的《社会保障分析导论》，龚莉的《发达国家两大难题：就业和社会保障》，杜鹏的《欧盟的老龄问题与老龄政策》，吕学静的《各国失业保险与再就业》，等等，不一而足。

[2] 劳动部保险福利司：《意大利的社会保险制度》，《中国劳动科学》1989年第4期，第39—41页。

持续问题。① 进入20世纪90年代以后，国内学界的关注点主要集中在意大利公共养老制度的改革进程与经验介绍方面。例如，袁铁铮介绍了1995年意大利提高退休年龄、扩大社保缴费范围、积极推行补充养老保险、发展商业养老保险的做法。②

2005年，郑秉文、宋坤对意大利20世纪90年代进行的三次养老金改革进行了比较详细的阐述和分析。他们认为，1992年的阿玛托改革只是"参数改革"，继续维持了原来旧有的收入关联型（DB）养老金结构，并未触及制度的实质问题；当然也有进展，如加强了当前缴费和未来给付之间的联系，延长了缴费年限和参考工资水平所涉及的年份，规定了养老金实行物价指数化，引入了职业年金和个人养老金计划。1995年的迪尼改革的主要功绩则是在阿玛托改革的基础上引入了名义账户制（NDC）。1997年普罗迪改革的主要成绩在于迅速执行迪尼改革的所有措施，初步整合碎片化的养老金体系，继续推行养老金新模式，即名义账户制，建立"转换系数"自动修订机制等。③ 至此，意大利不仅通过引入名义账户而对公共养老制度进行了重大的结构性改革，而且推动了本国养老体系由单支柱向多支柱转型。

在探寻欧债危机爆发原因的过程中，国内不少学者也将目光投向了南欧各国的养老体系。在意大利公共养老体系改革研究方面，学界加入了对蒙蒂政府改革方案的介绍。④ 但总体而言，近几年对意大利养老金改革的研究，更多是对前期研究的重复，没能呈现出新的经验

---

① 意大利都灵切斯第研究中心：《意大利社会福利制度的危机与改革构想》，戎殿新译，《国际经济评论》1988年第5期。

② 袁铁铮：《意大利社会保障改革的新趋向》，《中国社会保障》2001年第6期，第50—51页。

③ 郑秉文、宋坤：《意大利九十年代以来养老金三个支柱改革进程——兼论引入"名义账户制"的前途》，《欧洲研究》2005年第6期，第94—111页。

④ 参见王朝才、刘军民《意大利养老金制度改革考察报告》，《地方财政研究》2012年第10期，第72—80页；邓大松、杨东：《意大利公共养老金制度发展和改革研究》，《社会保障研究》2013年第3期，第100—105页；孙守纪、齐传钧：《欧债危机背景下的意大利养老金制度改革——碎片化养老金制度的分析视角》，《中国地质大学学报》（社会科学版）2013年第4期，第91—98页。

性资料，因此，也未形成新的突破。

二　国外研究综述

事实上，南欧福利国家即便是在欧美社会政策研究领域，也一度处于比较边缘的地位，[①] 专门针对意大利的研究成果不多。但欧美学者从工业化、权力资源以及制度演进或结构功能等视角，对福利国家的扩张与紧缩、福利模式差异化所进行的深入分析，也是极富启示性的。当然，若要对意大利福利制度的构建以及相关改革进行更为深入的考察，还要更加重视意大利本国学者翔实丰富的经验性研究。这些经验性研究富含宝贵的制度发展细节，对我们理解和分析意大利福利制度双重二元性的形成与固化意义重大。

福利国家于20世纪90年代普遍进入了紧缩的"白银时代"，意大利也不例外。对于意大利福利制度的改革，欧美学者从超国家层面的适应性压力和内部的政治经济结构约束等角度进行了分析。欧洲一体化给意大利带来了显著的"公共财政健康化"压力，这使得财政紧缩成为近年来改革的最主要目标。当然，内部政治力量的影响作用也不可忽视。不过，为学界所熟悉的"避免责难"（Blame Avoidance）说，以及皮尔逊（P. Pierson）等在新政治学视域下提出的制度遗产使得政党影响力弱化等论点，都直接或间接地说明了主流政党在进行福利制度结构改革时往往会"瞻前顾后"，因而贻误改革良机。

（一）意大利福利模式的类型与制度特性

探讨意大利福利体系的特性时，首先必须明确这样一个问题：意大利属于哪一种福利模式？直接探讨意大利福利模式类型归属的文献资料并不是很丰富，而且多数是在比较视角下，通过探讨南欧模式是否存在来体现的。20世纪90年代以来，意大利福利制度的类型归属随着南欧模式说的出现，一直存在争议——既常常被归入南欧模式，又屡次被归入保守合作主义模式。

---

① George Katrougalos and Gabriella Lazaridis, *Southern European Welfare States: Problems, Challenges and Prospects*, New York, Palgrave Macmillan, 2003, p. 15.

6 意大利福利制度的双重二元性

1. 南欧模式还是保守合作主义模式

1990年，埃斯平-安德森（G. Esping-Andesen）在《福利资本主义的三个世界》中，依据国家、市场与家庭的关系，将意大利归为保守合作主义福利国家——市场效率和自由主义从未占上风，国家是福利的主要提供者，对既有阶级实施分化保护，社会保险计划的职业区隔性十分显著，私人保险和职业性额外给付是配角。此外，重视保护家庭传统关系，强调"辅助性"原则，只有家庭能力耗尽时，国家才出手相助，而妻子们被排除在社会保险之外。作为埃斯平-安德森笔下的保守合作主义福利国家，意大利的福利制度塑造出了新的社会分层体系，其去商品化水平中等，优于英美，弱于北欧。

埃斯平-安德森的论断引起了学者们的极大兴趣，不少人质疑他不应将南欧西班牙、葡萄牙和希腊等国排除在外，而且意大利的福利模式也不属于欧陆国家集群。雷勃弗莱德就是其中比较有代表性的一位，他在1992年发表的《走向欧洲福利国家》一文中，将包括意大利在内的南欧国家的福利体系界定为"拉丁—地中海模式"。他指出，南欧各国社会保障的支出占国民生产总值的比重，历来比欧陆、北欧和西欧地区低，收入维持的功能很弱，同时社会保护体系的天主教文化色彩浓重，社会救助制度落后。这些特征足以使它们构成一个独立的福利国家群。雷勃弗莱德更为强调"拉丁—地中海模式"福利体系的"发育不完全"特性。[1] 卡斯尔斯（F. G. Castles）在三年后比较分析南欧福利体系的文章中，则试图纠正一种观点——南欧国家代表着一种欠发达的落后福利体制。通过对社会保障和转移支付的研究，卡斯尔斯认为南欧国家应该被视为一种相当典型的保守国家集群，之所以支出水平较其他国家低，不过是因为它们贫穷且人口相对低龄。[2]

---

[1] S. Leibfried, "Towards a European Welfare State: On Integrating Poverty Regimes into the European Community", in Z. Ferge and J. Kolberg (eds.), *Social Policy in a Changing Europe*. Boulder, Westview Press, 1992, pp. 245–279.

[2] F. G. Castles, Welfare State Development in Southern Europe, *West European Politics*, Vol. 18, No. 2, 1995, pp. 291–313.

在雷勃弗莱德和卡斯尔斯之后，南欧学者对该地区福利模式的共性，尤其与欧洲大陆国家福利体系的区别，进行了更为全面和深入的分析。其中，意大利学者费雷拉（M. Ferrera）在上述论断的基础上作出了具有开创性的理论贡献，他在1996年初发表的《社会欧洲的"南欧模式"》中正式提出了"南欧模式"这一概念。费雷拉指出，80年代的诸多杰出理论家如弗罗拉（P. Flora）、海登海默（A. J. Heidenheimer）等都将大部分南欧国家排除在了样本分析之外。虽然不少学者将意大利、西班牙纳入了分析体系，但都认为这些国家不过是在追随保守合作主义福利国家的足迹。费雷拉基于意大利与欧陆国家福利体系的差异，以及南欧国家福利制度的共通性，明确提出了南欧模式的存在，并论证了南欧福利体系区别于欧陆模式的主要特征——收入转移支付的扭曲性、地域差异性、半心半意的普救主义医疗体制以及弱国家性或突出的庇护主义特性。[1]

1996年可谓"南欧模式"研究元年，针对这一模式的争论也在这一年表现得最为激烈。几乎与费雷拉同时，英国学者高夫（I. Gough）对20世纪90年代中期实施改革前的意大利、西班牙、葡萄牙和希腊等国家社会救助系统的共性和特性进行了研究。高夫指出，南欧的福利体系，仅从社会救助角度而言，就可自成一家。南欧地区的社会救助与西欧和北欧差异非常大——救助津贴要么很低，要么根本不存在。直至90年代中期，南欧国家依然缺乏全国性的最低收入保障，仅针对老年人进行了类别设计，而其他多数贫困群体，只有微不足道的地方性物资救济。[2] 学术界并没有一边倒地认同费雷拉等人的提法，也发出了对南欧模式说的质疑声。卡特卢戈卡洛斯（G. S. Katrougalos）认为，希腊、西班牙和葡萄牙中的任何一个国家都不能成为独立的福利国家类型，它们在社会支出方面不可辩驳的落后性与"任何具体制度和组织的特质"无关，不过是反映了"福利国家建设

---

[1] Maurizio Ferrera, The "Southern Model" of Welfare in Social Europe, *Journal of European Social Policy*, Vol. 6, No. 1, 1996, pp. 17 – 37.

[2] I. Gough, Social Assistance in Southern Europe, *South European Society and Politics*, Vol. 1, No. 1, 1996, pp. 1 – 23.

方面的滞后，以及更一般意义上地中海南欧经济的相对欠发达性"。①也就是说，卡特卢戈卡洛斯主张勾勒和呈现南欧福利国家的制度和组织特性，而不是将其作为"落后性"的原因来进行阐释。福利国家的本质取决于它们构建在何种原则之上，即社会保险的组织架构、与就业和缴费相关联的资格等，而并非存在于过去数年中被构建出来的、承载上述原则的制度或组织机构上。② 可以看出，卡特卢戈卡洛斯坚定地认为，南欧福利模式并不存在，意大利等南欧福利国家建立在保守合作主义原则之上，制度建设的落后不能成为它们自成一家的理由。

1996年9月，《南欧社会与政治》推出了"南欧福利国家"特刊，当期的特约主编马丁·罗德斯（M. Rhodes）邀请意大利、西班牙、葡萄牙、希腊四国学者分别就制度结构、家庭的作用、地域差距、贫困的性质、政策创新（或惰性）等问题进行了探讨。罗德斯对卡特卢戈卡洛斯进行了反驳，认为南欧地区的福利体制值得进行分门别类的探讨，制度特性可以成为福利国家集群分类的标准。同时，他还提出了"南部综合征"这一概念。所谓"南部综合征"，是指在意大利等南欧国家普遍存在的问题——如福利体系被利益集团把控且呈现结构碎片化，政治庇护主义难以根除，落后地区长期存在的高贫困率和高失业率，逃税和骗取福利问题严重等。地区之间——意大利与西班牙的南北部、葡萄牙的大西洋海岸与内陆、希腊的城乡之间——发展鸿沟的扩大，也为福利体系改革制造了难度。③

埃斯平-安德森在1999年的《后工业经济体的社会基础》一书中，再次阐明了其对南欧福利国家类型归属的观点，即包括意大利在内，都属于保守合作主义模式。④ 不过，相当多的南欧学者坚持认为，

---

① Katrougalos G. S., "The South European Welfare Model: The Greek Welfare State, in Search of an Identity", *Journal of European Social Policy*, Vol. 6, No. 1, 1996, p. 43.

② Ibid., pp. 39 – 60.

③ Martin Rhodes, "Southern European Welfare States: Identity, Problems and Prospects for Reform", *South European Society and Politics*, Vol. 1, No. 3, 1996, pp. 1 – 22.

④ Gosta Esping-Andersen, *Social Foundations of Postindustrial Economies*, Oxford, Oxford University Press, 1999.

南欧福利国家固然有保守合作主义特征——家庭和非营利性公共组织在个人去商品化中发挥了突出作用、社会权利与就业紧密相关、内部人与外部人的分隔明显，但是也有很多相当显著且可令它们自成一家的特性。安德烈奥蒂（A. Andreotti）等南欧学者就是基于家庭—国家—市场三者在福利体系中的作用，突出了南欧福利国家与欧陆国家的不同之处。在家庭和市场之外，国家在南欧福利体系中表现出了突出的二元相悖性，即"虚弱性"（weakness）与"中心性"（centrality）并存。所谓"虚弱性"，一定意义上与前述雷勒弗莱德的"发育不完全的、残补型福利国家"，以及费雷拉所说的国家"在社会保护领域的低渗透性"等意义相重合；而"中心性"是指纵然国家有明显的"虚弱性"，但在社会生活的许多领域仍发挥着中心作用，同时国家干预在某些情况下呈现出了特殊主义特征，甚至在某些地区蜕化为庇护主义、裙带关系和腐败现象。家庭，尤其是家庭中的女性，在南欧福利国家中被赋予了照护家庭的责任，不少社会风险——疾病、残疾和失业等，都被视为家庭或亲属关系网的责任。但与欧陆国家不同的是，南欧国家对家庭的转移支付和支持非常有限。因此，家庭在南欧福利国家中的作用是强大的，但其地位却是边缘的。南欧的工业化进程总体比欧陆国家晚，而且存在巨大的地域差距。由于工业化存在地域性发展失衡，南欧的劳动力市场也呈现出了碎片化格局，在此基础上形成的福利体系也是碎片化的和多元的。南欧福利制度最突出的漏洞在于，没有在国家层面为初次求职者、长期失业者以及面临生计危机的部分自雇者提供收入支持保障，而后者往往通过逃税或参与大量地下经济来避免社会排斥。可以说，未能参与到正规劳动力市场中的人员，既不能得到市场的好处，也很难得到国家提供的社会保障。[①]

卡特卢戈卡洛斯在2003年再次发声，表明其立场观点。他坚定地认为，并不存在南欧模式，南欧各国的福利体系不过是"合作主义

[①] Alberta Andereotti, Soledad Marisol Garcia, Aitor Gomez, Pedro Hespanha, Yuri Kazepov, Enzo Mingione, "Does a Southern European Model Exist?", *Journal of European Area Studies*, Vol. 9, No. 1, 2001.

国家"福利模式的不发达表现或亚类型。南欧福利国家的确与欧陆国家存在制度上的诸多差异，但这主要与各国的工业化历程相关。欧陆国家经历了一个完整的从工业化和现代化过渡到服务业发达的后现代化的发展进程；而南欧国家工业化起步晚、发展慢，却在发展未完全的情况下直接进入了服务业繁荣的阶段，农业人口大量涌入了服务业部门。高比例的自雇就业和灵活就业使得集体互助和普救主义的福利保障在包括意大利在内的南欧国家都发展不足。但就意大利而言，其突出的问题在于明显的地域性差异。北方地区工业化和城镇化起步早、程度深，社会保障体系在南欧诸国中最为发达，经济与社会发展程度也可与欧盟核心成员国比肩；南部则在各方面落后很多。[①]

实际上，直到现在这种争论仍在持续，恐怕在未来也难以有最终的结果。这其中的原因也是显而易见的，即学者界定福利模式的视角不同。南欧模式和保守合作主义模式并不是冲突的，而是补充的。埃斯平-安德森基于家庭—国家—市场在福利国家中的基本作用，划分出了自由主义、保守合作主义和社会民主主义三种类型。而其本人也承认，没有一个国家纯粹属于哪一种。从某种意义上说，自由主义、保守合作主义和社会民主主义更多的是构建福利国家的思想理念。坚持南欧模式说的学者，实际上对埃斯平-安德森提出的保守合作主义国家特性作出了更为详尽的论证，而非否定。他们从未否认南欧福利体系的合作主义特性，而是从社会保障的制度落后性和功能缺陷出发——比如普遍存在的"南欧综合征"以及养老金与社会救助发展的二元性等，界定了南欧模式。可以说，南欧国家被归为一个类型的主因是它们之间的共性大于与欧陆国家之间的共性，但这并不意味着否认与后者之间存在相似之处。换言之，保守合作主义模式包括了欧陆国家集群和南欧国家集群。就欧洲福利国家而言，理论上与南欧模式相并列的类型应该是欧陆模式、盎格鲁—撒克逊模式、北欧模式以及中东欧（前社会主义国家）模式。

[①] George Katrougalos and Gabriella Lazaridis, *Southern European Welfare States: Problems, Challenges and Prospects*, New York, Palgrave Macmillan, 2003.

2. 意大利福利制度的具体特征

南欧模式的特性——转移支付的扭曲性、地域差异性、半心半意的普救主义医疗体制以及弱国家性或突出的庇护主义特性等，在意大利福利体系中都有很大程度的体现。对于意大利福利制度的主要特性，意大利学者的考察更为细致且具体。在该领域比较有影响力的学者有前文提到的费雷拉和阿斯科利（U. Ascoli）等。他们早在1984年就用"特殊主义—庇护主义"福利模式概括了意大利福利体系的特征。[1] 近年来，两位学者的视角都发生了较大变化——费雷拉更多地从制度的结构与功能的视角来对意大利的福利体系进行考察；阿斯科利则更多地关注意大利福利体系的地域失衡问题。

费雷拉认为，意大利福利体系内部存在严重缺陷和"双重失衡"或二元性问题。一是功能失衡。意大利在养老金方面的过高投入与在失业和社会救助方面过低投入之间的不平衡，至今仍大大限制甚至阻碍着本国实现欧盟加强财政纪律的目标，以及所应进行的经济社会政策的转型进程。二是分配失衡。各类社会保障经费内部的分配方面，各行业的准入条件和慷慨度均存在着很大差异。虽然欧洲大陆国家也表现出了一定的碎片化以及内部人和外部人之间的分隔，但它们的不平衡性并没有意大利这么突出。[2] 阿斯科利也是南欧模式说的拥趸，但他更强调南欧模式内部的地域不平衡性。第二次世界大战后，意大利福利国家的发展历程可以分为两个阶段，即20世纪40—70年代和石油危机后。20世纪40—70年代，意大利福利体系的重大突破是在医疗卫生领域引入了普救主义，而石油危机后的改革则是一个真正将普救主义艰难地付诸实践，却不断弱化公民权利原则的过程。在阿斯科利看来，意大利福利制度中长期存在的地域不平等是最不应被忽视的，其严重程度超出了多数欧盟国家。自20世纪90年代中期以来的改革，虽已经触及了"光荣三十年"间意大利所构建的福利体系之根本支柱，但地域不平等与碎片化问题并未

---

[1] Ugo Ascoli (eds.), *Welfare State All'Italiana*, Roma-Bari, Laterza, 1984; Maurizio Ferrera, *Il Welfare State in Italia: Sviluppo e Crisi in Prospettiva Comparata*, Bologna, Il Mulino, 1984.

[2] Maurizio Ferrera (eds.), *Le Politiche Sociali*, Bologna: Il Mulino, 2012, pp. 47–51.

消失，而是在不断地恶化。①

纳尔迪尼（M. Naldini）则从家庭、市场与国家关系的视角，对家庭在意大利福利体系中的突出作用进行了深入考察，提出了"家庭导向"型（Family-oriented）或家庭主义（Familialistic）福利模式。她认为，意大利福利体系中存在一个突出的矛盾现象，即家庭在福利体系中发挥的重要作用与国家对家庭支持的严重不足同时存在。② 卡泽波夫（Y. Kazepov）在前人研究的基础上提出了"被动的辅助性"说，即国家福利功能的不足，迫使家庭、地方社区在保护最弱的主体中发挥了关键性作用。③ 林奇（J. Lynch）在 2001 年发表的文章中就提出了包括意大利在内的部分经合组织（OECD）国家福利体系中存在的"年龄导向"（Age-Orientation）现象，即社会保障对陷入社会排斥困境的儿童支持力度不足，但是老年人获取较高水平养老金或社会救助却相对容易得多。④ 林奇在其著作《福利国家中的年龄：退休者、工人和儿童的社会支出之源》一书中，通过横向比较和历史比较的方式，更为详尽地阐述了美国和意大利等国福利体系中存在的这一现象。⑤ 纳尔迪尼、卡泽波夫和林奇本质上都从福利供给的角度说明了意大利福利体系内部显著存在的功能失衡问题。

简言之，意大利福利体系具有南欧模式的共同特性——社会救助发展落后、家庭作用突出但所获国家支持甚少，这使得意大利福利制度表现出了突出的支出结构失衡与功能失衡问题。此外，意大利福利制度的地域不平衡问题也不容忽视。

---

① Ugo Ascoli (eds.), *Il Welfare in Italia*, Bologna: Il Mulino, 2012, pp. 14 – 16.
② Manuela Naldini, *The Family in the Mediterranean Welfare State*, London, Portland: Frank Cass, 2006.
③ Yuri Kazepov, Le Politiche Socioassistenziali, in Ugo Ascoli (eds.), *Il Welfare in Italia*, 2012, pp. 120 – 122.
④ Julia Lynch, The Age-Orientation of Social Policy Regimes in OECD Countries, *Lis Working Papers*, Vol. 30, No. 3, 2002, pp. 411 – 436.
⑤ Julia Lynch, *Age in the Welfare State: The Origins of Social Spending on Pensioners, Workers and Children*, Cambridge: Cambridge University Press, 2006.

(二) 对意大利福利制度特性成因的探讨

总体而言，解释福利国家制度成因的理论是比较丰富的，如工业化理论、阶级动员理论、民主化理论，以及制度主义视角等。埃斯平－安德森将解释福利国家制度的传统方法分为两类：一是体系/结构方法，其起点是工业社会的理论，强调结构与整个体系；二是制度视角，强调制度与行为者。不过，他更看重权力资源在福利国家中的作用。[1] 意大利学者纳尔迪尼基于国家在塑造社会政策中的自主性，将解释福利国家制度差异的理论分为两大类："基于需求"或"以社会为中心"的理论，以及"以国家为中心"的理论。前者包含功能主义理论——社会政策是对社会需求的回应，以及权力资源理论——劳资冲突是福利国家前行的牵引力；后者突出国家的自主性——国家不仅是政治力量的角力场，还有塑造利益和引导冲突的能力。[2]

通过梳理意大利学者对本国福利体系发展历程的呈现与解读，可以看到，他们特别注重制度的路径依赖，也比较重视政党政治的影响，工业化、权力资源等视角较少得以体现。

1. 政治动员的视角

自20世纪80年代以来，以科尔皮（W. Korpi）为代表的学者尝试对福利国家的结构差异进行解释，并将目光聚焦在工人阶级的权力资源上。科尔皮的逻辑起点是劳动力市场中资源的不均衡引发了分配斗争，而福利国家正是基于阶级的权力资源分配斗争以及政党政治的反映和结果。[3] 所谓权力资源，按照科尔皮的说法，就是"一种被个人或群体控制的、可以奖励或惩罚他人的资源"[4]。在不同的领域，

---

[1] ［丹麦］哥斯塔·埃斯平－安德森：《福利资本主义的三个世界》，苗正民、滕玉英译，商务印书馆2010年版，第19—26页。

[2] Manuela Naldini, *The Family in the Mediterranean Welfare State*, London, Portland: Frank Cass, 2006, pp. 17–18.

[3] 刘军：《权力资源理论视野下的瑞典模式——瓦尔特·科尔皮教授访谈录》，载侯建新主编《经济—社会史评论》第5辑，生活·读书·新知三联书店2010年版，第175—183页。

[4] 同上书，第176页。

权力资源有不同的存在形式，如劳动市场领域的资本与劳动力资源，前者更容易集中，而后者更需要集中起来，否则其价值只能取决于资本的权力与需要。权力资源的逻辑与马克思主义的阶级动员相近，即"社会结构的变化是通过人们的合作或斗争，寻求解决重大社会问题的方法的结果"①。劳动力市场中的工人承担着更多的生计风险，却拥有较少的经济资源，所以需要争取更多的资源来抵御风险。但任何劳动者个体都无法改变人力在市场中所处的劣势，这就催生了阶级意义上的集体行动。因此，代表劳动者利益的政党往往追求福利体系的改善，以扭转市场力量对劳动者造成的不利分配局面。

埃斯平-安德森也是权力资源理论的拥趸之一。他用权力资源理论分析了自由主义、保守合作主义和社会民主主义福利国家形成背后的阶级动因，并指出即便是在相同的阶级结构条件下，在福利国家巩固和扩张期，工人党团结和联合其他劳动者阶级（如农民）进行斗争的能力与意愿，也在很大程度上决定了福利国家的走向。奥地利的保守合作主义模式与瑞典的社会民主主义模式形成背后的政治动因就在于此。工业化等结构功能主义的解释看到了福利国家的趋同性，阶级动员的范式看到了大方向上的、线性分布的差异，而政治联盟研究作为一种互动模型，引导人们注意不同的福利国家体制。②

意大利学者马艾斯特里（G. E. Maestri）的《利益代表、政党与共识——意大利的养老丛林、庇护主义与政治竞争》，是借鉴该理论对第一共和时期意大利福利体系的功能扭曲性进行政治解读的著作中，得到最多认可的一部。马艾斯特里将养老金视为一个丛林，利益集团、政党在其中既斗争又合作，突出了政治因素在意大利养老金体制成长与庇护性蜕化中的作用。无论获取权力还是取得共识，利益集团的武器都是立法提案，而立法正是议会竞技场协商与博弈的结果。利益代表、政党的冲突与联盟、党内竞争、选举动员，都是考察意大

---

① 刘军：《权力资源理论视野下的瑞典模式——瓦尔特·科尔皮教授访谈录》，载侯建新主编《经济—社会史评论》第5辑，生活·读书·新知三联书店2010年版，第176页。
② ［丹麦］哥斯塔·埃斯平-安德森：《福利资本主义的三个世界》，苗正民、滕玉英译，商务印书馆2010年版，第9—26页。

利养老金体系的政治起源时应该考虑到的重要因素。①

民主理论的变体之一——公共选择理论（public-choice）也涉及利益集团、政党政治与官僚机制，与权力资源理论有交叉之处。支持该理论的学者认为，民主助长了政党围绕中间选民竞争而导致的公共开支的增加。恰如德国学者斯卡夫（F. Scharpf）所言，国家集群内部福利制度和产业关系体系之间之所以存在共同点，"主要是由于这些国家的主要政党在思想意识上有着相同的世界观和抱负。换言之，在战后几十年里，政党起着很大作用"。②

林奇在前人研究的基础上提出的两个考察视角值得关注：首先，社会保障体系是基于公民权原则还是以就业为中心构建的？其次，政党竞争的模式是特殊主义的还是纲领性的？③ 第二次世界大战后，基于就业原则建立的福利体制是否会在功能的天平上向家庭、年轻人和儿童倾斜，很大程度上取决于政党体系的政治竞争类型；特殊主义政治与高度碎片化的、以就业为中心的社会保险，使得福利项目很难脱离政党政治的影响，而极化的多党体制下，政党也不愿推行损伤选民基础的纲领。④ 意大利就是这种情况的典型案例。

2. 制度的视角

制度的视角，一方面指民主制度的发展；另一方面指福利制度本身的路径依赖问题。瑞姆林格（C. Rimlinger）和弗罗拉等在论述工业化理论中也提到了民主制度的发展程度对福利国家发展的影响。弗罗拉在考察早期福利国家的发展动因时，提出了现代化与城镇化、政治动员与政制发展等因素。一般而言，经济发展到一定程度时，在高频的政治动员高压下，社会立法相对增多，而政制发展未必与福利体系发展成正比。君主立宪政体出于合法性考虑，更有政治动机去进行社会立法，获

---

① Giovanni Ezio Maestri, *Rappresentanza Degli Interessi, Partiti e Consenso: Giungla Pensionistica, Clientelismo e Competizione Politica in Italia*, Milano: Franco Agneli, 1994.

② [德] 弗日茨·斯卡夫：《全球化与福利国家：约束、挑战和脆弱性》，载丁开杰、林义编《后福利国家》，上海三联书店2004年版，第337—338页。

③ Julia Lynch, *Age in the Welfare State: The Origins of Social Spending on Pensioners, Workers and Children*, Cambridge: Cambridge University Press, 2006, p. 9.

④ Ibid.

取工人阶级的忠诚和拥护；而福利建设的后来者，即议会民主国家，往往会因为政局不稳和结构性分裂而导致福利体系立法的迟滞性。①

以费雷拉为代表的意大利学者，注重对自19世纪末以来意大利福利制度发展历程的考察，从历史制度主义的视角解读本国福利体系的功能性扭曲。同时，他们也注重从意大利国家结构改革，中央政府权力下放的视角，考察意大利南北二元性的不断恶化。费雷拉和法尔吉翁（V. Fargion）在《意大利式福利的根源：失衡的社会模式之起源与未来》中，重点阐述了意大利20世纪60年代之前社会保障制度的发展历程。他们非常重视"制度遗产"（policy legacy）的意义，即所谓思想遗产与已经存在的制度框架及其惯性对后续制度发展的影响作用。费雷拉等认为，社会经济因素固然重要，但只构成了福利体系发展的背景，而每一个具体的福利制度结构，更多是文化与制度结构结合的结果。比如在20世纪初期的意大利，自由主义居于上风，而且天主教会势力在救济领域势力庞大，所以当时意大利的社会政策表现出了很强的"残补"性，以致今日，社会救助体系发展依然滞后。法西斯时期，意大利政府就排斥家庭政策，第二次世界大战后，无论是天主教民主党和意大利共产党，似乎都有意无意地回避了该领域的立法，因此，至今家庭津贴、幼儿照护等的发展仍严重滞后。② 也就是说，费雷拉等学者在追踪本国的制度发展历程时，很大程度上借鉴了历史制度主义的方法，突出了"路径依赖"的现象。

对于南北方之间的地域失衡问题，意大利学者认为不仅有社会经济发展水平存在差距的原因，近三十年来意大利进行的准联邦制国家结构改革也是重要原因。卡泽波夫认为，不仅在意大利，整个欧洲近三十年来都经历了一个权力"去中心化"（decentralization）的进程。③

---

① Peter Flora and Jens Alber, Modernization, Democratization, and the Development of Welfare States in Western Europe, in Peter Flora and Arnold J. Heidenheimer (eds.), *The Development of Welfare States in Europe and America*, New Brunswick and London: Transaction Publishers, Fifth Printing 1995, pp. 37–80.

② Maurizio Ferrera, Valeria Fargion, Matteo Jessoula, *Alle Radici Del Welfare All'italiana: Origini e Futuro di un Modello Sociale Squilibrato*, Venezia: Marsilio, 2012.

③ Yuri Kazepov (eds.), *Rescaling Social Policies: Towards Multilevel Governance in Europe*, Farnham: Ashgate, 2010.

去中心化意味着权力、责任和资源从中央政府向地方政府转移。费雷拉也提出，欧洲社会保护正在部分地由福利国家向福利地区（welfare regions）转化。其中的原因是多重的，包括中央政府减负、提高公共服务的效率，还有来自基层的公共参与和民主监控的需求。而权力不断下放的结果就是，在社会需求的产生与被满足过程中，阶级立场似乎越来越不重要……与人民生活更为相关的是居住地及该地区的社会基础设施。① 事实上，这意味着工人阶级的组织被人为地割裂、碎片化了。因此，在这种地区化进程中，中央政府在地区间实施资源横向再分配的能力是非常关键的。就此而言，意大利中央政府的虚弱性，正是近年来南北二元性加剧的主因之一。

3. 被忽视的工业化视角

虽然意大利学者从制度发展视角进行的研究能够为我们提供非常丰富的历史细节，但是，福利国家得以发展的根本原因——工业化，也是不可忽视的。工业化理论后被发展成现代化理论，是早期解读福利国家扩张的主要理论。维伦斯基（H. Wilensky）、瑞姆林格和海登海默等对该理论作出了原创性的贡献。他们认为，工业社会一方面制造了更多的社会风险，即福利的需求，另一方面又因为发达的生产力而创造出了满足这些需求的资源。20世纪70年代，瑞姆林格在考察欧洲、美国和苏联的社会政策发展时，重点突出了工业化在福利国家建设中的重大推动作用，提出"现代社会保障是农业社会向工业社会转型的衍生品"。② 因为，"两百多年的经济发展，为消除严重的经济与社会不平等提供了前所未有的机遇，也给普通人的自我实现提供了机遇；还为个人权利创造了新潜能，并指向了社会公正的新维度……所有这一切都源于从匮乏到丰裕的转型"。③

可以说，一定程度上被意大利学者所忽视的工业化或现代化理

---

① Maurizio Ferrera, Dal Welfare State alle Welfare Regions: La Riconfigurazione Spaziale Della Protezione Sociale in Europa, *La Rivista Delle Politiche Sociali*, No. 3, 2008, pp. 17 – 50.

② Gaston V. Rimlinguer, *Welfare Policy and Industrialization in Europe, America and Russia*, New York, London and Sydney: John Wiley and Sons Inc., 1971, p. 7.

③ Ibid., p. 1.

论，在意大利社会保险的扩张以及南北方福利体系的地区二元性上具有相当大的解释力。但对于意大利福利体系内部的功能二元性，尤其社会救助体系的发展滞后性，则需要从政党政治、国家权力结构等视角进行解读。

(三) 对20世纪90年代以来意大利福利体系改革的研究

20世纪八九十年代以来，欧美发达资本主义国家的经济增长放缓，福利国家进入了所谓的"紧缩时代"，学界研究的重点也从扩张的动力转向调整的动力。美国和欧洲的学者从不同的视角对这一进程进行了研究，并提出了新的理论观念，如吉登斯的"社会投资型福利国家"说，海默瑞克（A. Hemerijck）、费雷拉的"再校准"（Recalibration）概念，埃斯平-安德森对"社会投资"理念的哲学论证等。在对福利紧缩以及系列改革遭遇阻力的解读方面，以皮尔逊为代表的学者将制度主义理论和新政党政治实践结合而提出的"福利国家的新政治学"值得关注。总体而言，90年代以来，关于福利国家改革的研究集中于回答为什么要改革、改革的方向方针是什么、会面临什么政治性挑战，以及未来的前景等问题。

1. 福利国家的危机与改革方向

如今，欧洲福利国家面临的挑战是具有共性的，考察意大利的福利危机，自然不能回避欧美学者从整体上对福利国家改革的探讨。

随着黄金时代的逝去，一度与繁荣、充分就业完美结合的现代福利制度陷入了危机之中。在新自由主义者看来，危机主要表现为公共财政的不可持续性，其实质则是，在后工业化社会中，战后黄金时代就业增长与相对慷慨的平等主义社会保护之间的基本平衡被打破了。欧洲大陆福利体系因此被埃斯平-安德森称为"缺少工作的福利制度"。西方学界对福利危机原因的阐述主要包括三个论题：第一个是"市场扭曲论"，即福利制度扭曲了市场，侵蚀了就业、储蓄和投资的动力；第二个是人口老龄化加剧；第三个是新一轮的经济全球化，它无情地惩罚了"挥霍无度"的政府和竞争力下降的经济体。埃斯平-安德森承认这些论题本身的合理性，并将之概括为外生性因素和内生性因素，即市场失灵和福利制度的失灵。机能糟糕的劳动力市场给社会政策带来了沉重的负担；反过来说，被固化的福利制度本身构建在过时的社会秩序上，也已不能充分地回应新的风险和需要。[①] 不少欧美学者都将欧洲福利国家面临的外生性挑战界定为产品和资本的国际一体化，如经济全球化和欧洲货币联盟，将内生性挑战归为妇女角色的改变、家庭结构的变化、快速的人口老龄化以及卫生保健成本的增长，如德国学者斯卡夫和意大利学者费雷拉等。[②]

不过，皮尔逊不赞同把福利国家的预算压力放在全球化层面上考查的观点。他认为，预算压力很可能主要与发达工业民主国家内部发生的一系列"后工业化"变化有关，尤其是就业大规模从制造业转向服务业，导致生产力发展减缓。[③] 意大利也有学者不赞同夸大全球化对福利国家的影响，认为本国福利体系的危机更多是内生性的。首先，结构性失业和不平衡的福利体系不是全球化催生的。其次，经验性数据表明，始于20世纪80年代的新一轮国际化，并没有在就业和收入分配上对意大利产生像对其他OECD国家一样大的伤害。相反，欧洲一体化是意大利20世纪90年代进行改革的良性刺激，且从制度学习的视角来看，这一进程使得意大利的国家治理能力得到了提升。[④] 不过，除上述普遍性的挑战外，意大利还一直被非正规就业问题困扰。超负荷的收入保护项目引发了沉重的社会税负，由此刺激了非正规就业的增多，反过来又加剧了对税收基础的损害。[⑤]

那么，福利国家在面临上述系列挑战时，进行调整的指导方针是

[①] ［丹麦］哥斯塔·埃斯平-安德森：《黄金时代已逝？全球福利制度的困境》，埃斯平-安德森编《转型中的福利国家——全球经济中的国家调整》，杨刚译，商务印书馆2010年版，第1—48页。

[②] ［德］弗日茨·斯卡夫：《全球化与福利国家：约束、挑战和脆弱性》，载丁开杰、林义编《后福利国家》，上海三联书店2004年版，第337—378页；Maurizio Ferrera, (eds.), *Le Politiche Sociali*, pp. 27 - 29.

[③] ［英］保罗·皮尔逊：《成熟的福利制度受到的后工业化压力》，保罗·皮尔逊编《福利制度的新政治学》，汪淳波、苗正民译，商务印书馆2004年版，第119—155页。

[④] Maurizio Ferrera and Elisabetta Gualmini, *Rescued by Europe? Social and Labour Market Reforms in Italy from Maastricht to Berlusconi*, Amsterdam: Amsterdam University Press, 2004, pp. 9 - 14.

[⑤] ［丹麦］哥斯塔·埃斯平-安德森：《黄金时代已逝？全球福利制度的困境》，埃斯平-安德森编《转型中的福利国家——全球经济中的国家调整》，杨刚译，商务印书馆2010年版，第13页。

什么？调整的方向又是什么？吉登斯在20世纪90年代提出了构建"社会投资国家"的理念。不同于传统福利国家的防御型模式，社会投资国家实施积极的福利模式，注重对儿童与妇女的投资。[1] 1997年，OECD在一份重要文件中也提出了"社会投资"的理念，主张社会政策要"防患未然"，特别要关注儿童贫困问题，注重对年轻人技能的培养。2000年，费雷拉、海默瑞克和罗德斯提出了"再校准"和"新的福利国家"的概念；2002年，埃斯平-安德森在《我们为何需要新的福利国家》中提出，男性赚钱养家为基础的福利模式限制了劳动力市场中女性和年轻人的发展机遇，知识经济下的新风险使得以合法就业为基础的社会保险不可持续。[2] 在这样一种新的理念主导下，福利不应被局限为一种单纯属于国家的责任，市场和家庭也应该承担恰当的职责——这意味着福利的责任分散化，由政府、社区和家庭共同承担。[3] 福利责任的分散化看似合理，但对南欧地区而言却未必适宜，因其社会保障模式本身就具有浓厚的家庭主义特性，社会服务非常落后。因此，包括意大利在内的南欧国家，福利改革的方针应该是在降低公共养老金替代率构建多支柱养老体系的同时，提高社会服务水平，保证儿童福利并将提供家庭服务作为重点。

那么，政党政治在福利国家的改革中会发挥什么作用呢？皮尔逊等学者的"新政治学"分析值得我们关注。"新政治学"强调路径依赖效应，认为福利国家的扩张改变了选民和利益群体的偏好和预期，进而改变了政治博弈的规则。政党对政策输出和效果的影响，在制度遗产影响下遭到了极大削弱。[4] 确实，后工业化把政治从单维度的冲

---

[1] [英]安东尼·吉登斯：《第三条道路：社会民主主义的复兴》，郑戈译，北京大学出版社2000年版，第103—132页。

[2] Maurizio Ferrera, From the Welfare State to the Social Investment State, *Rivista Internazionale di Scienze Sociali*, No. 3-4, 2009, pp. 513-528.

[3] [丹麦]哥斯塔·埃斯平-安德森：《二十一世纪的福利国家——老龄化社会、知识型经济和欧洲福利国家的可持续发展》，朱宇译，载丁开杰、林义编《后福利国家》，上海三联书店2004年版，第417—432页。

[4] Paul Pierson, The New Politics of the Welfare State, *World politics*, Vol. 48, No. 2, 1996, pp. 143-179.

突转变为多维度的冲突，政党的行为不再取决于其阶级和意识形态属性，而取决于其所代表群体的变化，即选民构成与选民偏好已经发生变化，制度和政党竞争格局也影响政党的行为，政党与选民关系——纲领性的还是特殊主义的——决定了政党的行为。[1]

2. 意大利福利体系的改革进程与未来前景

1992年，意大利遭遇了战后最严重的经济政治危机。先是里拉成为国际金融市场的攻击对象，被迫退出了欧洲货币体系；紧接着在年末兴起的肃贪反腐运动"净手运动"，短期内以摧枯拉朽之势瓦解了第一共和时代的极化多党制。意大利养老金、劳动力市场和社会救助的改革，也正是在这一背景下拉开了序幕。意大利学者分别从制度学习和历史比较的视角，对这一过程进行了呈现。

费雷拉和瓜尔米尼从制度学习的视角，以欧盟的外部压力为主线，对改革行为主体如何在20世纪90年代打破七八十年代形成的路径依赖进行了呈现与分析。两位作者将20世纪90年代第一共和国的危机与政党政治的转型视为内部机遇，将《马斯特里赫特条约》的签署和当时的国际局势视为外部机遇，内外合力，促成了1992年到1998年在劳动力市场和养老金领域的三次重大改革。但是作者对21世纪的改革进展并不看好。虽然欧盟"胡萝卜加大棒"的政策将意大利从系统性危机中拯救了出来，但此后不改革的风险变得模糊起来，继续调整的步伐大大放缓。[2]

养老金体制改革一直是90年代以来意大利福利体制改革的重中之重。杰苏拉（M. Jessoula）对意大利养老制度从单一支柱向多支柱过渡的历程进行了细致呈现和评价，指出了意大利改革前的主要特征——现收现付的单支柱结构是典型的俾斯麦模式。在1992年改革面临巨大的经济与政治挑战的情况下，意大利决策者借助被忽略的

---

[1] Silja Häusermann, Georg Picot and Dominik Geering, Review Article: Rethinking Party Politics and the Welfare State-Recent Advances in the Literature, *British Journal of Political Science*, Vol. 43, No. 1, 2013, pp. 221–240.

[2] Maurizio Ferrera and Elisabetta Gualmini, *Rescued by Europe? Social and Labour Market Reforms in Italy from Maastricht to Berlusconi*, Amsterdam: Amsterdam University Press, 2004.

TFR（Trattamento di Fine Rapporto，直译为终止劳动关系津贴）制度，推动了结构改革的进行。改革后的养老体系主要有三个问题：①第一支柱的名义账户制（NDC）与缴费确定型（DC）补充养老保险的结合对低收入者不利；②第一支柱的指数化机制和第二支柱年金的财政稳定措施很可能使得退休金价值缩水；③在名义账户和缴费确定型补充养老结合的制度下，劳动者承担了老龄化、经济与财政等所有风险。不过，意大利补充养老体系远未成熟，2008年以来的经济金融危机为进一步的改革提供了契机。①

林奇对金融危机后意大利福利体系进行的改革及存在的问题进行了评析。2011年，在欧盟的压力下，蒙蒂推出了针对医疗卫生和养老金的强力紧缩政策，削减了中央政府对地方的财政转移力度。医疗卫生领域改革的后果就是进一步加大了南北地区差距；同时，取消了年资养老金，降低了养老金的通货膨胀指数。可以说，2011年底的改革对象不仅是未来的退休者，还有当下的养老金领取者。林奇认为，代际不平衡问题不会仅仅因为公共养老金的削减而减弱，其关键是对儿童和家庭服务投入的不足。意大利未来应从三个方面推进改革：加强自动稳定器（automatic stabilizers）的功能——对贫困者、失业者，以及因2011年改革突然失去退休金的提前退休者进行收入支持；从俾斯麦模式向财政支持的普救模式过渡；提高对社会服务的投入。②

就林奇等学者提出的意大利低效且存在地域差距的社会救助与社会服务体系问题，早在20世纪70年代就引发了很多争论。但是，直到20世纪90年代中期，普罗迪政府对意大利社会救助的空白点和不合理之处进行了"诊断"后，才开出了比较有针对性的"药方"。20世纪90年代末，普罗迪领导的中左翼政府对意大利社会救助体系一

---

① Matteo Jessoula, Italy: From Bismarckian Public Pensions to Multipillarization under Adverse Conditions, in B. Ebbinghaus (eds.), *The Varieties of Pension Governance: Pension Privatization in Europe*, Oxford: Oxford University Press, 2011, pp. 151 – 179.

② Julia Lynch, The Italian Welfare State after the Financial Crisis, *Journal of Modern Italian Studies*, Vol. 19, No. 4, 2014, pp. 380 – 388.

度进行了系列重要改革：首先，减贫措施合理化；其次，繁荣社会服务；再次，引入全国统一的基本服务水平（Livelli Essenziali delle Prestazioni, LEP）消除地域差异；最后，适度增加财政投入。不过，意大利社会服务和社会救助体系的现代化进程远未完成：首先，观念上依然把家庭作为主要的社会减震器；其次，中右翼政党在政治上无法接受北部对南部的财政支持；最后，意大利福利体系改革的政治主体和政治动员方式决定了社会救助问题的边缘性。①

第三节　研究的主要内容及创新之处

本书的研究对象是当代意大利福利体系的特性、历史成因及改革。除绪论和结语之外，具体研究内容分为六章。绪论，介绍选题的依据以及国内外研究现状；第一章，阐释意大利福利体系的模式归属、制度内容以及双重二元性的表现；第二章，从工业化的视角来分析呈现自国家统一以来，意大利历经自由主义时期、法西斯时期、资本主义黄金时代，如何构建出了双重二元性突出的福利制度；第三章，对20世纪90年代以来意大利在经济社会发生新变化及欧盟压力输入增强的背景下所进行的改革及效果进行解析；第四章，分析第二次世界大战后意大利的政党政治如何强化了法西斯时代遗留的福利二元结构；第五章，从第二次世界大战后意大利地区制度改革以及南北方政治文化差异的视角，解读福利制度地域二元性背后的国家权力结构以及政治文化因素；第六章，从马克思主义政治经济学的视角，对意大利福利制度双重二元性的政治经济根源进行解析；结语，对全文主要内容以及意大利福利制度构建与改革的经验教训进行总结。

本书以当代意大利福利制度的特性及其成因为研究对象，主要特色和可能的创新之处在于：首先，在前人研究的基础上，将意大利福利制度的特性提炼为双重二元性；其次，从工业化与欧洲化的视角，

---

① Ilaria Madama, *La Politica Socioassistenziale*, in Maurizio Ferrera (eds.), *Le Politiche Sociali*, Bologna: Il Mulino, 2012, pp. 239–294.

对意大利福利制度的历史演进、扩张与改革进程进行全面呈现，而非简单地以时间为顺序对历史事件进行简单罗列；再次，从工业化、政党政治、地域政治文化差异和国家权力结构改革等视角分析意大利现代福利制度的双重二元性的成因；最后，通过运用马克思主义政治经济学经济基础与上层建筑的基本关系原理，对意大利福利制度双重二元性形成的必然性与偶然性，以及相关改革效果进行解析。

第四节　研究方法

美国学者罗伯特·达尔（R. A. Dahl）认为，没有任何特定的方法会比其他方法更优越，具有决定性意义的是所要研究的问题。问题决定了方法的选择，而非方法决定问题的选择。[1] 的确，问题本身是至为关键的，但这也不能否认适宜的研究方法的价值，方法可以在一定程度上决定最后研究成果的深度和广度。简言之，问题与方法是相辅相成的，问题可以决定方法的选择，而方法的选择将深刻影响研究成果的质量。本书所使用的主要研究方法包括：

第一，采取实证主义的研究方法，即用经验事实和数据，说明意大利福利体系的双重二元性在不同历史阶段的不同表现。

第二，采取历史比较的方法，考察工业化、政治文化、政党政治等因素对意大利福利制度发展的深刻影响，以及对其制度特性的塑造。

第三，采用历史唯物主义和辩证唯物主义的基本方法，从马克思政治经济学的视角，对意大利福利制度双重困局的政治经济根源及其发展趋向进行分析。

---

[1] Robert A. Dahl, *Toward Democracy: A Journey Reflections* (1940–1997), Berkeley: Institute of Governmental Studies Press, 1997, p. 8. 转引自张飞岸《被自由消解的民主——民主化的现实困境与理论反思》，中国社会科学出版社2015年版，第29页。

第一章　意大利福利制度的双重二元性

本章的主要意义在于为后文所展开的研究作出了必要的范畴界定和理论准备。首先，对福利国家的主要内容进行界定，尝试回答了两个至为关键的问题：什么是福利国家？什么是福利模式？对这两个问题的回答，本质上是为后文探讨意大利福利体制的内容和特性所做的必要理论铺陈。其次，对本书的核心论断，即双重二元特性作出了具体阐述，并对当前意大利福利制度的基本发展情况进行了介绍。

第一节　福利国家与福利模式

一　何谓福利国家

一般认为，和当代福利国家含义最为接近的是1941年英国著名基督教神学家、思想家坦普尔（W. Temple）在《公民与教徒》一书中提出的"福利国家"（Welfare State）概念。坦普尔将"福利国家"作为一个不同于希特勒统治下的所谓"强力国家"（Powerful State）及与对外发动战争的"战争国家"（Warfare State）的对立物而提出。[1] 贝弗里奇（W. Beveridge）在1942年的《贝弗里奇报告》（Beveridge Report）中引用了"福利国家"一词。虽然贝弗里奇本人更喜欢用"社会服务国家"（Social Service State），但"福利国家"的概

---

[1] Henry Pelling, *The Labour Governments*, 1941–1945, London: Macmillan, 1984, p. 117. 转引自林闽钢《现代西方社会福利思想——流派与名家》，中国劳动社会保障出版社2012年版，第88、91页。

念却得到了更多人的接受，不可阻挡地传播至世界各地。可以说，福利国家是欧洲学者在西方资本主义国家发展新的社会功能时所创造出的概念。

英国新马克思主义代表人物高夫从马克思主义政治经济学的视角提出，福利国家一方面通过国家权力来改善劳动力的再生产，另一方面还要供养非生产性人口。而福利国家的内涵除了教育、个人社会服务及住房等，还应该包括国家对影响到个人和组织的生产条件的（个体和社团实体的）私人活动所进行的管理。[1] 20 世纪伟大的经济史学家之一卡尔·波兰尼（K. Polanyi）在分析三种经济交易形式——货币、土地和劳动力的商品化时，提出了保障公民福利的三种基本渠道：国家的干预、市场的功能与家庭的组织。[2] 埃斯平-安德森在其经典著作《福利资本主义的三个世界》中提出了理解福利国家的角度——社会权利、去商品化和去分层化，同时重视考察国家、家庭与市场之间的制度安排。[3] 换言之，无论是哪一学派的学者，都或直接或间接地指出了在现代社会保护体系中，不应忽视建立在私营机构以及家庭关系网络之外的国家所发挥的干预功能。

欧美学者在探讨福利国家时，常常引述 20 世纪 60 年代阿萨·布里格斯（Asa Briggs）对福利国家进行的经典界定：

> "福利国家"是这样一种国家，即有意识地运用组织的力量（通过政治和管理）至少在三个方面努力减少市场力量发生作用的范围：第一，保证个人和家庭的最低收入，而不管他们财产的市场价值如何；第二，使个人和家庭能够应付"社会意外事件"（如生病、年老和失业），以降低不安全感，否则个人和家庭将会面临危机；第三，保证在一定范围内的社会服务领域向所有公民

---

[1] [英] 伊恩·高夫：《福利国家的政治经济学》，古允文译，台北巨流图书公司 1995 年版。

[2] [英] 卡尔·波兰尼：《巨变》，黄树民译，社会科学文献出版社 2013 年版。

[3] [丹麦] 哥斯塔·埃斯平-安德森：《福利资本主义的三个世界》，苗正民、滕玉英译，商务印书馆 2010 年版，第 30—33 页。

提供所能得到的最好服务，不管他们的地位和阶层如何。就手段而言，福利国家的最小服务范围采纳了国际劳动组织的标准，包括对个人的所有现金津贴（社会保险、社会援助和一般津贴）及公共卫生服务。[1]

在布里格斯看来，福利国家的实质是国家在实施经济干预中，改变市场的内生性动力，从而达到三个社会目标：战胜贫困、保护公民免受威胁其生存的社会风险、推动机会平等与福利发展。为实现这三大目标，福利国家以不同的方式干预社会再分配：直接提供服务——如养老金，不同类型的现金津贴，社会、医疗和教育服务，住房等基本商品的生产与分配；间接提供支持——如税收优惠、调节经济和劳资关系、推动和资助各类私有主体提供福利服务、向公民和家庭提供增强自助能力的支持。无论是国家的"直接支持"还是"间接支持"，都清晰地表明了福利国家内部行为主体与机制的广泛性与复杂性。

理解福利国家的干预功能，不应忽视"福利"之于现代国家的意义。正如国内学者周弘所说，福利国家是社会保障和社会政策的汇总。福利国家所表述的真正概念是一种国家形态，这种国家形态所突出的是现代国家的社会功能，而福利是其特性。[2] 当然，福利的内涵并不仅仅局限于保护公民免于受到最严重的社会风险（如疾病、残疾、贫困、失业、年老，甚至缺乏最基本生存资源）的冲击，更重要的是，它可以尽可能地推动生活条件的改善，通过经济支持来减少社会不平等，通过向民众提供教育、医疗和社会服务来促进机会的平等。

意大利的欧洲社会政策学者费雷拉曾指出，福利国家是一个与现代化进程相连的公共政策集合，通过这些政策，国家以社会救助、社会保险或社会保障等形式向自己的公民提供保护，以应对预先明

---

[1] Asa Briggs, *The Welfare State in Historical Perspective*, European Journal of Sociology, Vol. 2, No. 2, 1961, p. 228.

[2] 周弘：《福利国家向何处去》，社会科学文献出版社2006年版，第1—2页。

确的风险和需求，同时引入了明确的社会权利与缴纳费用的义务。[①]可以看出，费雷拉的界定与国内学者周弘的观点在逻辑上是一致的，即福利国家本质上还是现代国家社会保护功能的集合。随着人类社会进入全球化时代和知识经济时代，社会风险出现了新变化，这对福利国家的内容提出了新要求。意大利学者科斯坦佐·郎奇（C. Ranci）和埃马努埃莱·帕沃里尼（E. Pavolini）对欧洲福利国家近二十年来在应对新风险中逐步得到加强的新政策进行了归纳，包括最低收入保障和反贫困的政策、幼儿照护政策、长期照护政策、住房政策、职业培训政策、外来移民的社会融入政策等。[②]可见，随着社会风险的变化，福利国家干预社会再分配的政策内容和具体形式越发丰富和多元。

综上所述，福利国家是国家为应对现代化进程中出现的各类社会风险而发展出的社会保障制度与公共政策的集合。在福利国家中，享受明确社会权利的公民个人同时也承担相应的缴税义务。广义上的福利国家在传统的养老、失业、工伤和职业病、医疗保健、社会救助等传统项目之外，还包括教育、家庭照护服务、移民社会融入、职业培训和住房等政策内容。

二 福利资本主义的模式

福利模式研究即福利国家的类型学研究，在20世纪90年代《福利资本主义的三个世界》出版后成为福利国家研究领域的热点之一。此外，国内外学界还常常使用福利"体制"（regime）这个术语。英国学者高夫认为，体制主要包括三方面的内容：社会政策和项目的模式，即社会救助、社会保险以及普遍的福利——现金和实物的分配方式；福利成效，即去商品化的程度；社会分层的效果，即如何并在何种程度上形成了社会中的不公平、利益和权力状态。简单来说，福利

---

① Maurizio Ferrera, L'analisi Delle Politiche Sociali e Del Welfare State, in Maurizio Ferrera (eds.), *Le Politiche Sociali*, Bologna: Il Mulino, 2012, pp. 15 – 17.

② Costanzo Ranci and Emmanuele Pavolini, *Le Politiche Di Welfare*, Bologna: Il Mulino, 2015.

体制＝福利模式＋福利成效＋社会的分层效果。① 显然，高夫也认为对福利体制的考察不应局限于制度本身，还应关注其去商品化和去分层化的效果。不过，在南欧模式和中东欧模式被提出后，国内外学术界都逐渐不再对"体制"与"模式"进行着意区分，并赋予了二者相同的内涵。

在埃斯平－安德森《福利资本主义的三个世界》问世前的福利国家比较研究中，影响力较大的学者当属蒂特马斯。在20世纪70年代，他按照社会福利计划的缴费和支付方式将福利国家分为机制模式和补救模式。还有学者基于社会保护主要项目（即养老和医疗）的准入规则，认为可对福利国家做二元划分，即基于公民权或居留权的普救主义模式，又称贝弗里奇模式，以及以就业为准入条件的社会保险模式，又称俾斯麦模式。② 到90年代，埃斯平－安德森基于国家、家庭与市场的不同作用，以及去商品化和去分层化水平，将福利国家分为三种体制——自由主义体制、保守合作主义体制和社会民主主义体制。此后，国外学界还对欧洲资本主义福利国家集群进行了更为细致的类型划分，包括盎格鲁—撒克逊模式、欧洲大陆模式、北欧模式、南欧模式、中东欧模式。

（一）福利资本主义的三个世界

埃斯平－安德森的"三个世界"说，在学术界广为流传：盎格鲁—撒克逊国家往往被视为自由主义体制的原型，欧洲大陆国家是保守合作主义体制的典型，北欧斯堪的纳维亚国家是社会民主主义体制的代表。

在自由主义体制中，以资历审查式的救助、有限的普遍性转移或有限的社会保险计划为主导。福利主要满足低收入者，通常是工人阶级、对国家有依赖的人的需要。在这一模式中，福利是有限的，且领取资格的规定是苛刻的，通常带有歧视色彩。国家或通过最低水平保

---

① ［英］高夫：《全球化与区域福利体制：东亚案例》，李航译，载丁开杰、林义编《后福利国家》，上海三联书店2004年版，第147页。

② Maurizio Ferrera, L'analisi Delle Politiche Sociali e Del Welfare State, in Maurizio Ferrera (eds.), *Le Politiche Sociali*, p.39.

障来提供消极的福利，或通过积极地补贴私人福利来鼓励市场发挥作用。由于市场居于主导地位，所以自由主义体制的去商品化和去分层化水平都很低，存在"穷人福利与富人福利"的二元分隔。自由主义福利国家体制非商品化效应最低，能够有力地抑制社会权利扩张。典型代表国家有英国、美国、加拿大和澳大利亚。

在保守合作主义体制中，权利是附属于阶级和地位的。合作主义与国家结构相结合，国家成为福利的提供者，而私人保险和职业福利是居于边缘地位的。同时，保守合作主义体制极度强调传统的家庭关系和"辅助性"原则，即只有当家庭丧失照护能力时，国家才出手干预。也就是说，保守合作主义体制下，家庭尤其是女性的照护作用突出，国家依据阶层和地位提供福利，市场作用微弱。保守合作主义体制的商品化水平不如自由主义体制明显，并且福利体制倾向于保存阶级身份、阶级差异与性别分隔，因此去阶层化水平处于中等偏下。埃斯平-安德森认为，这一模式的典型代表国家有奥地利、法国、德国，还包括意大利。但意大利学者则认为意大利属于第四种福利模式，即南欧模式。

社会民主主义体制是规模最小的福利国家簇群。在北欧，社会民主主义者是福利国家建设的主要推动力量。社会民主主义体制不允许国家和市场之间，以及工人与中产阶级之间的二元分化，追求实现最高水平的平等。这一模式排挤了市场，实现了所有人都是依赖者、都是受益者，也都是支付者的普遍团结。其解放性主要体现在针对市场与家庭的政策方面——社会民主主义原则不是等家庭救助能力消失才施以援手，而是先行将家庭关系的成本社会化。它的理想不是使对家庭的依赖最大化，而是使个人独立的能力最大化。从这个意义上说，社会民主主义是自由主义与社会主义的独特结合。因此，社会民主主义体制的最突出特征就是融合了福利与工作，同时承担起了传统家庭的照护责任。[1] 显然，社会民主主义体制是去商品化和去阶级化水平

---

[1] ［丹麦］哥斯塔·埃斯平-安德森：《福利资本主义的三个世界》，苗正民、滕玉英译，商务印书馆2010年版，第37—40页。

最高的。

(二) 福利资本主义的第四个世界——南欧模式

在《福利资本主义的三个世界》出版后，南欧学者纷纷指出了埃斯平-安德森的"疏漏"，即不宜将葡萄牙、西班牙和希腊等南欧国家排除在福利国家的考察范围之外，同时还认为完全可以将这三个南欧国家与意大利一起归为第四种独特的福利国家簇群，即南欧模式。在福利国家发展的早期，即创建与巩固阶段，南欧国家的发展都沿着俾斯麦模式的道路，在养老和医疗领域引入了多种就业关联的保险计划。但是，在福利国家的扩张阶段，它们构建出了与保守合作主义体制，或欧陆福利国家不同的社会保护体系。

南欧模式的第一个突出特点是转移支付的不平衡性与福利项目发展的严重不平衡性并存。收入转移支付方案存在显著的不平衡性，不仅养老金、失业津贴的支出存在"内部人"与"外部人"的二元差异，而且家庭照护、社会救助项目也发展滞后。南欧国家在公共养老金支出方面一直比较慷慨。这些国家为处于劳动力市场核心地位的雇佣劳动者，如公共部门雇员、大型企业雇员，引入了非常慷慨的社会保险项目；而针对那些身处劳动力市场边缘且较为弱势的雇佣劳动者，如临时工、季节工、自雇者、小企业雇员等，所提供的转移支付则非常有限。这与南欧国家劳动力市场所存在的比较严重的行业和地域分隔，以及在福利国家的财政体系之外运作的大量的"地下经济"有一定关系。直到20世纪80年代，所有南欧国家都还没有建立贫困风险安全网，而欧陆国家则早已完成这一项目的建设。这在一定程度上与南欧地区广泛存在的庞大的教会力量（天主教会在意大利的影响尤其突出）有关。如果用埃斯平-安德森衡量福利国家的标准来观察南欧福利国家，那么南欧模式的去商品化水平是十分不平衡的："内部人"甚至高于瑞典，"外部人"则甚至低于美国。南欧模式的去分层化水平与自由主义体制一样低，其虽然并没有如自由主义体制那样制造出更多的纵向的阶层差异，如激励富人走向"私人福利"，但却催生出了同样严重的二元性问题——拥有福利资格的"内部人"与保护水平很低或完全没有保护的"外部人"并存于体系内。① 当然，所有的福利国家都存在"内部人"与"外部人"的问题，但这在南欧国家更为突出。

南欧模式的第二个突出特点是家庭在对抗社会风险中的作用非常突出。南欧各国家庭成员之间的连带关系更为紧密，这使得家庭显著地发挥了"社会减震器"作用，持续地为家庭成员的风险和需求提供保障。针对南欧的家庭模式特征，纳尔迪尼一度创造出了一个概念——家庭与父权连带模式，意即家庭能发挥显著作用的基础是代际和父母子女之间存在非常紧密的依赖关系。②

南欧模式的第三个突出特点是具体制度设计为就业关联型的养老、失业和工伤等社会保险制度与普救主义医疗保健体系的结合。在20世纪七八十年代，福利国家扩张的末期，南欧国家纷纷建立起了普救主义医疗体制。这是对福利国家制度的一种创新。当然，埃斯平-安德森并没有将医疗体制放进"福利资本主义的三个世界"内进行考察。但是对于享有就业关联型养老、失业等社会保险的南欧各国劳动者而言，普救主义的医疗体制去商品化和去分层化的意义是不容忽视的。③

南欧模式的第四个突出特点是南欧国家普遍存在特殊主义（particularistic），或者说"弱国家性"现象，即获取福利的资格被政党用于与各种社会集团进行小规模利益交换，以达成政治共识。这样，社会权利呈现出了碎片化，而各社会集团享受到的服务取决于与国家谈判时是否处于优势地位。至少直到福利扩张期，南欧国家中福利的提供方仍存在庇护性操纵和欺骗行为，缴费方的大规模漏缴行为得到管理机构的"宽容相待"，逃税行为也常常得到"宽恕"。费雷拉指出，在经历了一段较长时间的专制统治后，南欧福利国家，尤其是意大

---

① Maurizio Ferrera, L'analisi Delle Politiche Sociali e Del Welfare State, in Maurizio Ferrera (eds.), *Le Politiche Sociali*, Bologna: Il Mulino, 2012, pp. 43, 48.
② Manuela Naldini, *The Family in the Mediterranean Welfare State*, London, Portland: Frank Cass, 2006.
③ Maurizio Ferrera, L'analisi Delle Politiche Sociali e Del Welfare State, in Maurizio Ferrera (eds.), *Le Politiche Sociali*, Bologna: Il Mulino, 2012, p. 44.

利，一度表现出了一种"弱国家性"。所谓国家性，指国家的两种特征：一是对主要功能领域的公共渗透能力，即国家机构对社会保护承担直接责任的能力；二是国家机构独立于利益集团和政党等政治或社会机构行使功能的能力。① 所以，南欧福利国家不仅仅"福利"是自成一体的，其国家也是"独具特色"的——大面积被有组织的利益集团渗透（尤其是政党），很容易被后者所操控。

正是埃斯平-安德森的"三个世界"说激起了意大利学者对本国福利模式的讨论，并提出了福利资本主义的第四个世界——南欧模式。南欧模式不应该被视为对埃斯平-安德森具有政治经济学色彩的"三个世界"说的否定，因为它是相对于欧陆模式、盎格鲁—撒克逊模式和北欧模式等地缘色彩浓厚的概念而存在的。南欧模式的存在，意味着南欧国家作为一个福利国家集群，在融合欧陆和盎格鲁—撒克逊福利国家的制度构建经验与本地区特有的政治、经济与社会文化后，形成了某些新的特征。这些特征包括复合的制度构建逻辑②，特殊主义和庇护主义突出，制度二元性（dualism）与碎片化（fragmentation）并存，家庭作用突出。南欧学者并未否认南欧各国作为福利国家建设的后来者，与欧陆国家存在着"师承"关系。阿斯科利更是进一步指出，将意大利福利制度界定为"特殊主义和庇护主义"模式，实际上抓住了其欧陆"精英特殊主义"或"合作主义"福利模式变种的本质。③ 只是与后者相比，意大利的公共福利管理机构在行政与财政上缺乏应有的自主性。④ 意大利福利制度具备保守合作主义福利体制的特征，但就具体的制度建设逻辑与水平而言，整体上与

---

① Maurizio Ferrera, L'analisi Delle Politiche Sociali e Del Welfare State, in Maurizio Ferrera (eds.), Le Politiche Sociali, p. 44.
② 所谓复合的制度构建逻辑，是指养老和失业项目建立在就业关联的保守合作主义基础上，医疗和教育建立在普救主义原则上，主要依靠家庭来应对个人贫困风险，满足家庭成员的照护需求。
③ Ugo Ascoli and Emmanuele Pavolini (eds.), The Italian Welfare State in a European Perspective: A Comparative Analysis, Bristol: Policy Press, 2015, pp. 1 – 4.
④ Massimo Paci, Pubblico e Privato Nei Sistemi Di Welfare, Napoli: Liguori, 1989, pp. 76 – 78.

欧陆国家差异较大，反而与南欧各国更为接近，应归入南欧福利国家集群。

三 观察福利国家与福利模式的主要理论视角

（一）工业化理论与社会风险的视角

工业化理论或现代化理论主要从社会风险角度考察福利国家的诞生和演变。维伦斯基、瑞姆林格、弗罗拉和海登海默等是对该理论作出过原创性贡献的作家。弗罗拉和瑞姆林格直言，"福利国家是对发展问题的回应"[1]。工业化理论认为，工业社会一方面制造了更多的社会风险，即福利的需求，另一方面又因发达的生产力而创造出了满足这些需求的资源。而各社会项目、社会政策的发展，独立于政党政治、政治领导人的偏好，或政治力量、政治代表之间的博弈。瑞姆林格认为，经济发展给社会调整带来了新的问题，也创造了观念上、权力上和物质资料上新的既得利益。如果说前工业社会富人与穷人之间更多是依附与被依附、保护与被保护的父权关系，那么在20世纪的成熟工业社会，收入的社会保护很大程度上失去了其阶级属性（Class Attribute），因为所有公民都要被平等对待，公民权意味着自足、自由和独立。不过，他也注意到，政治体系的性质也发挥了决定性作用——但民主国家的公共行动受制于利益集团的多样性和组织程度，引入福利项目的速度一般比威权或专制政府要慢。[2] 维伦斯基不仅运用了大量的经验性数据来说明了福利国家的扩张，还大胆地提出了其扩张的根源——福利支出最直接也最强有力的根源就是老龄人口比重的增加。老年人口劳动能力衰弱，一方面面临着收入风险，另一方面还有照护需求。老年人引发的社会问题，对资本主义社会提出了制度

---

[1] Peter Flora and Arnold J. Heidenheimer, The Historical Core and Changing Boundaries of the Welfare State, in Peter Flora and Arnold J. Heidenheimer (eds.), *The Development of Welfare States in Europe and America*, New Brunswick and London: Transaction Publishers, Fifth Printing 1995, p. 22.

[2] Gaston V. Rimlinguer, *Welfare Policy and Industrialization in Europe, America, and Russia*, New York, London and Sydney: John Wiley & Sons Inc., 1971.

性要求，福利国家都针对该问题引入了强制性的社会保险计划。随着老龄人口的增加，这部分支出在福利国家的费用中占比愈来愈大。①

鲍尔温（P. Baldwin）在对欧洲福利国家进行了深入的历史性研究后，进一步明确了社会风险与福利发展之间的内在关联：福利所提供的保护实际上为不同程度地拥有资源、暴露在风险之下的各种社会集团构建了一种对抗社会风险的制度性机制。② 从这个角度来看，福利国家实际上是一种建立在风险共担基础上的、新的连带系统，其创新之处在于风险的分担不再像之前那样局限于某一行业或某一个社区共同体，而是扩展到了整个国家。风险被社会化，个人风险被集体化，个人未来的不确定性被精算化、标准化和规则化。

近年来对福利国家危机的解释，很多也是从社会风险变化的角度进行的。随着后工业社会阶段的到来，社会与经济发生了深刻转型，产生了新的社会风险以及承受新风险的群体。但新的风险尚未在原有的福利体系中得到覆盖，新风险的承受者也尚未得到应有的保护。③ 如李维斯（J. Lewis）等认为，建立在"男主外、女主内"角色分工基础上的旧福利国家体系，无法应对随着女性就业的增加而出现的双职工家庭的新需求与新风险。④

总而言之，工业化和社会风险的解释路径，本质上是在探讨福利国家社会功能产生的依据。福利国家建立在风险以及（与之相关的）成本共担的基础之上，以减少工业化社会的不平等，并在民众遭遇社会风险时提供保护为其根本目标。

（二）政治联盟的视角

社会风险视角往往表现出了一种"经济决定论"的倾向，即福

---

① Harold Wilensky, *The Welfare State and Equality: Structural and Ideological Roots of Public Expenditures*, Berkeley: University of California Press, 1975.

② P. Baldwin, *The Politics of Social Solidarity: Class Bases of the European Welfare State, 1815–1975*, Cambridge, Cambridge University Press, 1990.

③ G. Esping-Andersen, *Social Foundations of Postindustrial Economies*, Oxford, Oxford University Press, 1999.

④ J. Lewis, Gender and the Development of Welfare Regimes, *Journal of European Social Policy*, Vol. 2, No. 3, 1992, pp. 159–173.

利国家是工业化或现代化的结果，而与政治无关。不过，工业化理论家弗罗拉和阿尔博（J. Alber）在考察西欧国家福利体系第二次世界大战前的发展动因时指出，除了现代化与城镇化因素外，政治动员和政制发展也在福利国家成长中发挥了重要作用。政治动员主要指工人运动，而政制发展主要指早期君主立宪和议会民主国家之间的差距。弗罗拉发现，单纯的经济发展并不一定能带来福利体系的完善，而是要将其与政治动员相结合。[1] 换言之，福利国家既是经济发展的结果，也是政治角力的结果。第二次世界大战后工人运动的历史也表明，主动动员起来的阶级力量通过议会斗争能够有效地转化成工人所需的福利及改革。

新马克思主义者高夫将福利国家解释为两组力量相互作用的结果：一方面是资本主义福利国家使人口和政策结构适应不断变化的资本要求的能力；另一方面是工人阶级为减少市场力量的冲击，并提高需求、满意水平和福利水平而采取的压力活动。[2] 但工人阶级、工资收入者常常处于一种分散的、相互竞争的状态，即自在阶级的状态，这限制了他们团结与集体动员的能力。在冲突中，他们逐步成长为一个有意识的"自为阶级"，为了自己的利益团结起来，组建政党组织。同时，福利国家所宣扬的对社会权、收入保障和消除贫困等目标的追求，也是实现阶级动员的必要先决条件。[3] 换言之，第二次世界大战后福利国家是阶级的权力资源分配斗争以及政党政治的反映和结果。

值得注意的是，阶级动员与工业化理论一样，提供给我们的都是研究福利国家线性发展的视角，而福利模式的差异很大程度上受到各国政治联盟情况的影响。具体而言，其一方面取决于工资收入者工会

---

[1] Peter Flora and Jens Alber, Modernization, Democratization, and the Development of Welfare States in Western Europe, in Peter Flora and Arnold J. Heidenheimer (eds.), *The Development of Welfare States in Europe and America*, pp. 37 – 80.

[2] ［英］伊恩·高夫：《福利国家的政治经济学》，古允文译，台北巨流图书公司1995年版。

[3] ［丹麦］哥斯塔·埃斯平－安德森：《福利资本主义的三个世界》，苗正民、滕玉英译，商务印书馆2010年版，第24页。

组织的层次、选票的份额以及工人党的联盟情况，以及在议会中所占有的席位；另一方面，也取决于对立面所占有的资源、动员的持久性以及政治联盟的模式。就意大利而言，第二次世界大战后，意大利共产党从未取得过议会多数，一直是作为最大的反对党来推动福利国家建设。同时，天主教民主党也动员了大批工人阶级和农民，去追求貌似与意大利共产党所主张的无多大差别的福利方案。恰如埃斯平－安德森所说，黄金三十年间，福利国家的成就很大程度上取决于工人运动与农民组织结成政治联盟的能力。意大利社会主义者和共产主义者的弱点恰恰在于，一直没能争取到农民阶层的认可，而后者一直是右派保守联盟的忠实拥护者。

总之，社会关系与政治联盟是理解福利国家不同体制成因的重要视角。阶级动员与工业化一样，让我们看到了福利国家大的方向上的线性发展。然而对阶级的权力资源分配，以及政治联盟和政党政治的研究，更有益于我们对福利国家体制背后成因的探讨。

（三）结构的视角

如前文所说，福利国家是在工业革命和资本主义作为一种生产方式在经济组织领域居主导地位之后诞生的。从结构的视角探讨福利国家意义的理论主要在尝试回答这样两个问题：福利国家在资本主义经济发展中发挥了什么作用？对资本主义的功能逻辑而言，福利国家是一种支持性因素，还是对抗性因素？

福利资本主义在西方学界还被称为凯恩斯资本主义。在20世纪二三十年代的大萧条之后，凯恩斯提出了应该通过国家的强力规制性干预来调节和控制资本主义经济的不稳定性。在市场失灵和经济低迷时，国家扩大公共支出，给予民众收入支持（以推动消费），以实现充分就业和更公平的收入再分配，从而提高最贫困人群的消费能力。在凯恩斯看来，国家干预非常必要，因为这不仅可以削减社会不平等、保护民众免受失业带来的贫困风险，还可以使得建立在资本主义原则之上的经济体系更加有效和稳定。美国政治学者维伦斯基是凯恩斯主义的拥趸，他在20世纪70年代就曾指出，经济增长及其对人口和官僚的影响是福利国家产生的根本原因，福利国家本质上是工业社会需求的结果。① 而福利国家的经济功能实际上是稳定和调节市场经济，针对失业、疾病等风险提供市场所不能自动提供的公共产品。也就是说，市场的失败使得福利国家成为发达资本主义国家的一种必要的功能。

新自由主义和新马克思主义分别从不同角度对福利国家的正向支持功能提出了质疑。新自由主义者认为，公共干预严重限制了资本主义的发展。尽管福利国家在生产特定的公共产品时弥补了市场的失败，但是通过增加公共开支、制造行政约束等方式进行的扩张，实际上改变了市场发生作用的条件，也削弱了总的生产力水平和效率。

新马克思主义者的立场与新自由主义者截然不同。在新马克思主义者看来，福利国家在资本主义体系中发挥两大根本性作用——私有资本积累与资本主义秩序合法化。一方面，国家通过公共投资和社会保障——降低劳动力成本，提高利润，为私有积累提供了条件；另一方面，通过对边缘社会群体的保障，避免社会冲突的爆发，实现社会共识与社会和谐。欧康纳（J. O'Connor）指出，合法化的功能比资本积累甚至更为重要，通过非生产性的社会救助支出，国家保证了对资本主义有益的社会秩序。但是通过税收来扩大社会支出，又会损害利润的积累和私有资本的积累。所以在新马克思主义者看来，国家公共部门扩张对于私有工业，尤其是对那些寡头工业而言，是不可或缺的②，但又是它们难以持续承受的。克劳斯·奥菲（C. Offe）就认为，福利国家是生产力发展与生产关系之间的一个妥协体系。③ 社会问题会随着工业经济的增长而增多，这会使得社会支出的增长失控，进而导致欧康纳所说的税收危机、资本积累危机，同时也会带来合法性危机。

近年来，福利与资本主义之间的结构性矛盾似乎比新自由主义者和马克思主义学者的批评表现得更为突出。首先，由于不稳定就业的

---

① H. Wilensky, *The Welfare State and Equality: Structural and Ideological Roots of Public Expenditures*, University of California Press, 1975, p. 47.

② J. S. O'Connor, *The Fiscal Crisis of the State*, New York, St. Martin's, 1973, p. 13.

③ [德] 克劳斯·奥菲：《福利国家的矛盾》，郭忠华等译，吉林人民出版社 2006 年版。

增多以及长期失业的存在,福利国家"内部人"与"外部人"之间的鸿沟加大,近年来的福利制度改革在去二元化方面没有明显进展;其次,劳动力市场中,内部人的特权在资本主义全球化面前却又被视为限制欧洲国家竞争力增长的一大障碍。针对这一困境,欧洲理论家近年来又提出了社会投资的理念,即加大对人的投资,创建积极的福利,同时并不削减对传统福利项目的投资,即所谓"灵活保障模式"。而事实上,社会投资理念的宗旨是提高个人在现代社会中的竞争力,更是加强个人的社会保障责任。这在社会保障体系存在二元性缺陷的南欧国家(如意大利)的实践中,很容易就演变成了"灵活无保障"的模式。

(四)制度的视角

制度也是研究福利国家诞生和演变的重要视角。如果福利国家在很大程度上就是一种政治制度干预,那么制度主义则认为这种干预是一种制度化的路径。国家干预的制度化还意味福利国家构建的时间与方式的具体化。福利国家一旦建立,与其他所有公共制度一样,依照合法的、预先确立的形式和顺序发展,将会形成自己的路径依赖性,福利国家早期建立的制度会为后来的改革设定条件。

同时,构成福利制度的规则与标准操作程序也会在国家政治生活中打上自己的烙印。如瑞姆林格认为,福利国家是阶级斗争和大众民主发展的结果,但它作为一种制度力量反过来也重构了近代资本主义国家权力统治体系,促成了国家的功能逻辑与合法性基础的转型。

福利国家远远不只是大众民主的结果,它意味着国家本身,以及国家的结构、功能与合法性的一种深刻转型。在韦伯式的传统中,福利国家可被视为一种逐渐兴起的权力体系,这一新的权力统治体系由主管分配的精英、提供服务的官僚机构和接受社会庇护者构成。随着国家的转型,其合法性基础与功能都发生了变化。[1]

---

[1] Peter Flora and Arnold J. Heidenheimer, The Historical Core and Changing Boundaries of the Welfare State, in Peter Flora and Arnold J. Heidenheimer (eds.), *The Development of Welfare States in Europe and America*, New Brunswick and London: Transaction Publishers, Fifth Printing 1995, pp. 22-23.

瑞姆林格的这段话还表明，制度的视角并非仅仅突出与制度结构相关联的因素，还强调与福利国家构建的相关的行政文化与政治权力结构。例如，19世纪末期俾斯麦"铁腕"领导下的德国在福利领域的"有为"与英美等议会制国家的"无为"形成了鲜明对比。埃斯平-安德森对此的解释是：英美等较早实现民主制的国家由小资产者支配，这些人利用选举权来降低而非提高税收；德意等专制政体在提高税收方面处于有利地位。①

近年来，制度主义理论主要集中于对福利国家的改革与转型的探讨。20世纪80年代以来，福利国家长时间处于财政危机，以及十分不利于福利扩张的政治文化（尤其是新自由主义的兴起）环境中，但依然表现出了强大的制度黏性。制度主义理论家对此的解释是，一方面因为福利国家建立在其所承担的经济与社会功能的基础上，另一方面由于制度本身倾向于通过不断的适应性调整而实现自我再生产——这成为其抗拒变化的主因。不过，制度主义者虽然强调制度路径的自我加强机制会大大增加变革的成本，但并没有断言制度依赖会阻碍变革。这也部分解释了为何福利国家当前的变革较少以激进方式进行，而多以渐进式的参数性调整推进。

（五）政治经济学的视角

新马克思主义者高夫在1979年出版的《福利国家的政治经济学》一书中，对当时比较盛行的几种分析福利国家的视角进行了分析和批判，并在此基础上指出了马克思主义政治经济学对福利国家进行整体性分析的优势与重要价值。

新马克思主义代表高夫把上述源自社会学、经济学与政治学的福利国家理论分为三大类：功能理论、经济理论与决策过程的多元理论。其中，功能理论包括T. H. 马歇尔的公民权观点、维伦斯基等的工业化理论，其强调了工业化、物质丰裕对福利国家建设的根本性作用。但是，将这一过程过于客观化的缺点则是未能对人的能动性给予

---

① ［丹麦］哥斯塔·埃斯平-安德森：《福利资本主义的三个世界》，苗正民、滕玉英译，商务印书馆2010年版，第23页。

充分的重视①,"忽略了阶级、阶级冲突和革命性的决裂在人类历史中的角色,认为所谓的政策发展只是被动地反映这些社会或非社会力量而已"。而福利经济学与政治学的多元主义选择视角都采用了"个人主义的方法论,将个人视为社会的基本单位并进而研究他们在特定环境下的行为……分析人类的主观面——他们如何依照他们的价值来诠释实际现象以及他们的反应"。②而恰如马克思的经典语录所言,虽然"人们自己创造自己的历史,但是他们并不是随心所欲地创造,并不是在他们自己选定的条件下创造,而是在直接碰到的、既定的、从过去承继下来的条件下创造"。③

尽管埃斯平-安德森曾指出,"试图解释福利国家增长的理论,也应该能够理解其收缩或衰落"。④但是,综上可见,影响和造成福利扩张与收缩的原因必是多种多样的;福利模式是多元的,那么塑造福利模式力量的性质一定也是多样的。欧美学者所给出的理论视角也是多样的,它们的优点非常显著,但缺陷也比较突出,即单维度的解释缺乏对主客观因素之间历史联系的分析,削弱了它们的效力。虽然工业化理论家后来尝试加入了阶级动员等因素,但其系统性仍较弱。

马克思主义政治经济学的理论与方法能够对福利国家的扩张、危机与制度特征进行更为全面的解读分析,如高夫马克思主义政治经济学就非常重视社会经济形态中政治、国家与经济的相互作用,包含了生产关系与福利国家的制度和发展过程之间的关系。马克思主义政治经济学的重要理论如生产力决定生产关系、经济基础决定上层建筑的原理,生产的首要性及生产、分配、交换和消费四环节相互关系的理论,劳动价值理论,剩余价值理论,资本主义发展的历史趋势理论,等等,都对福利资本主义的发展与改革有透彻和犀利的解释力和预测

---

① 工业化理论后来也被不断修正,适度加入了对阶级动员等因素的考量。
② [英]伊恩·高夫:《福利国家的政治经济学》,古允文译,台北巨流图书公司1995年版,第11—12页。
③ 《马克思恩格斯文集》第2卷,人民出版社2009年版,第470—471页。
④ Gosta Esping-Andersen, *The Three Worlds of Welfare Capitalism*, Cambridge: Cambridge University Press, 1990, p. 32.

力。而这些理论只有在辩证唯物主义和历史唯物主义这两大方法论的基础上，才能得到科学的理解和应用。

"从历史的角度看，福利国家是一系列因素综合的结果，这些因素的构成随着国家的不同而不同。"① 上述五种不同的理论使我们可以从不同视角探寻不同因素所发挥的作用。本书将首先从工业化理论的视角，对意大利福利国家的萌芽、初建、巩固与扩张历程进行呈现和分析。其次在欧洲一体化不断深入的背景下，基于欧盟对福利国家财政约束与压力输入不断增强的视角，对1992年以来的意大利福利制度"再校准"（Recalibration）改革进行梳理和评析。再次结合政党政治和权力资源理论，对结构二元性的塑造进行具体深入的分析；从政治文化与国家权力结构视角，对地域二元性的固化进行阐述。最后结合马克思主义政治经济学的方法和理论，以及新马克思主义理论对资本主义生产关系以及对福利资本主义悖论的解析，更为系统地分析意大利为何难以破解本国福利制度的双重二元困局。

第二节　意大利福利制度的结构二元性与地域二元性

20世纪90年代中期以来，在各种内生性变化与外生性挑战的压力下，欧洲福利国家纷纷开启了改革进程。欧洲一体化也推动了三大福利资本主义模式，或者不同的社会保障理念在英国、北欧、欧陆及南欧地区的融合。近期关于福利的讨论，甚至开始出现了"抛弃"福利体制这一概念，提倡"回归"福利国家本身的趋势——有学者基于近年来各国的权力去中心化（decentralization）的进程，提出了回到福利地区；或转向了一个更为宽泛的概念——"混合福利"，加入了对除国家、家庭和劳动力市场之外非营利的自愿性组织的考察。②

---

① ［德］克劳斯·奥菲：《福利国家的矛盾》，郭忠华译，吉林人民出版社2011年版，第2页。

② Maurizio Ferrera, L'analisi Delle Politiche Sociali e Del Welfare State, in Maurizio Ferrera (eds.), Le Politiche Sociali, Bologna: Il Mulino, 2012, p. 45.

当然，我们尚不宜忽视福利模式所揭示的福利国家集群的制度特性，而对于深入的国别研究，或许更应该回归福利国家本身，并关注福利制度的地区发展差异。

意大利学者近年来在考察本国福利制度时，提出了"二元性"的概念，且基本涵盖了对南欧福利模式的复合制度构建逻辑、庇护主义和家庭主义等特征等所必需的讨论。根据意大利学者的界定，二元性是"失调""扭曲"和"不平衡"的同义语。[①] 意大利福利制度的二元性至少是双重意义上的：第一重含义是指不同群体间社会保护水平的失衡。如阿斯科利等认为，意大利福利制度的二元性体现在所谓的"内部人"与"外部人"上，即公共部门和大企业就业的人员与小企业、非典型就业和不稳定就业等群体享受的社会保护水平存在显著差距。[②] 再如费雷拉和美国学者林奇认为，意大利福利资源分配向老年群体大力度倾斜，从而造成了对青年人和幼儿社会支持不足的问题，故冠之以"年龄导向型"（age-orientation）福利制度，即二元性存在于老年群体与非老年群体之间。[③] 由于后者一定程度上涵盖了"内部人"与"外部人"的问题，因此受到了更多的关注。第二重含义指的是社会保护水平的地域性差距。如帕沃里尼、阿斯科利等学者重点关注意大利福利制度的地域失衡问题，以及由此带来的地域二元性甚至多元性现象。

基于以上讨论，可将意大利福利制度最为显著的特征概括为双重二元性，即结构二元性与地域二元性。意大利福利制度无论是在社保结构视角下，还是在地域比较的视角下，都存在社会支出水平与社会保护水平的显著不对称或显著不平衡。结构二元性指意大利较为成熟完备的养老保障与落后的失业、社会救助制度形成反差，从而使得社会保护水平在"老年"和"非老年"群体之间产生了极度不平衡现

[①] Maurizio Ferrera, Valeria Fargion and Matteo Jessoula, *Alle Radici Del Welfare All'Italiana: Origini e Futuro di un Modello Sociale Squilibrato*, Venezia: Marsilio, 2012.

[②] Ugo Ascoli (eds.), *Il Welfare in Italia*, Bologna: Il Mulino, 2011, p. 14.

[③] Julia Lynch: *Age in the Welfare State: The Origins of Social Spending on Pensioners, Workers and Children*, Cambridge, New York: Cambridge University Press, 2006.

象，这同时也是一种保障项目之间的比较。地域二元性主要指意大利的国民医疗体系与社会服务体系在北方地区更为发达，而在南方地区水平落后且绩效欠佳。

一 意大利福利制度的结构二元性

本书所说意大利福利制度的结构二元性，是指与其他福利制度发展更为完备的西欧和北欧国家相比较，意大利社会支出中公共养老占比过高，所提供的保护过于慷慨，而失业和社会救助支出过低，甚至存在社会保护空白点。换言之，与欧陆和北欧福利国家相比，意大利社会保障资源的分配在老年群体与非老年群体之间存在显著的失衡问题。

下文将在与其他主要欧洲福利国家相比较的视域下，以养老金、失业救济以及社会救助中的现金津贴支出比为主要考察对象，对意大利福利制度结构二元性进行考察。如果仅从总体的社会支出水平来看，意大利的福利制度建设与本国经济发展水平基本相称。如表1-1所示，从2003年到2014年，意大利在社会政策领域的支出水平一直略高于欧盟二十八国和欧元区的平均水平，有时甚至略高于英国和德国，但低于法国、荷兰、瑞典的支出水平。不过，这并不能完全说明意大利的福利制度建设水平高于英国和德国。因此需要继续考察另外一个因素，即具体的支出结构，也就是养老、失业和家庭津贴等各项的支出占比。

表1-1 2003—2014年欧洲福利国家社会支出占GDP比重　　单位：%

年份	2003	2005	2007	2009	2011	2013	2014
欧元区十八国	26.7	26.5	25.8	29.3	28.9	29.7	29.7
德国	29.8	28.9	26.8	30.5	28.6	29	29.1
法国	30.2	30.5	30.1	32.9	32.7	33.9	34.3
意大利	24.8	25.3	25.7	28.8	28.5	29.8	30
英国	24.3	25.3	24.8	28.8	29.1	28.4	27.4
瑞典	30.1	29.5	29.1	32.8	32.3	33	33.5
荷兰	26.3	25.8	26.1	29.4	30.2	31.2	30.9

资料来源：http：//ec.europa.eu/eurostat/tgm/download.do? tab=table&plugin=1&language=en&pcode=tps00098，最后登录日期为2016年12月23日。

费雷拉、法尔吉翁和林奇等都使用了一个支出指数来衡量群体间支出的不平衡性,即老年人均公共支出与非老年人均公共支出比(Elderly/non Elderly Spending Ratio,ENSR)。所谓老年群体,主要指65岁以上的领取公共养老金的人群。[①] 但ENSR仅仅是一个能够比较合理地衡量群体间人均支出比率的指数,具体数值取决于研究者所选取的支出项目。通常ENSR指数越高,意味着老年群体与非老年群体间的人均公共支出失衡性越严重。从费雷拉等所绘制的意大利自1955年以来的ENSR指数变化图来看(见图1-1),老年群体的公共支出与非老年群体公共支出的不平衡性自1980年开始恶化。

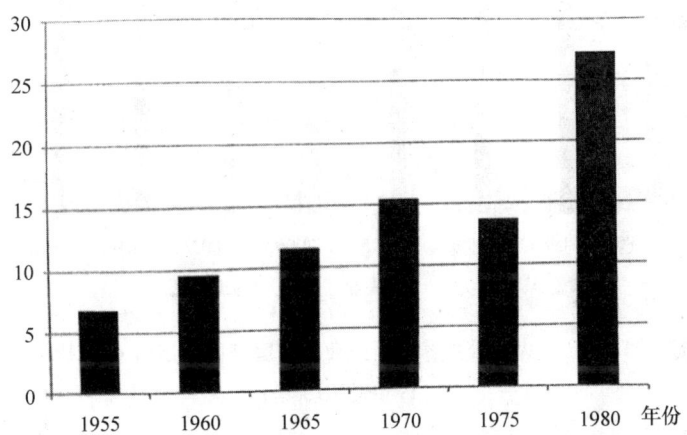

图1-1 意大利老年群体与非老年群体的人均公共支出比率
(ENSR,1955—1980年)

注：老年群体公共支出项为养老金,非老年群体公共支出项为家庭津贴和失业津贴。

资料来源：Maurizio Ferrera, Valeria Fargion and Matteo Jessoula, *Alle Radici Del Welfare All'Italiana: Origini e Futuro di un Modello Sociale Squilibrato*, Venezia: Marsilio, 2012, p. 13.

图1-2选取了自1980年以来意大利公共养老、失业和家庭津贴支出占国民生产总值的比重。从中我们可以发现,公共养老的支出在

---

① 林奇的著作发表于2006年,费雷拉等的著作出版于2012年,他们仍是根据当时经合组织主要成员国的退休年龄来对"老年"群体进行的界定。

三十多年中几乎翻番,家庭津贴支出的萎缩趋势在欧债危机后才得以逆转,意大利在老年/非老年群体之间的公共社会支出的失衡性一直比较突出。

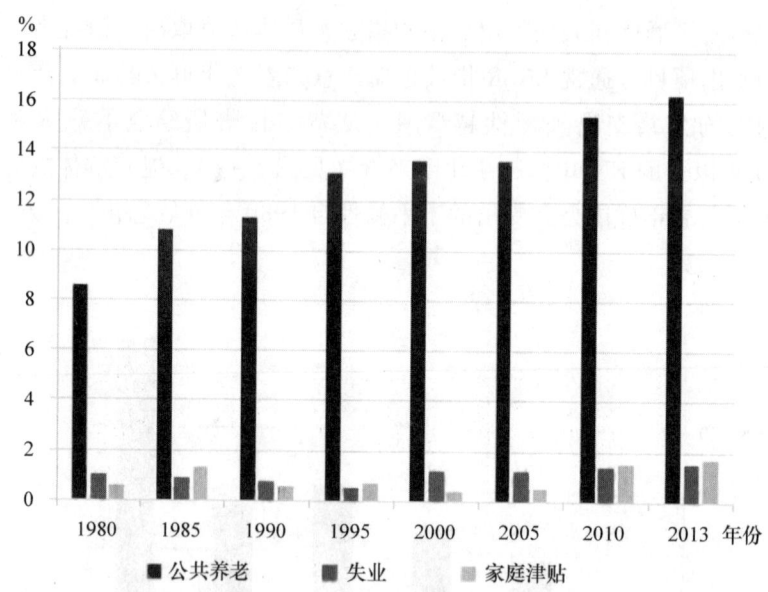

图 1-2　意大利公共养老、失业和家庭津贴支出占 GDP 比例
（1980—2013 年）

资料来源：经合组织数据库（http://stats.oecd.org/），最后登录日期为 2016 年 12 月 15 日。

当然,公共养老投入在意大利逐年增加,并不一定意味着意大利的公共社会支出在老年与非老年群体之间是扭曲的,或不合理的。因此,还需要将意大利放入更为广阔的欧洲福利国家的背景中去考察,将之与支出比例更合理、制度绩效更优、社会保护水平更高的西欧和北欧国家进行比较。图 1-3 的支出数据表明,直到 21 世纪初期,意大利与欧陆主要国家相比,其公共养老的投入占社会总支出的比重依然很高,接近 60%,而瑞典的公共养老投入不足 40%,其他西欧国家如德国、法国、英国等,只略高于 40%。在家庭津贴、幼儿照护和失业救助各方面，意大利的投入是最低的。德国、法国和瑞典的家庭津贴达到了总社会支出的10%左右，而意大利的家庭津贴甚至低于西班牙的水平，还不足5%。在住房与社会排斥方面，意大利的投入几乎可以忽略不计，而欧盟十五国平均水平达到了总社会支出的3%左右。

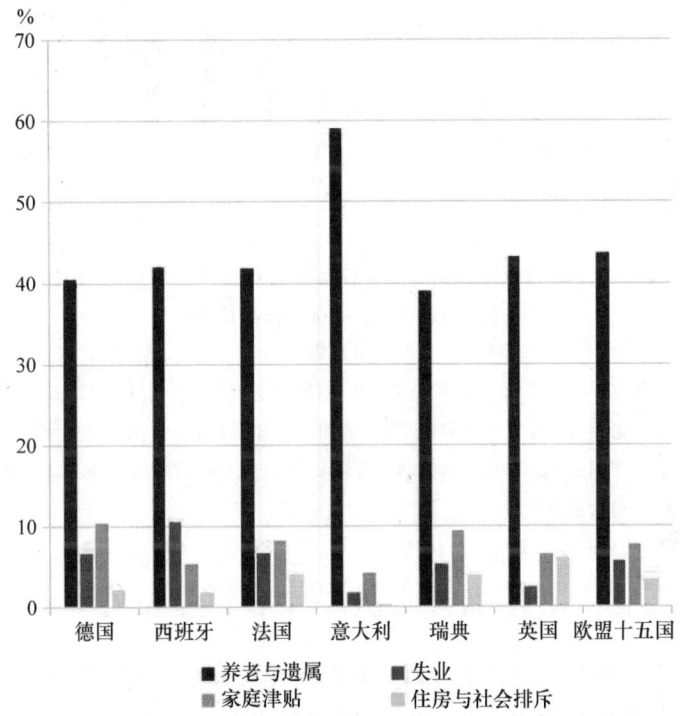

图1-3　欧洲主要国家社保各项占总社会支出的平均比例
(2000—2008年)

资料来源：Maurizio Ferrera, Valeria Fargion and Matteo Jessoula, *Alle Radici Del Welfare All'Italiana: Origini e Futuro di un Modello Sociale Squilibrato*, Venezia: Marsilio, 2012, p. 9.

如果我们借助林奇的ENSR指数来考察（见图1-4），可以发现，自1985年以来，意大利的ENSR指数的平均水平高达28.9，是欧洲主要福利国家中最高的。而丹麦、瑞典、挪威的ENSR指数仅为

5.75、6.50 和 9.89，法国和德国的 ENSR 指数也远低于意大利，分别为 12.9 和 16。

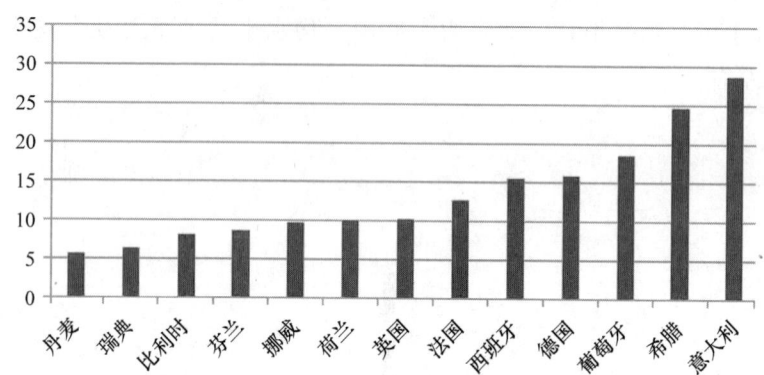

图 1-4　欧洲主要国家老年群体与非老年群体人均社会支出比率
（ENSR，1985—2000 年平均值）

注：根据经合组织 2004 年公布的支出数据与 2003 年公布的人口数据计算得到。其中，老年群体（年龄大于 65 岁）的公共支出包括公共养老金支出、遗属津贴，以及针对生活不能自理的老年人和残疾人的陪护服务；而非老年群体的公共支出则包括家庭津贴、非现金家庭服务、积极（或消极）的劳动力市场政策支出、失业津贴。残疾津贴、住房和其他社会救助不包括在内。

资料来源：Julia Lynch, *Age in the Welfare State*: *The Origins of Social Spending on Pensioners, Workers and Children*, Cambridge, New York: Cambridge University Press, 2006, p.30.

那么，公共支出在老年群体和非老年群体之间的严重失衡，又对最终的社会保护水平产生了什么样的影响呢？毋庸置疑，自 20 世纪 90 年代中期以来，意大利通过社会转移支付削减贫困人口的能力在逐步提高。但由于社会支出的天平更多地偏向于领取养老金和遗属津贴的老年群体而非儿童，而在两大群体之间产生了不同的减贫结果。如表 1-2 所示，意大利在减少老年贫困人口方面的能力已经很接近欧洲大陆国家，减贫率达到了 80% 以上。但是，意大利为 16 岁以下面临贫困风险的少年儿童所提供的保护显然是不够的，直到 21 世纪以后才达到西班牙的水平，但减贫率仍不足 30%，远远落后于欧洲大陆国家和英国 45%—60% 的水平。

表 1-2　社会转移支付对 65 岁以上及 16 岁以下贫困人口的
减贫率（1995—2012 年）　　　　　单位：%

	1995 年		2000 年		2005 年		2010 年		2012 年	
	65 岁以上	16 岁以下	65 岁以上	16 岁以下	65 岁以上	16 岁以下	65 岁以上	16 岁以下	65 岁以上	16 岁以下
德国	83.0	40	88.5	56.7	85.7	61.5	85.0	48.3	84.0	53.0
西班牙	79.2	29.4	73.6	24.2	65.2	23.3	75.2	24.3	82.3	22.7
法国	79.1	52.9	79.1	41.9	82.8	59.8	89.1	52.1	89.2	46.3
意大利	77.8	17.2	84.0	19.4	73.3	27.6	80.2	29.2	80.5	25.8
瑞典	—	—	—	—	89.0	74.5	83.3	61.4	81.1	57.9
英国	63.2	33.3	72.7	34.1	72.3	46.4	75.7	55.8	82.0	60.1

资料来源：根据欧盟统计局 ECHP（European Community Household Panel）和 EU-SILC（Statitcs on Income and Living Condition）的统计计算得出，转引自 Costanzo Ranci and Mauro Migliavacca, *Everything Needs to Change, So Everything Can Stay the Same*, in Ugo Ascoli and Emmanuele Pavolini（eds.）, *The Italian Welfare State in a European Perspective: A Comparative Analysis*, Bristol & Chicago: Policy Press, 2015, pp.40-41.

此外，由于意大利福利制度对老年群体和非老年群体的收入支持水平存在差异，老年群体的贫困问题得到较好缓解，而非老年群体的贫困问题却越发突出。如表 1-3 所示，尤其在金融危机后，非老年群体与老年群体之间的贫困率差距显著扩大。

表 1-3　意大利各年龄段贫困率（2004—2013 年）　　　单位：%

年份	2004	2005	2006	2007	2008	2009	2010	2011	2012	2013
66 岁以上	0.145	0.144	0.151	0.144	0.133	0.112	0.106	0.104	0.093	0.093
0—17 岁	0.156	0.160	0.155	0.155	0.161	0.171	0.179	0.178	0.178	0.177
18—65 岁	0.105	0.102	0.117	0.102	0.103	0.109	0.122	0.122	0.129	0.134

资料来源：经合组织数据库。

二　意大利福利制度的地域二元性

意大利福利制度的地域二元性主要体现在意大利民众在大区和市

等次国家层面上所获得的医疗、教育和社会服务水平的差异（距）上。20世纪70年代，意大利对国家权力结构进行了改革，由中央集权逐步向"准联邦制"过渡。在很多社会政策领域，"放权"一直在实实在在地发生着。"放权"不仅意味着权力，也意味着责任以及资源（也许是以不恰当的方式）从中央向大区和地方政府转移。意大利"放权"后，地区间社会保障水平所固有的不平衡性呈现出了不断扩大的趋势，这在其他实施了"放权"改革的欧洲福利国家中是比较少见的。

（一）如何衡量意大利福利制度的地域二元性

意大利的社会保障项目中，养老和失业都是就业关联型，雇主和雇员缴纳的税款由国家社会保险局（INPS）统一管理，保障水平全国基本一致；国民医疗保健服务和幼儿照护、老年照护等各区拥有自主权的社会服务项目，能够更为突出地表现南北方在资源投入和保护水平上的地域差距。国民医疗保健以各大区的医疗赤字水平、居民跨区就医比例，以及对本区医疗体系的满意度为主要考察指标；幼儿照护以三岁以下幼儿照护的覆盖率为指标；老年照护的发展水平以65岁以上老年人获得专业照护服务的比例为主要衡量指标。如表1-4所示，两岁以下幼儿公共照护的覆盖率在中部和北部之间虽然也存在

表1-4　　　意大利各区域社会照护覆盖情况（2011年）

地区	总人口（百万人）	幼儿照护（%）	老年照护（%）
北意大利	27.5	17.9（27.2）	9.7
中部意大利	11.7	18.0（31.3）	6.7
南意大利	20.8	5.0（21.6）	4.7
意大利	60.0	13.5（25.9）	7.3

注：①幼儿照护覆盖率，括号外部分是指两岁以下幼儿照护覆盖率，括号内数据源自欧盟统计局（EU-SILC）对意大利三岁以下幼儿公共照护覆盖率的统计；②老年照护指65岁以上老人参加公共居家照护服务的比例。

资料来源：Ugo Ascoli and Emmanuele Pavolini（eds.）, *The Italian Welfare State in a European Perspective: A Comparative Analysis*, Bristol & Chicago: Policy Press, 2015, pp. 286-287.

差距，但平均水平基本都达到了18%左右，为南部各区平均覆盖率（5%）的三倍多；老年照护方面，意大利北部覆盖水平最高，是南部的两倍之多。

意大利的医疗保健制度是一种基于公民资格（外国人则应为合法居留者）的全民保障体系。中央政府负责制定总体的指导原则，并依据人口数量在各大区间分配医疗经费。医疗体系具体的运作和管理则由各大区和地方卫生公司（ASL）负责。如表1-5所示，北部各大区通常不存在医疗保健经费的赤字问题，跨区就医的比例也比较小（4.4%），居民医疗体系的满意度接近半数；而南部地区的医疗经费赤字平均水平达到了（2.4%），且跨区就医的比例高达9.4%，对本地医疗体系满意的居民比例仅为28.4%。

表1-5　　　　　意大利各区域医疗水平（2011—2012年）

地区	赤字率（%）	跨区就医比例（%）	对本地医疗满意的公民比例（%）
北意大利	0	4.4	48.4
中部意大利	-3.8	5.8	35.2
南意大利	-2.4	9.4	28.4
意大利	-1.6	6.4	39.3

注：区域医疗赤字率根据各大区公共医疗支出大于国家对本区国民医疗服务体系拨款的比例核算得出。

资料来源：Ugo Ascoli and Emmanuele Pavolini（eds.），*The Italian Welfare State in a European Perspective: A Comparative Analysis*，Bristol & Chicago：Policy Press，2015，pp.286-287.

（二）比较视域下的地域二元性

那么，意大利福利制度显著的地域二元性是否一如其结构二元性，相对于其他欧洲福利国家也比较突出呢？如表1-6所示，意大利中北部在社会照护、医疗保健方面的绩效水平与西欧和北欧福利国家比较接近，意大利中南部福利制度的绩效表现则与其他欧洲国家有较大差距。

表1-6　欧洲视域下的意大利南北方福利水平与绩效表现　　单位：%

地区	社会照护覆盖率 幼儿照护（2011年）	社会照护覆盖率 老年照护（2009—2011年）	医卫保健体系绩效 未被满足医疗需求的居民比例（2011年）	医卫保健体系绩效 居民对医院服务质量的满意度（2007年）
瑞典	51	15	2.2	90
法国	44	12	2.3	83
英国	35	15	1.5	77
德国	24	11	1.7	79
中北意大利	30	9	2.6	74
西班牙	39	9	0.8	82
拉齐奥与南部意大利	21	6	8.9	52

注：①意大利的老年照护没有将现金津贴计入在内；医疗需求未被满足的原因包括"太昂贵""太远""不认识任何好医生或专家"以及"等待时间太久"。②拉齐奥大区是意大利首都罗马所在地，位于意大利中部，但是医疗绩效表现较差，所以此处被并入南部计算。

资料来源：幼儿照护和未被满足的医疗需求数据源自欧盟统计局网站，意大利部分根据意大利收入与生活水平（IT-SILC）调查计算得到；老年照护数据源自 C. Ranci and E. Pavolini（eds.），*Reforms in Long-term Care Policies in European Countries*，New York，NY：Springer.《欧洲国家长期照护政策改革》；居民对医院满意度根据欧洲晴雨表统计数据计算得到；Ugo Ascoli and Emmanuele Pavolini（eds.），*The Italian Welfare State in a European Perspective: A Comparative Analysis*，Bristol & Chicago：Policy Press，2015，p. 295.

那么，欧洲主要福利国家内部是否也存在显著的地域二元性？如果都有地域性失衡问题的话，意大利在其中处于什么水平？表1-7汇总了欧洲主要福利国家的发达地区和较落后地区的福利发展水平。从中我们可以发现，意大利福利发展水平如幼儿照护比较落后，医疗绩效相对较差，同时地域二元性问题也最为突出；德国、法国和瑞典的福利项目在各地区的发展总体较为均衡。

表1-7 欧洲视域下的地域二元性：覆盖率与绩效表现比较

	德国	西班牙	意大利	法国	瑞典
0—2岁幼儿公共照护覆盖率（EU-SILC 2011年,%）
较发达地区	10.0	43.5	31.0	46.6	62.3
较落后地区	46.0	36.6	22.6	48.4	65.6
差额	-36	6.9	8.4	-1.8	-3.3
疗养床位及居家护理设施数量/10万人（Eurostat 2010—2011年）
较发达地区	1034	578	507	821	不详
较落后地区	1222	465	89	1073	不详
差额	-188	113	418	-252	不详
个人医疗需求无法被满足的比例（EU-SILC 2011年,%）
较发达地区	4.8	0.4	3.0	1.6	1.2
较落后地区	5.1	0.4	6.8	1.3	1.0
差额	-0.3	0.0	-3.8	+0.3	+0.2

注：德国幼儿照护数据源自德国统计局2009年度数据；意大利较发达地区包括中部的拉齐奥大区。

资料来源：Ugo Ascoli and Emmanuele Pavolini（eds.），*The Italian Welfare State in a European Perspective: A Comparative Analysis*, Bristol & Chicago: Policy Press, 2015, p.300.

第三节 意大利福利制度概况

意大利作为民族国家、独立的政治实体，登上近代欧洲历史舞台的时间是比较晚的。19世纪初期，民族复兴运动大规模兴起，推动统治撒丁岛和皮埃蒙特地区的萨沃伊王朝统一意大利北方大部，建立了意大利王国，并最终于1871年结束了亚平宁半岛的分裂状态。不过，在福利国家建设领域，意大利却是不折不扣的先行者之一，早在19世纪末20世纪初就紧随德国的步伐，探索建立了养老、失业、工伤等基本的社会保险项目。在历经法西斯时期的制度巩固、第二次世界大战后经济快速发展的黄金时代的不断扩张，以及20世纪90年代以来二十多年的改革后，意大利福利制度最终形成了今天的结构。

下面将对构成了意大利福利制度主要内容的项目，即社会保险、国民医疗保健和社会救助的概况进行介绍。社会保险分为养老、失业、工伤和职业病等项目；社会救助以基本收入维持为主要内容。各项社会保险在财政上彼此独立，资金主要来自雇主和雇员的共同缴费。国民医疗保健以及社会救助的经费主要源于一般税收的支持，国家和地方财政也常常用其他公共税收收入对国民医疗保健服务和社会服务进行补贴。

一　社会保险

下面介绍意大利社会保险[①]中养老、失业、工伤和职业病等最为主要且支出占比最大的几个项目的情况。

（一）养老

当代意大利养老保障体系最终形成于第二次世界大战后的黄金时代，是典型就业关联模式。20世纪90年代改革之前，意大利的公共养老（第一支柱）作用突出，缺乏补充养老（第二、第三支柱）。1990年，公共养老占社会支出的55%，远远高出欧洲43%的平均水平。[②]因此，养老金体制改革一直是意大利福利制度改革的重中之重。历经二十余年的改革后，意大利的养老保障体系已发展成一种发育不完全的三支柱体系，或"发育中的多支柱体系"，2014年，养老金平均净替代率水平为79.7%。[③]

第一支柱为国家法定的公共养老计划，包括两个层次：第一层是养老救助，目前包括社会津贴和养老收入补贴两种，无须缴费；第二层由强制性的养老保险构成，其资金管理方式为"现收现付"。

自20世纪90年代中后期的改革以来，意大利公共养老金的碎片化得到一定改善。2012年之后，国家社会保险局（INPS）下设的强

[①] 除有特殊说明外，本节关于社会保险供给的主要数据均源自意大利国家社会保险局网站（http://www.inps.it/portale/default.aspx?imenu=1），最后登录日期为2017年1月12日。

[②] David Natali, Le Politiche Pensionistiche, in Ugo Ascoli (eds.), *Il Welfare in Italia*, Bologna: Il Mulino, 2011, p. 58.

[③] 参见经合组织数据（https://data.oecd.org/pension/net-pension-replacement-rates.htm#indicator-chart）。

制保险总制度（AGO）覆盖了全国90%以上的劳动者，包括原意大利职工退休金基金会成员（FDIP）、农业自雇者、手工业者、商贩、准自雇者（即长短期项目雇员，但其社保在总制度下单独运行）和公共部门雇员等。另外还有一系列覆盖律师、记者等行业的特殊制度，在社保局管辖下独立于总制度单独运行。20世纪90年代，意大利对公共养老金的计算方式进行了改革。以1995年12月31日为界，此前的退休者仍在"收益确定型"（Defined Benefit）体系下领取养老金，此前有缴费记录但未达退休年龄者采用"收益确定型"和"缴费确定型"混合计算方式；而1996年1月1日后参加工作者完全以"缴费确定型"计算养老金。意大利公共养老金的筹资模式是现收现付制，支出超过缴费的部分由公共财政负担。2017年，私营部门公共养老金缴费总比例为33%（个人9.19%，雇主23.81%）；中央公共部门雇员缴费总比例也为33%，但个人承担8.8%，雇主承担24.2%；其他公共部门雇员，如地方公务员、教师、医生和法官等，总缴费比例为32.65%，其中个人承担8.85%，雇主承担23.8%；手工业者和私营店主缴费比例也分别提高至23.55%和23.64%。

第二支柱为补充性的职业年金，个人自愿参加，实行完全积累制。雇主和雇员均承担缴费义务，缴费额全部进入个人账户，补充养老保险待遇水平取决于账户的积累额和投资收入。这部分补充养老金主要由行业封闭性的契约型职业养老金（CPF）、原有补充养老基金（PEE）[①]和开放式的职业养老金（OPF）以资本化方式运营管理。意大利相当大一部分的职业年金是由原来的"终止劳动关系津贴"（TFR）[②]转化而来的。

第三支柱是个人补充养老保险，主要通过自愿购买开放式基金或加入个人社会保险计划（PIP）来实现。

[①] 即在1993年改革之前就存在的补充养老基金项目。
[②] "终止劳动关系津贴"（TFR）是意大利于1982年颁布的法律所设立的一种津贴，其实质是一种工资延迟支付制度。雇主留存雇员工资的6.91%，在劳动合同结束或退休时一次性结清本金和收益。

补充养老在意大利呈现碎片化和低参与率的特点，不同行业劳动者补充养老的费率存在差异。意大利政府在补充养老领域采取所谓的"默认"机制①。从20世纪末至2012年前后，参加补充养老的劳动者仅550万人。公共部门雇员由于职业连贯性强、职业生涯长，公共养老金的替代率和终止劳动关系津贴水平都较高，加之立法迟滞，总体参加补充养老的比例不足40%。由于工会等社会伙伴的影响，一般私营大中型企业的企业年金缴存率可达50%—80%，由国家社保局旗下的基金机构管理。而雇员少于50人的小企业，年金缴存率只有15%左右，由雇主自行管理。按项目就业的准自雇者一般很难参加补充养老，其缴存年金的比例为20%左右。②

（二）失业

通常意义上针对失业的收入维持计划由三部分构成，即失业保险、失业救济和最低收入保障。意大利失业救济制度还在完善之中，缺乏全国性的最低收入保障。

意大利的常规失业保障主要通过强制失业保险来实现，其资金来自雇主和雇员的共同缴费，给付标准不定期根据人均国民收入水平、通胀指数、受保者收入等因素调整。失业保险的领取有时间限制，逾期便丧失资格。当前，意大利的失业保险主要分为三类：一是覆盖面最广的"新就业社会津贴"（NASPI），领取该津贴的资格条件是在前四年中至少在国家社保局中有不低于13周的缴费记录，失业前12个月内至少有30个实际工作日；参照的收入标准为受保者前四年平均月薪，替代率最高达75%，最高不得超过1300欧元，从第4个月开始津贴将以每月3%的速度递减；有效期为缴费周数的一半，最长不得超过24个月。二是失业救济（ASDI），对象为丧失失业保险领取资格且需抚养18岁以下未成年子女或自身年龄在55岁以上的未成功就业者，属于全民团结性质，由国家出资并管理。失业救济额度为最后一个月"新就业社会津贴"的75%，最高不得超过当年的社会津

---

① 详见第三章第二节。
② Matteo Jessoula, La Politica Pensionistica, in Mauizio Ferrera (eds.), *Le Politiche Sociali*, Bologna: Il Mulino, 2012, pp. 119 – 120.

贴额度，时间限制是 6 个月。三是政府针对特定人群，根据新的情况推出的临时性失业保障计划，如 2015 年根据新劳动法针对长（短）期项目合同工推出的临时性"合作者失业津贴"（Dis-Doll）计划①。

除上述常规失业救助外，意大利还有应对"部分失业"的一般停业收入补贴（CIGO）和特别停业收入补贴（CIGS）制度。② 一般停业收入补贴指工业和建筑业劳动者因"生产活动暂停或减少而陷入经济不稳定状态"而获得的收入补贴，一般有效期为 13 周，最多可延至 52 周，其经费源于企业缴费。③ 特别停业收入补贴是在劳动者因企业技术革新、转产、改组和结构改革而工时减少或暂时失业（一般保留工作岗位）时发放的津贴④，时限可达 12 个月至 36 个月。值得注意的是，特别停业收入补贴在意大利被视为对身处困境的企业的补贴政策，其经费绝大部分源于国家一般税收。⑤ 一般停业补贴和特别停业补贴的替代率通常为 80%，后者自 1996 年后有了上限的规定。停业补贴在欧洲多国存在，一般是为应对因经济周期或行业危机引发的"部分失业"所采取的保障计划，在意大利却发挥着非常重要的作用。

此外，为降低失业率，意大利的企业与工会之间协商签订了一种集体劳动协议——"社会团结合同"，分为防御型和扩张型两种，前者是通过减少工时的方式避免裁员，后者是通过减少工时来扩大就业。两种协议下工时减少所获的补贴为原收入的 60%，而非 80%。

---

① "合作者"是一种准自雇者，他们按项目聘用，其社会保险在国家社保局中往往被单独管理，未到退休年龄，部分人并未缴纳增值税。新出台的《就业法案》（*Jobs Act*）规定，自 2016 年起，意大利境内不再允许签订此类合同，作为对此类社会风险的应对，意大利政府推出了该项津贴。

② 领取停业津贴的劳动者，因劳动关系并未解除而未被计入意大利官方失业数据；但停业津贴支出计入失业救助范畴，因此往往账面上提高了意大利失业保险的替代率。

③ 50 人以下企业费率为雇员净收入的 1.9%，50 人以上企业为 2.2%；个别情况下还有附加费，50 人以下企业的附加费率为停业补贴工资的 4%，50 人以上企业为 8%。

④ 企业至少拥有 15 名雇员，商贸公司、旅行社等须有 50 名以上。

⑤ 经费由国家社保局于 1989 年成立的救助干预与社保支持管理机构（Gestione Degli Interventi Assistenziali e Di Sostegno Alle Gestioni Previdenziali）管理；除国家负担的部分之外，雇员和企业也按受益人月收入的 0.3% 和 0.6% 缴费。企业还需分别缴纳一定的附加费，费率为 4.5%（50 人以下）或 3%（50 人以上）。申请破产或签订社会团结合同的企业可免缴附加费。2016 年起，破产企业员工不再有资格领取停业收入补贴。

社会团结合同最长 24 个月，特殊情况可再延长 24 个月，南部地区均可放宽为 36 个月。

最后，还有一种在 1990 年设立的流动津贴，替代率可达 80%，受益人若一直未能就业，可享受到退休前。金融危机爆发后，流动津贴成为蒙蒂政府改革的主要对象之一，最终于 2016 年正式取消。

（三）工伤和职业病

工伤和职业病保险不仅覆盖全体工薪者，还将家庭主妇、"非典型"就业者纳入了其中。工伤和职业病保险的主要原则是以预防为主、以治疗为辅，受保人可获得免费治疗、现金福利和补充福利。现金福利根据伤病程度而定，包括工时损失补助、生理损伤补助。现金福利的水平要远远高于医疗保险，从受伤第 4 天至第 90 天，补助水平为日薪的 60%；第 91 天开始为日薪的 75%。若造成永久性残疾，则给予永久性的失能补助，当前的额度为每月 526.26 欧元。这些措施均旨在激励雇主加强预防、杜绝或减少工伤与职业病。如果因工伤和职业病导致参保人死亡，则其配偶及未满 18 岁的子女或未满 26 岁的大学在读子女可获得一笔补助。受保人在遭受工伤后应立即告知雇主，雇主应两日内上报国家工伤事故保险会；患职业病后，雇主应 4 日内上报；致命事故，应在 24 小时内上报。

二　国民医疗保健

1978 年，意大利终止互助医疗保险体制，建立了国民医疗保健制度（SSN）。国民医疗保健的经费来源主要有：医疗机构自身的收入和利润[①]、各大区的产出税（IRAP）和附加个人所得税（L'addizionale IRPEF）、五个特区和自治省的分摊[②]，以及中央财政拨款[③]。意大利

---

① 主要源于处方费收入以及医护人员在"体制外"兼职收入上缴部分，中央政府和大区对此部分额度有明确的协议。

② 特区和自治省的分摊主要用于弥补普通大区费用的不足，而西西里特区分摊中的 49.11% 用于本地区的医疗支出。

③ 中央财政拨款主要用于大区医疗支出所未能覆盖的部分，经费源于共享增值税（用于普通大区）、碳消费税和国家卫生基金（其中一部分专门拨付西西里特区，其他部分用于特定领域和特定目标支出）。

公民须首先在地方卫生局注册办理医疗证①（Tessera Sanitaria），以获得享受免费医疗的资格证明；外国留学人员须缴纳少量费用才可获得医疗证。为防止医疗资源被过度使用，1989 年意大利正式启用了医疗卡（Ticket Sanitario）制度，对医疗服务收取处方费。意大利公民在急诊、专项检查、温泉疗养、用药（各大区自主决定是否支付处方费）等情况下，都得支付处方费。对于残疾人、失业人员、低收入者、领取社会救济的家庭，经家计调查后，可免除处方费。此外，多数情况下，孕产、慢性病、恶性肿瘤、罕见病和艾滋病的诊断、检查甚至包括治疗，均是免费的。意大利在医疗卫生体系方面的支出在欧盟范围内属于中等水平。如 2009 年，意大利总支出占 GDP 的 7.4%，低于欧盟十五国 8.3% 的平均水平。②

意大利国民医疗保健制度基于辅助性原则提供保障。总理府、议会和卫生部等国家机构界定国民医疗保健的原则和基本内容，各大区政府根据国家相关法律准则并结合自身情况再制定法令，提供具体医疗保健服务。进入 21 世纪后，尤其金融危机爆发后，大区逐步获得了医疗保健领域的财政自主权。2011 年的第 68 号法令进一步明确了普通大区和省在医疗卫生成本上的决定权，并规定，自 2013 年起大幅削减国家的财政转移支付。针对医疗保健的标准支出需求，意大利提出了"标准成本"（costi standard）的概念，不再采用原来以"历史成本"计算新支出需求的方式，而是以管理水平中上的地区为测算对象，将这些地区医疗保健基本支出作为全国统一的支出需求标准。中央对各区医疗卫生体系进行转移支付的原则是"少不补，多不退"，即对于高于标准支出需求的花费，中央不再像过去一样予以补足；对于低于标准财政支出需求的地区，仍旧按照标准支出需求予以支付。

在意大利，家庭医生、地方卫生公司、独立医院以及私营医疗机构等共同为民众提供医疗保健服务。其中，地方卫生公司还是管理监

---

① 医疗证是享受国民医疗保健服务的一种资格证明，证上附有使用者在每一次医疗服务时都需要提供的税号，因此，也是国家用来监督医疗资源使用情况的手段。

② 根据欧盟统计局公开数据计算得出（http://ec.europa.eu/eurostat/data/database）。

督机构，在20世纪90年代改制为企业法人，负责监督基层全科医生和儿科医生，授权私营医疗机构和专科医生的医疗活动范围等。在南北方经济发展水平存在巨大差异的情况下，意大利各地医疗保健水平的差距也很显著。

三 社会救助

申请社会救助是意大利公民的基本社会权利，大多不以缴纳社会保险税款为前提。意大利的社会救助水平较低，基本目标是保障申请救助者能够维持最基本的生活水平。意大利社会救助实行的是"双轨制"：在国家层面，社会救助的最主要手段是发放各类现金津贴，但至今尚无全国统一的最低收入保障计划（老年群体除外）；在大区、省和市层面，除向贫困人口提供最低收入保障外（部分城市），还负责管理和提供社会服务与社会照护。国家层面在21世纪初期设立了微不足道的国家社会政策基金，以促进社会服务的均衡发展。①

国家层面的现金津贴主要由生育津贴、社会津贴、伤残津贴和家庭津贴构成。除针对无任何社会保险的新生儿母亲发放的生育津贴外，其他各项均需进行家计调查。社会津贴和最低养老收入补贴都是养老救助，即针对老年群体的最低收入保障。前者的覆盖对象是几乎无任何收入且到达法定退休年龄的老人，后者的覆盖对象是养老金水平过低而无法维持有尊严生活的老年人，由国家财政出资。② 伤残津贴针对失去工作能力的残疾人发放，每人每年的额度为4767欧元。此外，意大利还针对生活不能自理的残疾人发放陪护津贴，无须家计调查，当前额度为每人每月493欧元。

意大利的家庭津贴主要分为三类：第一类家庭津贴（AN）的对

---

① 社会救助服务供给的数据，参见意大利国家社保局网站（http://www.inps.it/portale/default.aspx? imenu=1），最后登录日期为2017年1月12日。

② 社会津贴当前针对年龄大于65岁零7个月的老人发放，每人每年的额度为5824.91欧元，有配偶者为11649.82欧元；养老收入补贴具体额度取决于受益人的收入，2016年每月上限为501.89欧元，补贴后年收入不得超过13049欧元。

象是（小）自耕农、佃农和分益佃农，以及已经退休的自耕农、佃农和分益佃农，商人、手工业者的家庭津贴由国家社保局支出，额度微不足道。① 第二类是以雇佣劳动者家庭为对象的全体家庭成员津贴（ANF）。凡负有抚育18岁以下，或18岁至21岁处于学徒期或中等院校在读（但至少有4名及以上子女且均在26岁以下）的子女，以及照护失能未婚子女（不限年龄）等家庭责任，且家庭收入符合一定标准者，在拥有社会保险的前提下，可申请全体家庭成员津贴②。该津贴表现出显著的就业关联特征，在职人员由雇主支付，其他正在领取失业津贴、工伤津贴或养老金（非社会津贴性质）的群体，则由国家社保局直接支出。每年7月1日至次年6月30日为一个周期，具体额度取决于所负担家庭成员数目以及家庭年收入。如2015年7月1日，由父母和未成年子女组成的三口之家在2014年的家庭年收入若低于14383.37欧元，每月可领取137.5欧元的家庭津贴；若收入达到6万欧元，津贴水平仅有十几欧元；若收入高于7.1万欧元，不再具备家庭成员津贴的申领资格。③ 第三类是市政全体家庭成员津贴（ANFdC），由全国社保局通过市政府面向全体在意大利有合法居住权、有三个及以上子女且家庭年收入不高于8555.99欧元的家庭按13个月发放，额度为141.30欧元/月（2015年标准）④。

意大利中央政府在启动现代福利国家的建设进程以来，在社会服务和社会照护方面的投入一直很少。在福利国家的扩张期，承担社会照护责任的机构主要是从前资本主义时期继承下来的私人互助会、合作社以及教会下辖的类似组织。虽然自1890年至2000年的110年间，意大利赋予了上述组织以公共法人的属性，但国家仅在第二次世界大战后才通过一般税收承担了少量的财政责任。2000年后，意大

---

① 当前家庭津贴的标准为：自耕农、佃农和分益佃农的子女等每人每月8.18欧元，自雇已退休者和自耕农配偶、子女等每人每月10.21欧元，小自耕农父母等每人每月1.21欧元。
② 抚养孙辈、兄弟姐妹者（父母双亡），若未领取遗属津贴，也可提出申请。
③ 参见基层工会联盟网站（https://www.cub.it/assegni-familiari/assegni-nucleo-familiare-tabelle-luglio-2015-30-giugno-2016.html），最后登录日期为2017年1月16日。
④ 子女年龄须在18岁以下。

利又立法将之界定为公共资本参与的私人企业，国家的财政责任进一步萎缩。

与这些私营社会服务机构并立的，还有自第一次世界大战后由国家资助建立的少量照护机构——主要为战争中激增的孤儿提供照护。第二次世界大战后，意大利实施国家权力结构改革，逐步建立起了地区制度，将社会服务方面的具体权责，包括相关机构的资产和人员的监督管理权都下放到了大区、省和市一级。在近半个世纪以来的改革中，大区及以下的各级政府获得了越来越多的自主决策和管理权，且在21世纪的税收联邦化改革中获得了越来越多的财政自主权，但是，中央政府始终没能对全国的社会服务要达到一个什么样的水平进行统一规划和立法，这使得地方社会服务的发展呈现出了极大的地域性差异。

虽然从支出和覆盖范围的角度来看，社会救助项目在福利体系中总是居于次要地位，然而，一个国家社会救助的发展水平往往代表了其福利制度建设的真正高度。因为社会救助是基于需求原则而构建的，且经费源于一般税收，受益者不必为此缴纳专项费用，因而更具有垂直分配的意义和社会团结的价值。从这个角度而言，由于社会救助制度建设的不完备性以及巨大漏洞的存在，意大利福利国家建设是落后的，远远称不上现代化。

第四节　本章小结

首先，本章对福利国家的概念起源、发展，福利模式的分类以及观察福利国家的主要理论视角进行了分析和呈现；其次，以欧洲其他主要福利国家为参照，对意大利福利制度的特征进行了具体的实证分析；最后，对意大利各项福利制度的具体内容进行了简单介绍。

"福利国家"的概念最早在20世纪40年代的英国出现，因《贝弗里奇报告》的引用而被广泛接受。新马克思主义者从国家权力对个人与组织管理与影响的角度，对福利国家进行了界定。波兰尼提出了保障公民福利的三种基本渠道，即国家干预、市场和家庭。埃斯平-

安德森提出了观察福利国家的重要视角——社会权利、去商品化与去分层化。欧美学界经常引用布里格斯对福利国家功能与目标的界定，即战胜贫困，使得家庭和个人能够应对工业化社会的社会风险，推动个人与社会的机会平等。本书在上述论述基础上，主要参考了意大利学者的界定，将福利国家视为系列公共政策的集合，国家通过这些政策以社会救助、社会保险等形式向本国公民提供保护，同时明确了社会权利和缴费义务。

福利模式也是福利国家研究领域的热点之一。在《福利资本主义的三个世界》出版后，南欧学者纷纷指出，应将葡萄牙、西班牙和希腊等南欧国家与意大利一起归为第四种独特的福利国家簇群，即南欧模式。南欧模式表现出了与欧陆福利国家很多不同的特征，如群体间转移支付严重失衡、家庭作用突出、制度设计中普救主义医疗与就业关联型养老并存，以及存在特殊主义问题等。

观察福利国家的理论与视角主要有工业化与社会风险的视角、政党政治视角、结构的视角以及制度的视角。工业化与社会风险的视角强调了随着工业化、现代化进程的深入，在财富积累与社会风险的供需作用下，福利国家出现的必然性与线性发展。政党政治视角有利于从阶级的权力资源分配、政治联盟等视角观察福利国家体制差异背后的原因。结构的视角推动我们去观察福利国家在资本主义体系中的作用，即是支持性因素还是对抗性因素。制度的视角强调福利制度对国家体系本身的塑造和影响，引导人们从制度的自我强化角度去理解福利国家改革中的问题与挑战。

在意大利学者提出的"失衡""扭曲"等概念的基础上，本章将意大利福利制度的主要特征归纳为双重二元性，即结构二元性与地域二元性。结构二元性指相较于其他西欧和北欧国家，意大利的公共养老保障过于慷慨，而失业与社会救助制度发育不足，从而使得社会保护水平在"老年"和"非老年"群体之间产生了极度不平衡现象，这同时也是一种保障项目之间的比较。地域二元性主要指意大利的国民医疗体系与社会服务体系在北方更为发达，而在南方地区水平落后且绩效欠佳。针对意大利社会保险中的养老、失业和工伤与职业病等项目的现状，本章也进行了比较详细的介绍，阐释了国民医疗保健的运行机制，对社会救助的滞后与失衡进行了评析。

总之，本章首先对福利国家的概念，以及本书所可能涉及的研究福利国家的主要理论视角进行了阐述。其次在前人研究基础上，将意大利的福利模式归为南欧模式，并以"双重二元性"对其主要特点进行高度抽象概括。

第二章　工业化理论视角下的双重二元性

早期工业化理论认为，福利国家是经济快速发展的必然结果，与所谓的政治共识关系不是很大，即"政治是不相关的"（Politics Does Not Matter）。工业社会一方面制造了更多的社会风险，即福利的需求；另一方面又因为发达的生产力而创造出了满足这些需求的资源，"现代社会保障是农业社会向工业社会转型的衍生品"。[1]"两百多年的经济发展，为消除严重的经济与社会不平等提供了前所未有的机遇，也给普通人的自我实现提供了机遇，还为个人权利创造了新潜能，并指向了社会公正的新维度……所有的这一切都源于从匮乏到丰裕的转型"。[2]

上述观点多少有"经济决定论"的倾向，不过随着研究的深入，弗罗拉和埃尔伯等工业化理论家们逐步加入了其他诸如工人阶级政治动员、政制架构、人口结构、文化变迁以及国际政治与经济秩序等因素，而在加入这些因素后，工业化理论被发展成为内涵丰富、边界模糊的现代化理论。[3] 他们后来提出了推动福利国家产生的三大主要历史因素：工业化或现代化、雇佣劳动者的政治动员、国家在经济与社会领域进行的干预。工业化给以工人为代表的底层民众带来了前资本

---

[1] Gaston V. Rimlinguer, *Welfare Policy and Industrialization in Europe, America and Russia*, New York, London and Sydney: John Wiley & Sons Inc., 1971, p.7.

[2] Ibid., p.1.

[3] Peter Flora and Arnold J. Heidenheimer, *The Development of Welfare States in Europe and America*, New Brunswick and London: Transaction Publishers, Fifth Printing 1995, p.37.

主义社会未曾有的风险，而这些问题需要借助国家的力量才能解决；国家对社会问题给予回应，并逐步满足工人对政治权利平等的诉求；劳资矛盾成为专制国家（或主张最小政府国家）向大众民主国家过渡的最重要推动力。[①]

本章的主要目标是借助工业化理论的核心——福利国家扩张的根本动因是工业化的快速发展，同时适当加入对政治动员因素的考量，展现和评述自国家统一以来的意大利福利制度的线性发展与双重二元性的形成。

第一节　从王国统一到第一次世界大战结束：自由主义理念主导下的福利制度构建

从1861年意大利王国成立到第一次世界大战结束，自由主义理念在意大利经济与社会政策领域占据主导地位，意大利经济史学家和社会史学家将这半个多世纪称为意大利的自由主义时期。

19世纪后半期，即在国家实现统一的二三十年内，由于工业化的缺乏，以及统治阶层在经济和社会政策领域持有的所谓"放任自由"理念，意大利的社会保护体系基本停留在典型的前资本主义状态，扩张非常缓慢。到19世纪末20世纪初，意大利工业化取得了相当大的成就，社会风险也随之而来：工人阶级因工伤、职业病和年老等因素而陷入贫困的问题日益凸显；工人运动日益高涨，国内政治压力激增。而英国、德国等不断完善社会保护政策所形成的制度学习效应也在增强。在这些因素的共同作用下，意大利王国逐步与自由主义理念分道扬镳，走上了俾斯麦式的社会保险道路。

一　19世纪下半叶保守派的"放任自由"

（一）意大利障碍重重的工业化与恶化的二元经济

经济史学家卡斯特罗诺沃（V. Castronovo）曾说，意大利经济发

---

① Enzo Bartocci, *Le Politiche Sociali nell' Italia Liberale*: 1861 - 1919, Roma: Donzelli, 1999, pp. 24 - 31.

展的第一个基本特点是在 19 世纪中叶就已存在明显的南北不平衡，它是一个"进步与落后之间的国家"，其经济与社会发展基本处于"停滞"状态。① 意大利王国建立早期，亚平宁半岛不少方面仍保留着贫穷落后的典型特征，与地中海南部和东部沿岸国家无二。南北方经济社会发展二元化十分突出：北部有了初步的资本主义生产关系，农村地区形成了大农场主与以雇佣农工为主体的无产阶级这两大社会阶层的对立；中部地区土地收益分成制度占主导，小农经济作用突出；南部依然是几近停滞且落后的封建庄园经济。王国成立初期，意大利全境共有 1707 公里铁路，其中 1588 公里集中在三个区：撒丁—皮埃蒙特王国（850 公里）、伦巴第—威尼托地区（483 公里）、托斯卡纳（255 公里）；而在广大的南方地区，很多地方甚至连可通行的道路都没有，更遑论铁路了。王国早期的意大利主要是一个农业国，农业人口占 70%，农业产值占国民生产总值的 75%。1871 年的人口普查中，全国共有 25337 个大大小小的人口中心，但其中 92.39% 都不足 2000 人，2/3 的城镇人口在 6000 人以下。②

虽然意大利王国第一任首相加富尔（C. B. Cavour）③ 早在 1861 年就因病逝世，但是其所笃信的自由主义理念对意大利后来的经济与社会发展影响颇深。在王国成立后的至少 15 年内，意大利不过是把撒丁王国治理当时工业经济最为发达的皮埃蒙特地区的自由放任模式，直接移植到了意大利全境。王国政府的干预，仅仅限于创造统一的意大利内部市场，忽略了意大利整体依然是农业居主导地位的事实。王国的统治阶层认为，"意大利的工业化，应该在那些'自然'领域——食品与纺织——得以发展和逐步实现，国家不应实施强力干预"④，而意大利的比较优势在农业，无须发展独立自主的强大工业

---

① [意] 瓦莱里奥·卡斯特罗诺沃：《意大利经济史——从统一到今天》，沈珩译，商务印书馆 2000 年版，第 47、64 页。

② Enzo Bartocci, *Le Politiche Sociali nell' Italia Liberale*: 1861 – 1919, Roma: Donzelli, 1999, pp. 129、131、159.

③ 米洛·奔索·迪·加富尔伯爵（Camillo Benso Conte di Cavour, 1810 – 1861）是意大利政治家，意大利统一运动的领导人物，也是后来成立的意大利王国的第一任首相。

④ Guido Pescosolido, *Agricoltura e Industria Nell'Italia Unita*, Roma: Laterza, 1996, p. 66.

体系。此外，他们还担心工业化和城市化会像在西欧其他国家一样带来棘手的工人运动问题。在社会救助领域，王国政府也采取了自由放任的方式，并不认为缺乏物质资源的穷人拥有过上有尊严生活的权利。还有十分重要的一点是，意大利乡村的贫困人口实在过于庞大，王国中央政府根本没有足够的财力和能力对之进行疏导管理，因而仅仅立法明确了对原本就存在的互助会和教会慈善机构的"监督权"。王国在成立的第二年，即1862年，开始着手规范慈善机构的发展，并颁布了一项法律。虽然该项法律的主旨是规范慈善机构，但它并没有明确国家的财政责任和经营责任——经营权依然在原有的经营者手中，也没有对这些机构产生规范性影响——它们依然参照各自的章程和规则运行；其主要意义只是界定了"政府对慈善机构行政管理的干预权"，即将监督权、关停慈善机构、核查财务状况的权力一并委于内政部。[①] 该法律也在各市建立了慈善署（congregazione di Carità），但相对于业已存在的宗教机构而言，其作用和影响都是微不足道的。

　　英国和法国在1867年巴黎万国博览会上所展现出的发达工业水平深深刺激了怀有强国梦的意大利工业主义者，自此，意大利国内掀起了是否应推动工业化的大讨论。工业主义者与自由主义者展开了长达八年的论战，并形成了工业主义运动的风潮。由于自由主义者身后有农场主、自由主义贸易者和银行家的大力支持，工业主义者始终显得势单力薄，但他们在北部推动的工业化运动却是充满活力的。19世纪70年代，意大利发展经济的理念发生了变化，仅仅发挥"自然"优势的观念被实现国家工业化的理想所取代——尽管这会打破传统社会田园诗歌般的平静，带来西欧其他工业化国家所面临的社会问题。巴尔托奇（E. Bartocci）将1876年意大利政府将铁路所有权和经营权收归国有的相关立法视为重大的历史转折点。[②] 将铁路收归国有并加快建设，一方面意味着意大利真正开启了工业化进程，并寻求改变自身在国际经济体系中的角色分工；另一方面也意味着资本主义生产方

[①] Enzo Bartocci, *Le Politiche Sociali nell' Italia Liberale*: 1861 – 1919, Roma: Donzelli, 1999, p. 137.

[②] Ibid., p. 158.

式和由此产生的经济政治社会文化影响将波及半岛上铁路所达的每一处。但是，这一时期的工业化仅限于北方，而王国政府推行的自由主义方针和南方占据主导地位的封建生产关系，则使得北方进一步拉开了与完全没有工业比较优势的南方的距离。此外，南方沉重的税负也阻碍了私有经济的发展——1882年北部与南部的财富比为72.3∶27.7，但缴纳贡赋比却为66.1∶33.9。①

由于工业化刚刚起步，工人力量弱小，意大利没能形成一种对"社会问题"进行争论的政治文化氛围。自王国统一直至19世纪晚期，天主教会的慈善机构和互助会在意大利社会救助领域占据主导地位。天主教会的慈善机构被视为"破碎社会中具备自主性的传统屏障"，教会正是通过对这些机构的掌控，在意大利产生了非常广泛和深入的社会影响力。但是，教会慈善机构主要分布在北部和大城市，据1877年王国议会的一份报告，73%的教会慈善经费在仅占总人口20%的122个主要城市分配，北部慈善机构的不动产价值112.6亿里拉，中部为34.1亿里拉，南部为43亿里拉。② 除天主教会下辖的慈善机构外，互助会也是意大利社会中比较常见且管理专业有序的世俗性救助机构。互助会建立在团结或风险共担的原则上，所保障的风险包括随时可能发生的意外，如疾病、残疾、工伤事故和失业等，以及未来劳动者会遭遇的死亡风险。个体发生风险后，所需的费用由所有会员以已缴纳的费用为依据共同承担。互助会的制度有些类似于今天的社会保险制度。但是加入互助会的工匠或自雇者毕竟是少数——"主要针对地位优越的手工工匠"③。一方面，由于会员制的互助会对风险补偿的能力本身不是很高，因而设定了相当多的准入条件；另一方面，互助会的管理方式是救助性的，而非保险精算式的，多数互助会领袖并不具备投资和增加社会资本的必要知识与经验。在意大利开

---

① 戎殿新、罗红波：《意大利工业化之路》，经济日报出版社1991年版，第476页。

② Valeria Fargion, *Geografia Della Cittadinanza Sociale in Italia*, Bologna: Il Mulino, 1997, p. 72.

③ [丹麦]哥斯塔·埃斯平-安德森：《福利资本主义的三个世界》，苗正民、滕玉英译，商务印书馆2010年版，第53页。

启工业化进程时，宗教慈善机构和互助会都已经远远不能应对因工业化而产生的诸多社会风险了。

到19世纪末，意大利工业化取得了相当大的成就，工人阶级的力量也不断壮大，并成立了自己的工会组织和政党。1891年，第一家工会在米兰成立；1892年，代表工人阶级利益的意大利社会党成立；1893年，意大利工会联盟成立。19世纪末期，对王国统治者而言，在工会与社会党领导下的意大利工人阶级已经成为一股巨大的、不可控的社会力量。工人阶级对社会政策的密切关注，迫使政府重启了1883年关闭的关于工人养老金的立法进程。在工业化与现代化的道路上，资产阶级与无产阶级是真正的主角。当时仍把持意大利政权的贵族，出于对中下阶层的崛起以及他们对政治权利的渴望的恐惧，为了稳固自身的统治地位，借鉴英国、德国的经验，进行了一系列并不能恰当回应当时意大利社会风险的立法。

（二）保守派的"管控"与"放任自由"

虽然自由主义理念依然在社会政策领域占据上风，但功利主义的"最大多数人的最大幸福"已成为政府和立法机关制定法律法规的重要准则。这使得原属于少数人的福利特权，在国家的政治干预下，开始逐步向"最大多数人"的福利权利扩展。1876年，保守派的左翼在意大利执政，在社会政策领域进行了颇具里程碑意义的立法。1877年，在王国全境推行的义务教育以及1882年的选举法改革，对此后的意大利工业化，以及公民社会权利的扩大产生了积极影响。1882年新选举法颁布后，符合条件的选民增至总人口的6.9%，约202万人，其中相当大一部分是工人阶级。当然，此次选举权的扩大，短期内并没有带来十分显著的影响，但1882年的议会选举中，意大利社会已经就如何面对社会问题、劳动者阶层的政治权利问题展开了大讨论。

1883年，议会针对工伤问题进行立法，并批准设立国家基金会（Cassa Nazionale），在工人遭遇工伤时给予补偿。所有居住在意大利王国境内，年满10岁以上的居民，均可以个人或集体形式参保。法律明确了三个要点：雇佣者或企业主应承担责任；明确了工伤险的必要性,劳动者个人也需缴纳一定的费用;补偿的金额根据受伤严重程度和后续影响而定。1886 年,意大利针对童工问题进行立法,规定禁止雇佣 9 岁以下儿童,地下开采工作禁止雇佣 10 岁以下儿童;满 12 岁的儿童每日工作强度才可达 8 小时。① 这项针对童工的立法可谓开了欧洲之先河,但该法律的设计仅基于政治目的,监督力量不足,所以基本形同虚设。② 1886 年,意大利立法将互助会纳入政府监控。随着工业化的深入,互助会中自由主义理念的影响走向衰弱,马志尼③主义者、无政府主义者和社会主义者增多,政府因担心互助会被代表工人阶级利益的组织所利用而将其"招安"。④ 但是意大利学者帕奇(M. Paci)指出,因为当时已经有准工会组织的存在,所以互助会算不上完全代表工人利益的组织;而且当时政府中的温和派和保守派之所以都对保险组织和保险基金表现出了极大的兴趣,因为资本化是保证国家在社会领域主要控制权的干预工具。⑤

19 世纪 80 年代末,意大利进入著名的克里斯皮(F. Crispi)时代,举国上下对新任首相克里斯皮的要求是"能干"。这种"能干"一方面转化成了对议会行事更加迅速和更好地进行管理的要求,另一方面转化成了对较高福利以及通过个人使民族强大的空泛的期待。⑥ 在这些空泛的期待中,克里斯皮对外展现出了激进的殖民主义立场,

---

① Enzo Bartocci, *Le Politiche Sociali nell' Italia Liberale*: 1861 - 1919, Roma: Donzelli, 1999, p. 158.

② Stefano Merli, *Proletariato Di Fabbrica e Capitalismo Industriale*: *Il Caso Italiano*: 1880 - 1900, Firenze: La Nuova Italia, 1972, p. 337.

③ 朱塞佩·马志尼(Giuseppe Mazzini, 1805—1872),意大利革命家,民族复兴运动领袖,意大利建国三杰之一(另两位是首相加富尔和号称"两个世界的英雄"的加里波第)。列宁认为他是马克思主义以前的非无产阶级社会主义的代表人物。马志尼是意大利民族复兴运动中的民主共和派代表,主张消除贵族的特权,赋予劳动阶层参与政治的权利,批判资本主义所宣扬的个人主义;但他不认为阶级斗争是无产者解放的必要手段,也未接受历史唯物主义。马志尼主义是其政治思想的统称。

④ Enzo Bartocci, *Le Politiche Sociali nell' Italia Liberale*: 1861 - 1919, Roma: Donzelli, 1999, p. 167.

⑤ Massimo Paci, *Pubblico e Privato Nei Moderni Sistemi di Welfare*, Napoli: Liguori, 1989, p. 81.

⑥ [意]克罗齐:《1871—1915 年意大利史》,王天清译,中国社会科学出版社 2005 年版,第 144 页。

对内立法加强社会控制、提高社会福利——这在克里斯皮政府与社会政策密切相关的立法活动中有不同程度的体现。1888年的法律明确了内政部在公共卫生与医疗领域的权力,明确了地方为穷人实施医疗救助的责任。1889年对刑法的修订中,认可了工人阶级以和平方式联合罢工的自由和权利,但规定任何以"暴力或威胁方式,或者其他形式阻挠或妨碍工商业自由"的人将被判处20个月的监禁,并需缴纳100—3000里拉不等的罚金。1889年通过的公共安全法明确了人们的结社自由,但一旦有针对政府、政府首脑或驻外代表的煽动性言论和示威活动,则构成犯罪。也就是说,克里斯皮政府表面上认可了工会及其和平抗争的合法性,但又对其活动作出了百般限制。1890年通过的《关于公共救助与慈善机构的法规》完全取代了前文提到的1862年针对慈善机构的法律,赋予了慈善机构公共法人的地位,承认其目的的"公共性",并将之统一命名为"公共救助与慈善机构"(Istituti Pubblici di Assistenza e Beneficienza, IPAB)。该项法律对慈善机构的建立、功能和解散进行了规范。国家通过任命公共管理委员会,对慈善机构的预算进行控制;通过强制其投资国债和不动产,实现了对教会慈善机构的部分世俗化。可以说,克里斯皮政府的上述立法,以走向现代化的社会的需求为基础,并有所创新,但没有完全脱离传统实践——继续通过最大程度的弹性和最大可能的"管控"来响应"自由放任"原则;同时,力求对从过去继承下来的传统救助形式进行无痛改造。

因此,直到19世纪90年代,意大利王国政府更喜欢对天主教救助组织和工人互助会下达"管控性政令"[1],社会干预的制度化是微弱的,政府在工业化初期依然用前资本主义社会的慈善机构来应对新的社会风险。这一方面是由于王国政府不愿社会救助占用公共资源,不愿碰触"小政府"的禁忌;另一方面则是因为意大利工业化尚处于起步阶段,工人阶级正在形成,还不能组织起给统治阶层带来巨大

---

[1] U. Ascoli and R. Catanzaro (eds.), *La Società Italiana Degli Anni Ottanta*, Roma-Bari, Laterza, 1987, p. 283.

压力的政治动员。①

后克里斯皮时代，随着因工伤和年老而引发的社会问题逐渐增多，意大利针对工伤和养老进行了立法。1898 年第 80 号法律（l. n. 80/1898）建立的强制性工伤险，即将 1883 年立法针对产业工人建立的工伤险改为强制性的；将国家基金的覆盖面扩大到大部分工人，且国家承担部分财政责任。在意大利学者看来，这项法律明确了国家对基金会的集中管理和控制权，规定了保险的强制性，明确了工人的缴费义务，国家也承担了一定的财政责任，但其局限性也很明显，即缺乏创新，补偿少，主要以产业工人为对象。1898 年第 350 号法律（l. n. 350/1898）建立了针对残疾人和老年人的社会保险国家基金会，但是，这个基金会有很强的自主性，虽受农工商部的监督，却有自己的管委会，独立于政府。国家没有经营权，也没有任何财政责任，可以说沿袭了传统的互助会模式。该项法律的设计者透露了统治阶层的真正想法：基金源于工人阶级的勤俭节约，要教育他们学会预防风险。② 王国在 1898 年出台的这两项法律已经引入了社会保险模式，但仍远远未能摆脱自由主义理念的深刻影响。在工业化与政府"不作为"的共同作用下，从 1882 年到 1900 年，意大利的私人救助机构——大部分都有教会的渊源——数目翻了一番，从 11495 家增至 23272 家。③

但值得注意的是，在公共雇员的养老问题上，意大利王国统治者的立场截然不同，表现出了典型的合作主义（也有学者称之为法团主义）态度，早在 1864 年就为公共雇员建立了强制养老保险。这"是将个人整合到一个有机实体之中的手段，这个实体免受市场个性化与

---

① 工人日益觉醒，改善待遇的斗争也逐年增加。1860—1878 年，工业工人罢工 362 起，1890 年发生了 139 起。参见戎殿新、罗红波《意大利工业化之路》，经济日报出版社 1991 年版，第 127 页。

② E. Giuseppe, Le origini del sistema previdenziale: la Cassa nazionale di previdenza per l'invalidita' e per la vecchiaia degli operai, in Inps, Novant'anni di previdenza culture, politiche, strutture, Atti del convegno, Roma 9 – 10 Novembre 1988; Previdenza Sociale, supplimento al No. 1, 1989, p. 55.

③ Ilaria Madama, Le Politiche Di Assistenza Sociale, Bologna: Il Mulino, 2010, p. 61.

竞争的影响，并消除了阶级反抗的逻辑"①，维持了对体制的忠诚。

二 20世纪早期走向俾斯麦模式

（一）工业化的不平衡发展与北方工人力量的兴起

在19世纪末，意大利遭遇了严重的金融萧条与农业危机，工业资产阶级的影响力开始超越保守的地主阶级，国家的发展纲领越来越有利于北方的工业经济发展。但南部工业化依然没有起色，1901年工业就业人口比重反而从1881年的30.7%下降至23.1%。② 1900年后，焦利蒂（G. Giolitti）等"开明的自由主义"派组建政府，推动了北方地区的快速工业化，以及工会组织在地区层面和行业层面上的较大发展。焦利蒂时期的意大利工业体系已比较完整，由冶金、纺织、钢铁、化工，以及配套的服务业构成。1896年到1908年，工业生产比重平均每年可达6.7%，冶金业为12.4%，化工业为13.7%。③ 统计数据显示，1912年意大利的出口额比1896年翻了一番。这一时期，意大利资本主义也出现了垄断和集中的特点。在工业集中的过程中，地区集中十分突出，如棉纺织业主要集中在西北部。1911年，意大利人口达到了3600万，比王国成立时增加了四分之一，但大部分人口依然在农村地区从事农业生产，从事工业劳动的人口集中在北方，约有230万（其中不包括从事丝织业的女工④）。

随着北部工业化的推进，意大利工人阶级于1882年组建了自己的政党——意大利劳工党，后更名为意大利社会党。意大利社会党的成立，对意大利工人阶级运动、政治动员的巨大意义是不言而喻的。20世纪初，意大利社会党表现出了明显的修正主义倾向，提出了所

---

① ［丹麦］哥斯塔·埃斯平-安德森：《福利资本主义的三个世界》，苗正民、滕玉英译，商务印书馆2010年版，第53页。
② 戎殿新、罗红波：《意大利工业化之路》，经济日报出版社1991年版，第476页。
③ 同上书，第126页。
④ 丝织业一直是意大利传统的手工业，国家统一时就有10万名农村妇女从事这一行业。在20世纪初经过产业集中和调整后，丝织业再度转移到农村，生产分散，装备落后，依然称不上严格意义上的现代工业。于是，多数统计数据干脆将难以统计的缫丝女工排除在工业工人之外。

谓的"最低纲领"。在政治方面的主张有：政治权利平等，男女共享选举权，自由组织工会和罢工的权利，国家在劳资中间扮演中立的角色。社会政策方面的主张有：保护女工和童工，提高工伤补偿；建立社会保障和救助体系，推行五年制义务教育，等等。意大利20世纪著名的哲学家贝内德托·克罗齐（B. Croce）曾如此评价社会党的这些主张：社会党人已经完全放弃了社会主义理论和革命理论，同时也一点一点抛弃了马克思主义理论，包括国家的阶级性这一概念。因此，他们最终会主张超越阶级利益的总体利益——而这是国家所代表的。① 此外，社会党重视城市忽视农村，还作出了"争取现代工业资产阶级反对中世纪式地主、争取北方反对南方"的抉择②。社会党的上述理念，几乎与自由主义的左派③不谋而合，双方在1901年后走向了合作。这种合作可以视为在国家统一后一直处于弱势地位的工业资产阶级与工人阶级为争取各自的政治权利和社会权利而进行的联盟，其政治对手是占据统治地位的土地贵族和农业资产阶级，最终导致"开明的自由主义者"焦利蒂主政期间的意大利国家政治力量被重新洗牌，南北经济发展差距进一步扩大。

在这样的经济与政治背景下，1912年，第四届焦利蒂内阁会议再次扩展了普选权。依据1912年的选举法，凡年满30岁的男性，即使是文盲，也拥有普选权。在1913年的选举中，选民人数由近333万增至867万，占总人口比由9.5%增至24.49%。社会党议员有79名，自由派议员多达304名，占据绝对主导。这次选举使得左翼在议会中的分量大增，他们更有能力影响保守派在社会政策领域的决策。④ 在自由主义的左派和社会主义改良派联盟的时期，意大利像其他欧洲国家一样，在经历一段不稳定的、有限的选举民主后，继续扩大选举

---

① Benedetto Croce, *Uomini e Cose*: *Della Vecchia Italia*, Roma: Laterza, 1956, p. 237.

② [意] 瓦莱里奥·卡斯特罗诺沃:《意大利经济史——从统一到今天》，沈珩译，商务印书馆2000年版，第146页。

③ 当时，自由主义的左派也一直持有"小政府和中立政府"的主张，认为应该给予代表劳动者利益的工会组织以自由活动的权利。

④ Enzo Bartocci, *Le Politiche Sociali nell' Italia Liberale*: 1861–1919, Roma: Donzelli, 1999, p. 225.

权,最终走向了大众民主①。1919年的议会选举中,社会党力量扩张显著,议员人数达到了156名,新生的、代表农民利益的意大利人民党议员也高达100名,这对意大利传统自由主义政治力量构成了极大挑战。普选权的扩大与政治格局的变化,是20世纪早期意大利社会政策能够真正产生突破的重要原因。

另外,第一次世界大战的爆发对意大利社会保障制度的发展所产生的影响也是显著的。战争期间,意大利工业大量转向军工产业,对有一定技能劳动力的需求激增。战争结束后,意大利大量军工产业陷入停产困境,国家无力安置战场归来士兵,无业人口激增,社会危机四伏,意大利北部工人运动声势浩大,革命似乎一触即发。②社会政策很大程度上成为第一次世界大战后意大利政府安抚沸腾民意的重要工具。

(二)社会领域立法的新突破

在工业化快速推进、工人阶级不断壮大、普选权两度扩大的背景下,意大利社会政策领域的立法确实取得了不少新进展。焦利蒂政府在致力于实现经济利益集团的社会目标——改善劳动群众生活条件并法律上认可其组织的同时,也要使得他们更容易接受工业化的"游戏规则"。③1907年,意大利修订了女工和童工保护法,将童工的用工年龄提高至12岁,禁止任何年龄的女工从事夜间工作,并规定女工可享有1个月的产假,同时可领取一定的生育津贴。

战争爆发后,意大利推出的社会政策显然是基于对支持战争和社会控制双重目的的考量。1915年,意大利颁布法律,针对由国家管理经营的商船船员推出了强制工伤险。两年后,即在1917年战争最

---

① 1919年8月,意大利再次修改选举法,给予所有年满21岁,或者未满21岁但曾经在军队服役的男性公民以普选权。自此,意大利所有男性公民都获得了普选权。1919年11月的选举中,1023万人有选举权,其中56%的选民参加了投票。社会党议员人数增至156人,人民党有100名议员,自由民主派仅有96名议员,自由派41名议员。意大利议会的格局发生了重大变化,国家的未来也充满了不确定性。

② Enzo Bartocci, Le Politiche Sociali nell' Italia Liberale: 1861 – 1919, Roma: Donzelli, 1999, pp. 226 – 230.

③ [意]瓦莱里奥·卡斯特罗诺沃:《意大利经济史——从统一到今天》,沈珩译,商务印书馆2000年版,第146页。

为胶着的时刻,意大利再度立法,规定 9 岁至 75 岁农林业的劳动人口,不论男女老幼,只要是农业和林业公司的雇员,无论是否有地产,都强制入伤残和养老险。同年,所有在政府所需的战争物资生产领域就业的劳动者,只要年龄不超过 70 岁,不论男女老幼,都强制入伤残和养老险。法律规定,雇员和雇主双方都需缴费,且其中的六分之一用于应对非自愿失业带来的收入风险。1918 年,失业险扩展至所有雇佣劳动者。1919 年是意大利社会保障发展史上至关重要的一年,这一年颁布的第 603 号法令(d. l. 603/1919)完成了对现当代意大利社会保障制度基础的构建。主要内容包括:遵循俾斯麦模式构建了强制养老保险计划,将工业工人、各类佃农、自耕农和月收入不高于 350 里拉的雇员,以及年收入不高于 4200 里拉的自顾者(自愿)都纳入其中——从 1919 年到 1920 年,参加强制养老险的人数从 65 万猛增至 1000 多万[1];扩大了失业险的覆盖面——无论哪个行业,所有曾经有固定工作、年满 15 岁的劳动者都有强制失业险的保障,失业补偿金日均额度为失业前的一半,从失业第八日开始领取,最长不超过 120 天。同年,将 1898 年成立的工人伤残与养老保险国家基金会(Cassa Nazionale di Previdenza per L'invalidità e la Vecchiaia Degli Operai)改为国家社会保险基金会(Cassa Nazionale per le Assicurazioni Sociali),基金的来源也由原来劳资双方自愿缴费转变为强制缴费。

在扩张失业、工伤保险的同时,意大利中央政府在社会救助领域也采取了实质性措施,为在战场归来的伤残军人或因战争失去双亲的孤儿提供生活照护。但是,在自由主义影响下,"最低纲领"依然是政府在社会救助领域立法的主要指导思想,并未进一步修订克里斯皮时期对慈善机构的立法。

自此,针对工伤、养老和失业等工业化社会出现的风险,意大利都通过强制性社会保险予以了应对,基本完成了现代社会保障体系的构建。

---

[1] Matteo Jessoula, La Politica Pensionistica, in Mauizio Ferrera (eds.), *Le Politiche Sociali*, Bologna: Il Mulino, 2012, p. 65.

第二节 法西斯时期的制度巩固

法西斯时期，意大利的经济与社会总体迈入了一个萧条而非发展的阶段。相应地，养老、工伤、失业等社保项目的覆盖群体全面收缩，且呈现出了碎片化趋势，特殊主义倾向明显。可以说，在法西斯时期，意大利福利制度的发展逻辑全面转向了保守合作主义。

一 法西斯时期的经济与社会状况

第一次世界大战结束后，意大利和其他欧洲国家一样面临着战后转产、金融调整等问题，但经济更为动荡且脆弱。1919年11月的议会选举中，社会党成为最大党，人民党为第三大党。以焦利蒂为首的自由党半心半意地与人民党组成了脆弱的联盟。1920年，因提高税收的改革冲击了重工业集团的利益，焦利蒂政府受到了来自企业主的反攻，他们动员权威新闻机构反对政府，并采取"罢工行动"——如转移资金、隐藏企业存贷、紧缩投资等。由于既缺乏公平分配税收负担的方案，又没能从根本上解决预算问题，经济危机开始爆发——财政恶化、物价上涨、国债加重，同时骚乱和罢工也一度达到了高潮①。不过社会党和工会运动在1920年春就开始走向分裂，工人运动虽然声势浩大，但主动权逐渐落入雇主阶层手中。

1921年9月的大动荡之后，工业和银行业集团拒绝达成任何同意国家发挥调节作用的妥协，反对工会享有绝对独立的监督权。雇主铁腕解雇工人，削弱了工会的抵抗力。在此情势下，意大利的左派没能采取适当行动，以改良和民主的方式保护工业化中成长起来、政治上却一盘散沙的小资产阶级中的开放与核心力量；而自由派的领导阶级也没能提出自由稳健且能推进国家与行政机构现代化的替代方案。②自此，政局右转之势难以逆转。1922年，墨索里尼利用意大利各类

---

① 1920年到1921年被称为"红色的两年"。
② ［意］瓦莱里奥·卡斯特罗诺沃：《意大利经济史——从统一到今天》，沈珩译，商务印书馆2000年版，第266页。

稳健派、保守派和社会主义者之间的矛盾，成功进军罗马，成为政府首脑。

意大利法西斯政权是一个由前资本主义农业阶层和寄生性工业巨头组成的集团，换言之，是一个走向没落的传统农业集团和一个处于上升中，但还不能充分利用其思想和组织模式的现代工业集团的共存。法西斯政权对工会组织进行了"全面改造"，使其沦落为僵化群众思想和扩大官僚干部队伍的工具。大地主利用法西斯以避免或拖延他们曾掌握的政治霸权旁落；而法西斯政权为避免工业发展带来"社会危机"、维护政权稳定并抑制城市无产阶级的壮大，而采取了"农村化"和反城市化政策，鼓吹返回农村，把家长制和前资本主义的生活方式理想化。1929年资本主义世界经济危机爆发后，意大利逐步切断了与西方资本主义国家沟通的桥梁，闭关自守，实行自给自足的制度。1930年至1934年，意大利商品出口值从120亿里拉降至52.24亿里拉。在自给自足的"神话"下，法西斯政府竭力寻求替代品并严格控制消费，到1938年，原料进口降至1928年的88%，成品和半成品进口分别降至60%和52%。[①] 世界上不存在没有意大利贸易赤字的地区，即便加强资源开发，甚至加上东非占领地的贡献，也无法保障意大利"自给自足"。

法西斯政权极不重视职业培训和公共教育。1931年，意大利的文盲仍占居民的五分之一多，南方地区达到了40%。即便如此，工业从业人员依然在增长，1936年达到了全部劳动力的30%；工业在个人总收入中的占比从1921年的25.3%增至1940年的34.1%，农业则下降至29.4%。虽然意大利法西斯政权抑制人口流动和城市化，到1936年，城市人口占比仍从1921年的45%增至55%左右。在此期间，南北发展差距进一步扩大。1937年，意大利工业三角洲人口仅为全国的25%稍强，但工业从业人员达到一半以上；南部西西里、卡拉布里亚和坎帕尼亚三区，平均每百人中仅有2人到4.5人从事工

[①] [意]瓦莱里奥·卡斯特罗诺沃：《意大利经济史——从统一到今天》，沈珩译，商务印书馆2000年版，第331页。

业活动；南北方农业雇工的实际工资差别在1910年仅为12%，到1939年扩大到了26%。但国民收入的增加并没有使人们的生活水平得到明显改善，1936年至1940年的个人人均消费低于1926年至1930年的水平，人均摄入热量情况也大致如此。①

二 法西斯时期意大利社会保障制度的发展

法西斯政府直接颁布的部分法令对意大利社会保障制度的发展产生了深远的影响，例如，1927年意大利颁布的《劳动宪章》和1942年颁布的《民法典》。《劳动宪章》主要对法西斯主义社会原则进行了"精美"包装，提出了新的合作主义国家框架，以及法西斯工会主义和法西斯政治经济学。在这些原则的指导下，法西斯时期的意大利社会保障政策是缺乏创新的、保守的，最为典型的例证就是法西斯政权压制了引入疾病保险的政策建议。《民法典》颁布于法西斯统治末期，对社会保障的影响主要是从法律上对法西斯时期的相关制度发展予以承认，并进行了巩固。

法西斯时期意大利社会保障制度发生的变化主要表现在三个方面：管理机构的重组、社会保障覆盖人群的收缩与社会保护力度的强化。管理机构的重组主要是指法西斯当局先后于1933年和1935年颁布法令，改立1919年成立的国家社会保险基金会为法西斯国家社会保险局（Istituto Nazionale Fascista Della Previdenza Sociale），兼并原有的四大社保机构——伤残与养老基金、肺结核基金、产假基金与失业基金，取消各类职业基金，将强制性混合基金改为省级基金，隶属于国家社会保险局。这种重组为后来利用社会保险基金填补国家金融缺口提供了便利，与社保机构本身的应有之义渐行渐远。总体而言，养老、失业等社保项目覆盖人群收缩，且有特殊主义倾向，而与此同时，保护力度却不断加强。

（一）养老和失业等社保制度的发展

意大利法西斯时期社会保障覆盖人群的收缩与社会保护力度的强

---

① ［意］瓦莱里奥·卡斯特罗诺沃：《意大利经济史——从统一到今天》，沈珩译，商务印书馆2000年版，第336、338、340、341页。

化，与此前意大利的经济与社会形势有着深刻的联系。如前所述，第一次世界大战后至法西斯上台之前，意大利经济形势恶劣，工人运动如火如荼，被意大利历史学家称为"红色的两年"。但最终的结果是工人在劳资冲突中处于下风，雇主阶层要求减轻社保缴费负担，这使得自由主义末期确立的社会保障项目的维持面临巨大挑战。

1. 养老与失业保障的发展

在养老保障方面，墨索里尼政府于1923年颁布了一条重组法令，一方面将强制公共养老保险的覆盖面扩展至月收入800里拉的雇员，另一方面将自由主义末期被纳入强制养老保险体系的分益佃农、普通佃户和自耕农排除在外。这一立法对意大利以就业为中心的养老保险体系的发展具有深远的影响，因为它将强制保险仅仅限制在了雇员群体中。1939年，又将月收入达1500里拉的雇员群体纳入了养老保险体系，同时将参保年龄由15岁降至14岁，并将费用的缴纳方式由此前的劳资双方均摊改为劳方三分之一、资方三分之二。此外，这一年还有两大养老金改革对后世产生了深远影响：首先，对养老金的可转换性（reversibilità）作出了规定，即退休者死后，养老金的领取权可由其配偶、子、孙或父母、兄弟姐妹继承。其次，降低退休年龄的规定——男性60岁退休，女性55岁退休，直至1992年改革前都一直未被改变。法西斯政权针对养老制度的立法并没有真正的创新，体现了以就业为中心的保守合作主义原则，自由主义时期就呈现出的碎片化趋势被大大加强。

意大利法西斯政权在失业保险方面的作为乏善可陈，十分保守。由于法西斯政权很早就得到了北方工业主和南方地主积极且具有实际意义的支持，因此，不难理解墨索里尼会在经济和社会政策领域采取自由主义和利己主义的措施。1922年，法西斯政府命令暂停农业劳动者（占总劳动力的50%以上）的失业强制险。1923年，对临时失业者的界定也更加苛刻——将就业时间少于六个月的雇佣劳动者排除在失业险之外，将可纳入失业保险范围的职员收入上限由350里拉提升至800里拉。按照当时的官方说法——"失业保险的覆盖范围远远小于伤残和养老险"，大概只有400万人得此保障。① 因此，失业津贴的边缘性和补缺性作用是显而易见的。"为了应对、减轻或预防失业"，1935 年的相关法律中提出了投资"全国性或地方性的公共工程"、职业培训、鼓励移民和海外殖民等优先于失业津贴的措施。1934 年，由于失业率居高不下，为增加就业岗位，法西斯当局还强令雇主将每周工作时间由 48 小时缩减至 40 小时，取消不必要的加班，在必要且可能的情况下用男性成年劳动力取代女性和童工。1941 年，法西斯当局对暂时停业的企业雇员发放收入补贴，并规定两年内累计享受时间不超过 12 个月，单次最多可连续享受 3 个月，资金源于雇主缴费。这为战后一般停业收入补贴奠定了制度基础。

法西斯时期的失业保险和社会救助交织在了一起。1929 年经济危机之后，法西斯政权重组省级救助机构（Enti Opere Assistenziali），两年后将其发展为法西斯政权发放失业津贴的最主要机构，从 1934 年到 1935 年，有 288 万人从这些救助机构领取了救济金。这些机构还以半义务的方式参加了一些公共工程的建设。② 此外，失业津贴还呈现出了行业差异，被保险人内部出现特殊群体。在法西斯政权的宣传中，社保是"阶级间团结和合作的最主要工具"，但实际上，它却是意大利国家法西斯党（Partito Nazionale Fascista）在分而治之统治策略下的一种加强政治权力和政治控制的工具。③

2. 多重功能的"解雇津贴"项目

实际上，早在 20 世纪初意大利引入强制养老保险之前，王国法院在一些劳资纠纷的判决中就提及了遣散补偿性津贴。1912 年，在设计相关议案时，奥尔朗多（V. E. Orlando）议员指出"解雇津贴"（Indennita' di Licenziamento）的双重意义：①它是解除劳动关系时发放给劳动者的"延迟工资"，本就是他们收入的一部分；②它还起到

---

① Giudici I, *Assicurazioni Sociali*, in Enciclopedia Italiana, V, Roma: Istituto della Enciclopedia Italiana, 1930, p. 27. 转引自 Maurizio Ferrera, Valeria Fragion and Matteo Jessoula, *Alle Radici Del Welfare All'Italiana: Origini e Futuro di un Modello Sociale Squilibrato*, Venezia: Marsilio, 2012, p. 49.

② Maurizio Ferrera, Valeria Fragion and Matteo Jessoula, *Alle Radici Del Welfare All'Italiana: Origini e Futuro di un Modello Sociale Squilibrato*, Venezia: Marsilio, 2012, pp. 56 – 57.

③ Ibid., p. 52.

了一种社会保险的作用。① 虽然"解雇津贴"项目的资格条件、计算原则，甚至包括名称都在不断变化，但这两项特征一直保持了下来。

从 1919 年到 1941 年，意大利政府通过立法和改变集体劳动合同内容的方式对"解雇津贴"进行调整。一般认为，从法律意义上而言，该项制度最早始于 1919 年——在这一年，它与养老保险一样，也成为一种强制性的社保项目。1919 年的第 112 号法令（d. lgt. 112/1919），仅那些月收入不高于 350 里拉，在"非自愿失业"的前提下，同时工作年限很长，达到了最长解雇预告期（massimo periodo di preavviso）② 的雇员，才有资格领取"解雇津贴"。1924 年的第 1825 号法令（r. d. l. 1825/1924），扩大了受益者范围，取消了"最长解雇预告期"这一限制。在补偿标准上，取消了最多为一年薪资收入的上限，服务年限依然是计算"解雇津贴"的重要参考。在法西斯时期，"解雇津贴"的发放被写入了集体劳动合同中，进一步扩大了受益者范围。在计算方式上，1934 年的第 401 号法律（l. n. 401/1934）将补偿最高额度提升到了 60000 里拉。再后来，甚至部分辞职的劳动者也有资格领取这部分津贴。这就逐渐削弱了津贴与解雇之间的关联，也使得相关管理机构因此更改了名称。需要说明的是，直到 1942 年之前，意大利也没有成立专门的"解雇津贴"基金，以应对企业倒闭或亏损无法支付津贴的情况。

1942 年，意大利《民法典》生效，接受了此前十几年集体劳动合同中对"解雇津贴"项目的创新，同时确立了计算津贴金额的总体标准。《民法典》第 2120 条将"解雇津贴"更名为"年资津贴"（Indennità di Anzianità），受益者为无限期合同下的私营企业受雇者，不再有雇员和工人之分。在无过错被解雇，或自愿辞职的条件下都可领取"年资津贴"，额度以最后收入和年资为计算基础。同年，法西斯政权颁布法律建立了"年资津贴"基金机构，以防雇主破产无力支付津贴，但该项法律最终并未得到落实。

---

① Maurizio Ferrera, Valeria Fragion and Matteo Jessoula, *Alle Radici Del Welfare All'Italiana: Origini e Futuro di un Modello Sociale Squilibrato*, Venezia: Marsilio, 2012, p. 73.
② 即参加工作年限越长，所给予的解雇预告期就越久。

早在意大利为私营企业劳动者建立强制养老保险之前，公共部门的雇员就已经享受到了此种待遇。同样，在1923年，法西斯政府为公共部门的雇员建立了"离职津贴"（Indennità di Buonuscita）。其与"解雇津贴"的不同之处在于，它在一开始就明确了公共职员退休后领取该津贴的权利，可以说是对养老金的一种补充。"离职津贴"的计算方法是最后月薪的十分之一乘以服务年限，最高不能超过四个月工资或5000里拉。[①]

在这一阶段，意大利社会保障的支出是呈明显的扩张趋势的：1922年社会保障支出占国家总支出的3.9%，1927年增至4.7%，1940年达到了14.4%。失业险的覆盖范围，1920年为12%，1925年增至19%，1940年则达到了37%，仅仅低于德国、英国和挪威。[②]

（二）社会救助的发展

1. 家庭津贴项目的扩张

在第一次世界大战后尤其是法西斯中后期，家庭津贴项目得到了很大发展。20世纪30年代的集体劳动协议中对家庭津贴的缴纳与享受资格都做了规定——发放对象主要是处于就业状态的男性养家糊口者。早在第一次世界大战期间，意大利政府就以家庭状况及子女数量为主要依据，为在军工产业就业的劳动者提供家庭收入津贴。第一次世界大战结束后，又将此政策扩展至其他行业。但法西斯党上台后，逐步削减并在1927年取消了此项政策。如前所述，这一时期意大利的社会救助常常与失业救助相交织，并作为后者的辅助性措施而存在。1934年，法西斯政权在压缩工时的措施颁布后，又为肩负养家糊口责任的工业劳动者建立了家庭津贴基金会，以弥补他们因工时缩短而产生的工资损失。拥有两个及以上孩子的家庭，每个小于14岁儿童每周可获得4里拉的补贴；但劳动者须根据自身的不同劳动时长

[①] Maurizio Ferrera, Valeria Fragion and Matteo Jessoula, *Alle Radici Del Welfare All'Italiana: Origini e Futuro di un Modello Sociale Squilibrato*, Venezia: Marsilio, 2012, p. 78.

[②] Flora P., Sviluppo dei Welfare States e Processi di Modernizzazione e Democatizzazione nell'Europa Occidentale, in Peter Flora, Alber. J. Heindheimer (eds.), *Lo Sviluppo del Welfare State in Europe e in America*, Bologna: Il Mulino, 1983, p. 87.

（每周 40 小时到 48 小时不等）及工资收入，缴纳工资总额的 10% 作为保费。这一政策在当时就受到了诟病，因为有些工人的缴费额大于所收到的津贴。在 1935 年、1936 年和 1937 年的几次修订后，家庭津贴的覆盖范围逐步扩大，先是纳入独生子女家庭，其次是将所有男性养家的工人群体，甚至月收入 2000 里拉的雇员以及信贷保险从业人员也纳入其中。雇主的缴费比例逐年提高，1936 年为工资总额的 2.5%，1940 年增至 8%。1936 年，平均每份津贴的国家投入约为 0.5 里拉，1940 年后略有提高。

表 2-1　　　　1937 年第 1048 号法令下家庭津贴
每个孩子每周的补贴标准　　　　　单位：里拉

	工业工人	工业雇员	农业工人	农业雇员
第一类（1 个孩子）	3.60	4.80	2.40	4.80
第二类（2—3 个孩子）	4.80	6.00	3.60	6.00
第三类（4 个孩子及以上）	6.00	7.20	4.80	7.20

资料来源：r. d. l. 1048/1937, G. U., 13 luglio 1937, n. 160, p. 2594. 转引自 Maurizio Ferrera, Valeria Fragion and Matteo Jessoula, *Alle Radici Del Welfare All'Italiana: Origini e Futuro di un Modello Sociale Squilibrato*, Venezia: Marsilio, 2012, p. 67.

20 世纪 30 年代中后期，在通货膨胀与鼓励生育的人口政策的影响下，家庭津贴项目不断扩张，支出激增。如表 2-1 所示，在 1937 年，工人家庭与雇员家庭所享受的家庭津贴数额是有差距的。此外，工人家庭的子女 14 岁之后（若无劳动能力可至 16 岁）不再享受家庭津贴，而雇员子女可享受至 18 岁。[1] 虽然法西斯政权实施的是固定工资和固定物价，但依然无法遏制通货膨胀的加剧。1939 年，男性养家者的妻子和父母也被纳入家庭津贴的范围，而那些无配偶无子女的劳动者也需为家庭津贴缴费。在此背景下，意大利展开了一场针对家庭津贴的争论——家庭津贴是社会保险还是社会救助，或者仅是一种变相的

---

[1] Maurizio Ferrera, Valeria Fragion and Matteo Jessoula, *Alle Radici Del Welfare All'Italiana: Origini e Futuro di un Modello Sociale Squilibrato*, Venezia: Marsilio, 2012, pp. 64-67.

工资收入,以及是否应被统一单独管理。20世纪30年代,法西斯政府在国家社保局中针对不同行业的工人设立了相应的家庭津贴管理部门——这在一定程度上意味着意大利福利制度碎片化的开端;1940年8月,法西斯政府颁布新的法令,建立家庭津贴统一基金会(Cassa Unica Assegni Familiari),统合了所有行业的家庭津贴项目,在原来按周、按月发放津贴的行业,一并按日来统筹计算,具体见表2-2。

表2-2　　　　1940年第1278号法令(r. d. l. 1278/1940)下
各行业劳动者每日家庭津贴标准　　　　　　单位:里拉

类型	1个子女的家庭	2—3个子女的家庭	多于4个(含4个)子女的家庭	妻子	父母
农业工人	0.45	0.70	0.90	1.10	0.60
工商艺术行业工人	0.70	1.00	1.30	1.20	0.70
工商艺术行业雇员	1.10	1.45	1.75	1.70	1.10

资料来源:elaborazione sulla base delle tabelle A, B, C ed E allegate alla legge 6 agosto 1940, n. 1278, G. U., 20 settembre 1940, n. 221, pp. 3486-3487. 转引自Maurizio Ferrera, Valeria Fragion e Matteo Jessoula, *Alle Radici Del Welfare All'Italiana: Origini e Futuro di un Modello Sociale Squilibrato*, p. 69.

2. 社会救助制度发展的停滞

法西斯政权承袭了自由主义时期政府对待社会救助的态度:由传统慈善机构承担大部分社会救助责任,国家救助主要限于社会保险领域——受益人需缴纳税费才能获得保障。

由于法西斯政权常常将社会救助作为失业救助的辅助性措施,所以在社会救助领域的制度创新是非常有限的。法西斯时期,由国家负责的救助项目主要有四种:一是将救助与社会保险功能混合的职业互助基金;二是为妇女和幼儿设立的"国家慈善"津贴;三是针对战场归来伤员的保障;四是宣传法西斯意识形态的"慈善机构"。对于第一类,国家肯定其作用和地位,但是不为其承担财政责任。第二类不仅负责妇女和儿童的救助,还负责监管全国所有涉及妇儿的慈善机构。妇儿国家慈善机构本质上是国家法西斯党的附属组织,也被视为法西斯政权实现其"人口目标"和"保护族群"的工具。该机构的经费并非源于国家财政支持，而是源于当局从当铺、银行、传统慈善机构搜刮的资金，以及征收的单身汉税。这些制度随着法西斯政权的崩溃而销声匿迹，并没有像其他社保制度一样产生深远的影响。

　　法西斯统治的前十年，对传统公共慈善救助机构（IPAB）的管理承袭了克里斯皮时期的立法风格，"损害"了教会的利益；后十年，赋予了教会更多的空间，甚至比1890年的立法更多。因此，在法西斯时期，教会慈善机构获得了独立于政府的自由发展，当局对其的定位是"应该为老人、残疾人，所有贫穷困苦的人提供公共慈善服务"[1]。1937年，法西斯政府在所有市级地区建立了城市救助署（ECA），取代了1862年建立的慈善署（Congregazioni di Carità），以救助（assistenza）取代了慈善（carità）。城市救助署的职能是救助穷人、孤儿、被遗弃的儿童，以及盲人和聋哑人，是对原有公共慈善救助机构的一种补充。1937年的法律还为此设立了附加税——意大利首次正式通过税收方式为公共救助筹集经费，将社会负担税收化。因此，在20世纪40年代，意大利合法的慈善机构分为两大类：过度膨胀的私营公共慈善救助机构和国家税收支持的市级救助署。由于法西斯官僚机构效率低下、充满偏见、保守且害怕承担责任，而国家管理部门、社会保障部门和公共救助机构之间职能交叉且混乱，缺乏有效协调，使得国家的财政负担虽然不断加重，但救助水平提升却不明显。

　　总体而言，法西斯时期的养老金、失业津贴、家庭津贴，包括其创造的"离职/解雇津贴"等社保项目，逆转了自由主义时期所呈现出的"全面覆盖"的"普救主义"趋势，初步构建出了以就业为中心的保守合作主义体制，福利制度的结构二元性雏形初现——养老保障覆盖面狭窄但给付慷慨，而针对非老年群体的收入支持则微不足道，如失业救助和社会救助等给付水平低下。

---

[1] Valeria Fargion, *Geografia Della Cittadinanza Sociale in Italia*：*Regioni e Politiche Assistenziali Dagli Anni Settanta Agli Anni Novanta*, Bologna：Il Mulino, 1997, p. 83.

第三节　黄金时代的制度扩张

第二次世界大战结束后，在意大利共产党的推动下，意大利妇女最终于1946年赢得了曾经只被男性财产所有者拥有的普选权。也是在这一年，意大利通过一场全民公投最终完成了向共和政体的过渡。真正意义的普选的引入、所有人形式上平等的自由民主原则的确立，对快速工业化时代工人阶级及其政党力量的增长和福利国家的扩张而言，意义是不言而喻的。

但是，意大利经济发展的痼疾——南北方工业化的失衡，在第二次世界大战后资本主义的黄金时代进一步恶化了。意大利是西方世界的后发工业化国家，其经济类型属于出口导向型。不过，出口企业基本在北方，南方主要充当了提供廉价劳动力的角色。北方企业在国际市场激烈的竞争中不断优化技术，淘汰落后产能；而南方的工业化更多是北方工业化扩散的结果，在还没能克服"工业化不足"的问题时，便陷入了"过时工业化"的问题。

与工业发展失衡相伴的还有劳动力市场的二元化——稳定性高、收入高的劳动者与稳定性差、收入低的劳动者并存，提供良好劳动保护的正规劳动力市场与缺乏任何保障的大规模地下就业并存。此外，由于整体工业化的不足，意大利即便在"经济奇迹"年代也未能实现充分就业，失业率始终高于法国、联邦德国。工业化的失衡、劳动市场的二元化以及失业人口的大量存在，对第二次世界大战后意大利福利制度的结构发展与地域发展产生了深远且负面的影响。

一　黄金时代的经济二元性

1945年至1950年，一般被视为意大利经济的重建阶段，对恢复民生的重视程度高于投资工业生产。到1950年前后，意大利政府借助美援加大工业资本投入，同时搭上国际贸易复苏的列车，进入了所谓的"经济奇迹"的年代（1951—1962年）。从1951年到1961年，意大利工业生产年增长率和毛投资年增长率分别达到8.3%和9.9%；

工业从业人员从580.3万人增至764.6万人，占总体就业人员的比例由29.4%增至37.4%。到1962年，意大利的人均生产增长率为5.6%，仅次于联邦德国；工业增加值几乎为意大利第一次工业革命（1913年）时期的7倍；全国总收入超过焦利蒂时期的3.5倍。"意大利制造"在西欧范围内的占比达到了12.3%（第二次世界大战前为8%，1955年为9%）[1]，经过自19世纪末开始的长距离"助跑"与追赶后，终于在20世纪60年代缩短了与英国、法国和联邦德国的距离，超越了荷兰、瑞典等国。但是，这些令人注目的经济成就，主要是由北方工业化所驱动的。黄金时代意大利的经济二元性特征也越发明显，即工业化北方与农业的南方之间的地域二元性，资本密集型的先进现代产业与劳动力密集型、落后的低产部门并存的产业二元性，以及稳定性高、收入高的劳动者与稳定性差、收入低的劳动者并存的劳动力市场二元性。从工业化理论的角度来看，意大利经济的这三重二元性，大大限制了意大利建设现代意义上的福利国家的能力。

（一）失衡的工业化

法西斯的农业和人口政策使南方地区长期陷入严重的经济拮据、生活贫困的境地。这意味着南方长期普遍存在失业、低于温饱线的工资、低消费、缺乏公共事业、文盲、大量向外移民等现象。1950年，迫于农民运动带来的巨大社会压力[2]，意大利实施了"打土豪分田地"的土改政策，占南方60%土地——76万公顷，被分给了113000家农户。[3] 虽然平均每户分到了6—8公顷土地，但其中绝大部分都是不适宜耕种的贫瘠土地。可以说"大大地忙乱了一通后，几乎什么也没有改变"。[4]

---

[1] ［意］瓦莱里奥·卡斯特罗诺沃:《意大利经济史——从统一到今天》，沈珩译，商务印书馆2000年版，第427—429、467页。

[2] 同上书，第415页。

[3] 1946—1948年，南方50%的自耕农处于"贫困和不富裕"的状态（北方为6%），78%的分益佃农和佃农处于同样状况（北方为7%，中部为14%）；普利亚大区农民失业率高达50%，卡拉布里亚大区和巴西利卡塔区也分别达到了33%和37%。参见［意］瓦莱里奥·卡斯特罗诺沃《意大利经济史——从统一到今天》，沈珩译，商务印书馆2000年版，第416页。

[4] ［美］托尼·朱特:《战后欧洲史》，林骧华、唐敏等译，新星出版社2010年版，第60页。

意大利土改的庄严目标——解决"南方问题"——的实现被拖延了。从 1962 年起，欧共体正式推行法国和联邦德国强势主导下的共同农业政策，其欧洲农业指导与保证基金绝大部分都被用于支持大型农场的农产品生产和销售的价格，而意大利 50 年代土改中形成的许多小型农场无法享受共同农业政策中的价格支持。于是，在欧共体农业政策的影响下，20 世纪 50 年代土改中从地主手中分配出的 70 多万公顷土地，在 10—20 年后，又被地主摇身变成资本主义农场主后拿了回去，而且拿回的更多（80 万公顷）。① 其间，大批南方农民涌入快速工业化的北方，甚或前往经济更繁荣的西德、瑞士等国。1945 年至 1970 年，有 700 万意大利人到他国谋求出路，其中在西德的意大利人近 500 万（1973 年）。②

在进行徒劳无益但"轰轰烈烈"的土改的同时，意大利专门成立了促进南方地区发展的南方开发银行。南方开发银行早期计划主要涉及了基础设施的改善和公共工程的建设，没有任何吸引工业投资或重构国家工业布局的战略。1953 年，开始实施"招商引资"新政，鼓励南方小规模制造业发展，吸收农村剩余劳动力，并给予其"物质奖励"。但南方小企业要么与公共开支关系过于紧密，要么效益低、稳定性差，还容易与建筑业投机性地结合在一起。1955 年，南方工业投资还不到全国总投资的 10%，南方地区人均收入仅为北方的 46.6%，比 1951 年还低了 1.1 个百分点；农业生产占国内生产总值的比重虽下降了近 10 个百分点，降至 36.9%，但依然是南方收入的最重要来源。③ 直到 1960 年，意大利南方尚有一半失业者未找到工作，工业发展是一种绝对次要的现象。

进入 20 世纪 60 年代，意大利制定了促进南方发展的新工业政

---

① ［英］唐纳德·萨松：《当代意大利——1945 年以来的政治、经济和社会》，王慧敏、胡康大、周弘译，中国社会科学出版社 1988 年版，第 68 页。
② ［美］托尼·朱特：《战后欧洲史》，林骧华、唐敏等译，新星出版社 2010 年版，第 296、297 页。
③ ［意］瓦莱里奥·卡斯特罗诺沃：《意大利经济史——从统一到今天》，沈珩译，商务印书馆 2000 年版，第 423 页。

策——主要是在南部选取了巴里、布林迪西、萨莱诺和塔兰托等地进行优先开发，通过伊里（IRI）[①]和埃尼（ENI）[②]两家国营集团投资钢铁和炼油产业。这种资本密集型的大规模生产与北方的需求紧密相关，脱离了南方以农业为主的经济发展需求，对当地的工业化和就业的积极作用并不大。如表2-3所示，从1961年到1970年，三大产业所吸收的劳动力总量是小幅下降的，工业就业人口仅仅增加了19万左右，第三产业就业人口增加了26万，略低于1951年到1961年的水平。

表2-3　　　　意大利南部的就业分布（1951—1970年）

	1951年		1961年		1970年	
	吸收劳动力（千人）	占比（%）	吸收劳动力（千人）	占比（%）	吸收劳动力（千人）	占比（%）
农业	2774.3	51.9	2203.5	39.4	1615.0	29.0
工业（包括建筑工）	1210.3	22.6	1601.1	29.0	1795.1	32.3
第三产业	983.8	18.4	1282.2	23.0	1542.7	27.7
国家雇员	378.7	7.1	482.2	8.6	611.4	11.0
总计	5347.1	100	5569	100	5564.2	100

资料来源：M. D'Antonio, Sviluppo e Crisi del Capitalismo Italiano 1951–1972, Bari: De Donato, 1973, p.256. 转引自［英］唐纳德·萨松《当代意大利——1945年以来的政治、经济和社会》，王慧敏、胡康大、周弘译，中国社会科学出版社1988年版，第70页。

20世纪70年代，石油危机爆发，横扫整个西方资本主义世界。

[①] 伊里公司（全称工业复兴公司，Istituto per la Ricostruzione Industrialae）成立于1933年。20世纪二三十年代的大萧条时期，意大利商业银行、罗马银行和意大利信贷银行由于资助和拯救那些财务困难或面临倒闭的工业企业而濒临破产，工业复兴公司就是在政府大量收购了这三家银行的股票，并接管了包括钢铁公司、造船公司、机械公司及一些小商行在内的许多工商业企业的基础上组成的。第二次世界大战后，伊里集团承担落实工业政策、救助处境困难的企业的任务。1992年《马斯特里赫特条约》签署后，在欧盟竞争政策的压力下，意大利政府对伊里集团开启了私有化改革，最终于2002年对其进行了清算解散处理。

[②] 埃尼公司（全称国家碳氢化工公司，Ente Nazionale Idrocarburi）是成立于1953年的国营大型跨国公司，主营项目是电力、石油、天然气和化工等，在世界500强公司中排名第22位（2013年）。

这在意大利南部导致的第一个后果就是投资下降——国家参与制企业对南部的固定资本投资占国家参与制系统总固定资本投资的比重从1972年的52.3%下降到1977年至1978年的30%，南部工业化"从1974年开始完全进入了黑暗时期"[①]。由于中部和北部进行产业结构调整和转产，于是，作为北方工业化扩散结果的南方基础工业（如化工和冶金等）陷入了危机。南部中小企业一般与公共工程、建筑业联系紧密，此时缺乏活力，难以创造就业；而北部中小企业仍广泛活跃在传统劳动密集型行业中，如服装、鞋业、家具、建筑原材料、仪器和电子等。此外，南方从小规模经营中获取的利润往往不再重新投入工业革新技术，而是投入地产和商业。可以说，南部在"工业化不足"的问题尚未得到解决时，又增加了"过时工业化"的问题。如表2-4所示，除第三产业外，农业依然是南方的最大就业领域，而工业是北方的最大就业领域。意大利南部吸收的就业人口不足北方的一半，而农业、建筑与公共工程吸收了40%的劳动力，工业就业比例为北方的一半，总体失业率高达北方的两倍。

表2-4　　意大利南北方的就业分布（1972—1976年）

年份	劳动力（千人）南部	劳动力（千人）北部	农业（%）南部	农业（%）北部	工业（%）南部	工业（%）北部	建筑与公共工程（%）南部	建筑与公共工程（%）北部	第三产业（%）南部	第三产业（%）北部	失业（%）南部	失业（%）北部
1972	6127	13835	28.13	11.36	15.84	33.42	12.17	7.89	38.55	44.61	5.28	2.69
1973	6140	13934	27.42	10.80	16.27	33.61	11.77	7.63	39.33	45.43	5.19	2.50
1974	6157	14118	26.52	10.46	16.87	33.85	11.61	7.45	40.53	46.19	4.45	2.02
1975	6192	14205	25.19	9.88	16.98	33.51	11.51	7.29	41.24	46.90	5.05	2.40
1976	6336	14305	25.15	9.33	16.88	33.33	11.11	7.09	41.57	47.45	5.27	2.78

资料来源：SVIMF关于意大利南部的报告（1976年），转引自［英］唐纳德·萨松《当代意大利——1945年以来的政治、经济和社会》，王慧敏、胡康大、周弘译，中国社会科学出版社1988年版，第90页。

---

① ［意］A. 贾诺拉：《70年代南方工业化、二元化及经济依赖性》，《评论》1982年第36卷第1期，第67页，转引自［意］路易吉·德罗萨《战后意大利经济》，罗红波等译，中国经济出版社1999年版，第124页。

石油危机和世界范围内贫国与富国之间的国际分工,让人们看到了"南方工业面临两面夹击的危险:一方面是生产效率很高的国家,另一方面则是劳动成本很低的国家"。① 如果说国家的干预措施曾经缩小意大利南北方的差距,那么石油危机的冲击却使得这种差距再度拉大——1975 年南方人均收入达到了全国平均水平的 70%,到 1979 年却降为 66.9%。②

南方工业化的失败,对第二次世界大战后意大利福利制度建设的影响是非常消极的。至少,从工业化理论的角度来看,这意味着应对风险的资源不足。在第二次世界大战后资本主义发展的洪流中,意大利整个国家都暴露在了工业化的风险中,但却几乎只拥有半个国家的(北方)应对资源。此外,还意味着南方甚至缺乏建设福利国家所需的阶级动员:

> 事实上,在南方,由于生产发展的缺乏或不足,(经济制度)结构和社会(阶级)表现出了一种未完成的多样化,即一种无工业化的现代化形式。从第一产业占据主导直接过渡到公共和私营的第三产业的扩张……如此一来,这种未完成的多样化不仅在不同社会阶层、不同权力阶层及其各自的信仰观念之间制造了不完全的分离,还使得基本阶级的发育不足——他们(或者说企业资本家与无产者)是 20 世纪的经济与政治辩证存在的保证。③

(二)劳动力市场模式的形成及其分层与分化

劳动力市场政策是以维持高水平就业率为目的的公共干预的集合,兼具经济、税收和社会政策的性质,主要包括规范劳动关系、维

---

① [意] L. 关塔里奥:《意大利南方与工业改造》,《评论》1976 年第 30 卷第 5 期,第 410 页,转引自[意]路易吉·德罗萨《战后意大利经济》,罗红波等译,中国经济出版社 1999 年版,第 123 页。

② [意] A. 贾诺拉:《70 年代南方工业化、二元化及经济依赖性》,《评论》1982 年第 36 卷第 1 期,第 84 页,转引自[意]路易吉·德罗萨《战后意大利经济》,罗红波等译,中国经济出版社 1999 年版,第 125 页。

③ A. Costabile, *Legalità, Manipolazione, Democrazia*, Roma: Carocci, 2009, pp. 21-22.

持收入和积极推动就业的政策，与福利国家的内容有不少交叉之处。意大利学者指出，当代意大利劳动力市场政策模式形成于20世纪50年代至70年代末，与福利国家建设相伴而行，相互影响颇深。① 因此，在谈论第二次世界大战后福利国家的扩张与危机时，不应回避劳动力市场的变化，如劳动者工资水平的变化、劳资关系的规范化等，都对福利国家产生了显著影响。

1. 正规劳动力市场：工资上涨，劳动保护水平提高

第二次世界大战后意大利经济的腾飞离不开一直实行的低工资政策——1953年至1961年，工资总体上调了46.9%，而生产率平均增长水平达到了84%②。工人阶级和工会之所以能够长期忍受低工资和相对较高的通货膨胀，主要是因为意大利的劳动力供给过于充足，长期存在大量失业人口，工会严重分裂且斗争能力弱。意大利从未实现过真正的充分就业——即便是在经济形势最好的1963年，失业率也达到了2.5%，而联邦德国仅为0.8%③。到60年代，工人数量大增，马克思主义文化的影响深入到了意大利政治与社会生活的各个方面，工会的政治动员与斗争能力都大大提升。迫于压力，雇主同意执行随物价指数上调的滑动工资制度（Scala Mobile），工人工资得以大幅增长。工资的调整对家庭津贴和养老金等社会保障项目的走向产生了关键影响。

在劳动关系方面，工人斗争也取得了丰硕的成果。意大利在1962年和1966年两次立法，将"无固定期限劳动合同"确立为正规劳动力市场的标准就业合同，同时对固定期合同的适用范围作出了严格限制。在无固定期限合同下，雇主无正当理由不能随意解雇雇员。在20世纪60年代末的大规模学生运动与工人暴力罢工，即著名的"热秋"运动后，议会通过了《劳动者宪章》〔1970年第300号法律

---

① Patrik Vesan, La Politica del lavoro, in Maurizio Ferrera (eds.), Le Politiche Sociali, Bologna: Il Mulino, 2012, p. 134.
② ［意］瓦莱里奥·卡斯特罗诺沃：《意大利经济史——从统一到今天》，沈珩译，商务印书馆2000年版，第433页。
③ ［英］唐纳德·萨松：《当代意大利——1945年以来的政治、经济和社会》，王慧敏、胡康大、周弘译，中国社会科学出版社1988年版，第61页。

(l. n. 300/1970)]。该宪章赋予了工人许多权利,包括承认全厂工人代表会议的合法性,允许会议工人代表带薪脱产,工人有权在上班时间集会,将"反工会"行为定为犯罪。其中影响最为深远的一条是涉及解雇问题的、著名的"第18条"。在"第18条"的保护下,工人一旦进入具有一定规模的企业(雇佣人数在15人以上的企业或5人以上的农业企业),基本可确保终生不会被解雇。

2. 地下就业的扩张

在工业化的进程中,任何劳动力市场都会出现不同程度的二元分化,即高工资稳定就业与低工资朝不保夕就业并存,意大利也不例外。在20世纪70年代初期,意大利工会为其会员争取到"内部人"的待遇之后,某种意义上也强化了不稳定就业群体的边缘地位。《劳动者宪章》仅仅提高了对部分工资劳动者的保护,正规就业市场产生了一定程度的分化。这意味着,意大利劳动力市场不仅存在"内部人",还存在《劳动者宪章》之外的"夹心层"以及完全得不到任何保护的"外部人"。未能得到正规劳动力市场保护的"外部人",主要指被大规模"地下经济"吸收的人群。据国际货币基金组织统计,在20世纪70年代,意大利地下经济的规模达到了GDP的10%。[①] "热秋"运动后,面对劳动力成本上升、石油危机等因素对工业利润产生的消极影响,意大利大企业采取了生产分散化策略,将生产从大工业集团转移到小公司或家庭手工业,采取了各种灵活雇佣方式:家庭劳动力、短时工、少年工、兼职工甚至监狱工等。这种生产分散化或"地下经济"既可以逃避工会与国家卫生和安全规章的制约,又

---

① Friedrich Schneider and Dominik Enste, Hiding in the Shadows: The Growth of the Underground Economy, *Economic Issues*, No. 30, March 2002, http://www.imf.org/external/pubs/ft/issues/issues30/index.htm,最后登录日期为2017年2月22日。"地下经济"的规模很难估计,萨松在其著作中曾指出,意大利国家统计局估算的未经官方登记的雇员人数在100万至350万,参见[英]唐纳德·萨松《当代意大利——1945年以来的政治、经济和社会》,王慧敏、胡康大、周弘译,中国社会科学出版社1988年版,第89页。有些学者认为,"地下经济"的规模占到国内生产总值的15%/25%—30%之多,参见James L. Newell, The Politics of Italy: Governance in a Normal Country, Cambridge: Cambridge University Press, 2010, p.287;戎殿新、罗红波:《意大利工业化之路》,经济日报出版社1991年版,第442页。

可以逃避高额税费负担与社会保障税款。同时，这一时期新创造的就业岗位与人口的增长不成比例，使得潜在的新劳动力很难一次性成功进入受到法律保护的劳动力市场——1969年，意大利工业接收了12.5%的毕业生，到1976年降至5.7%[①]。越来越多的青年人不得不推迟加入劳动大军，"选择"继续上学或失业。因缺乏助学金或相应的最低生活保障，他们往往不得不接受低工资且无社保的临时性工作。于是，意大利的劳动力市场形成了男工在"公开"部门工作，其他家庭成员受雇于"隐蔽"部门的模式。

二 福利制度的扩张与双重二元性凸显

意大利工业化不平衡与劳动力市场二元化的加剧，给福利国家的扩张带来了消极且深远的影响。在工业化理论下，北方的快速工业化与富足足以应对工业社会所带来的社会风险；南部土改的失败和工业化的不足，以及"地下经济"的扩张，却使本国正规劳动力市场没能像其他西欧国家一样几乎完全吸收来自农村的剩余劳动力，即实现所谓的充分就业。而意大利在黄金时代构建的就业关联和收入关联的福利制度，恰恰是建立在充分就业以及家庭充当社会减震器的前提下的。公共财政资源的相对不足，以及就业关联的制度原则，使得意大利福利体系始终没能形成对长期失业者和初次就业者的收入支持计划，并最终边缘化了家庭津贴的作用。

（一）养老体系的快速扩张

在黄金时代，意大利公共养老体系继续在就业关联模式下快速扩张。这一时期发生的重大变化包括：强制养老保险体系全面覆盖雇佣劳动者，并为自雇劳动者创建了单独的养老项目；在无任何缴费要求的前提下，为贫困且达到退休年龄的老人创建了基本的养老救济制度（社会团结性质）；公共养老金的计算方式由缴费型过渡到收益型；对养老缴费的管理方式由资本化运营过渡到现收现付。

[①] [英]唐纳德·萨松：《当代意大利——1945年以来的政治、经济和社会》，王慧敏、胡康大、周弘译，中国社会科学出版社1988年版，第127页。

1. 奠基的十年：新瓶装旧酒

战后百废待兴，为安定民心，新生的意大利共和国必须为在战争中幸存的人们重建社会保障体系。国家政策制定者们就是否应该对整个福利体系进行全面改造展开了激烈讨论。1946 年，意大利全国团结政府组建了"达拉高纳委员会"（Commissione D'Aragona），以为福利体系改革寻求合理方向和路径。毫无疑问，达拉高纳委员会参阅了《贝弗里奇报告》，并对后者基于需求而建立社会保障的理念进行了全新解读——社会保障的目标是将个体从"需求"中解放出来，但是"需求"分为绝对的和相对的。换言之，并非每个人的"需求"都是一样的，它因各自的社会地位不同而不同。由此，达拉高纳委员会认为，社会保障的目标不应该是为所有人提供同质化的最低保护，而是应通过与劳动收入相关联的社会保障（在一定范围内）维持不同行业和职业间的地位差异。达拉高纳委员会对"需求"的解读，基本上明确了共和时代意大利养老金将延续法西斯时代就业关联、收入关联的制度建设路径。这也为日后福利制度随着政党政治变局而日益碎片化的趋势埋下了伏笔。

在达拉高纳委员会为国家福利体制改革寻找方向时，意大利政府也推出了一系列"权宜之计"。面对因恶性通胀引发的资本化运行的养老金价值飞速缩水，意大利政府设立了社会保险收入补贴基金（Fondo d'Integrazione per le Assicurazioni Sociali），为领取养老金的群体设立最低生活保障标准。首先，发放养老补贴，额度为所领取养老金的70%；其次，规定最低养老金为3240 里拉到5400 里拉不等，经费源于国家、个人和雇主三方缴费。紧接着，在意大利总工会的压力下，政府组建了现收现付制的社会团结基金（Fondo di Solidarietà Sociale），经费源于国家、个人和雇主，三方缴费比例为 1∶1∶2，用于为所有退休者发放"指数化的收入津贴"。为应对恶性通胀，该津贴还随着退休者年龄的增长而增长。1952 年，天主教民主党政府建立了现收现付制养老基金——适应性养老基金（Fondo per l'adeguamento delle Pensioni），以取代上述联合政府时期建立的两只养老基金，缴费模式与社会团结基金一致。同时明确最低养老金水平，简称"最低计划",即凡缴费满15年的退休者的养老金最低水平为42000里拉/年（不足65岁者），或60000里拉/年（65岁以上者）。"最低计划"直接嫁接在已经存在的社会保险项目上，使受益人领取的津贴达到最低标准，并随着年龄增长而增长。这介于养老金与社会救助之间，而其主要目的是应对贫困风险，但领取人首先应具备领取社会保险（如年老养老金、年资津贴或伤残津贴）的资格。

2. 急剧扩张的二十年

20世纪50年代中后期起，意大利养老制度开始急剧扩张。这种扩张一方面表现为覆盖人群的扩张，另一方面表现为支出的扩张。就覆盖范围而言，针对"自耕农、分益佃农和佃农""手工艺人"和"商贩"分别于1957年、1959年和1966年建立了单独的养老金管理项目，从而实现了将包括自雇者（当时占总就业比重的20%）在内的所有劳动者都纳入养老保险体系的目标。

黄金时代意大利养老支出"突破经济承受力"的扩张，体现在两个方面：准入条件不断放宽，给付水平不断提高。准入条件的宽松化主要体现在年资养老金（Pensione di Anzianità）制度的引入上。所谓年资养老金制度，是指只要缴费达到一定年限，即便未达到法定退休年龄，也可退休并领取全额养老金。1956年，先为公共部门雇员引入了提前退休的机制，即所谓的"婴儿养老金"——男性雇员缴费满20年（中央）或25年（地方），女性若育有子女缴费满15年便可获得年资养老资格，且无退休年龄限制。这使得很多公共部门雇员往往不到50岁便开始领取该种养老金。1965年，私营部门雇员和自雇者也被纳入年资养老金体系，准入条件是工龄满35年。年资养老金体系的扩张，成为意大利养老保障体系发展的重要节点：首先，宽松的缴费要求，注定会在未来几十年中扩大养老缴费收入与支出的鸿沟，损害到财政制度的平衡性；其次，针对不同行业劳动者所设定的不同准入规则，加剧了制度的碎片化，对群体间平等产生了显著的负面影响。

此外，养老金的给付水平也在不断提高。意大利在"经济奇迹"年代（即1958年、1962年、1963年和1965年）四次大规模上调养老金后，又在1969年将计算方式由缴费型转换为了收益型，一直实行到

1995 年。具体的计算公式为 $P = rp \cdot n \cdot r$，其中 P 是养老金给付水平，rp 是参考工资水平，n 是缴费年限，r 是回报率（一般高于 2%）。公共部门养老金的替代率一般可以达到 95%—100%，私营部门也可达到 80%。1975 年，引入了复合的指数化机制，即养老金的给付水平不仅与通货膨胀率挂钩，还与工业领域的平均工资的增长率挂钩。经过上述一系列立法后，到 20 世纪 70 年代末，意大利基本形成了由两个部分构成的单支柱养老金体系：一是具有养老救济性质的社会养老金和最低收入补贴；二是与工资收入挂钩的多轨制公共养老保险服务体系。强制养老保险主要由六种制度构成：覆盖私有部门的意大利职工养老金基金会（FPLD），三种针对农业、手工业和商贩的不同制度，以及两种针对国家公共管理部门和地方公共管理部门的不同制度。此外，还有近百种覆盖范围很小，如针对律师、记者、建筑师等的养老金制度，其缴费比例、资格与计算条件都不尽相同。因此，意大利的养老金体系的碎片化程度很高，被本国学者戏称为养老金"迷宫"或"丛林"。

法西斯末期自"解雇津贴"更名而来的"年资津贴"制度，也在经济奇迹年代得以扩张。1960 年第 1561 号法律（l. n. 1561/1960）明确统一了私营部门职员年资津贴的发放标准——与每年度最后一个月月薪及年资成正比，且计算时将生活指数也考虑在内；1962 年，将范围扩大至私营部门固定期限合同的职员；1966 年，将领取"年资津贴"的权利与离职原因脱钩，雇员即便因自身过错被辞退或自愿辞职也可领取该津贴。但意大利在 20 世纪 60 年代始终没有在工人之间明确"年资津贴"的给付水平。由于意大利在 20 世纪六七十年代的通货膨胀率是很高的，所以"年资津贴"给企业带来了较大压力。石油危机后，1977 年三大工会与企业家联合会达成妥协，取消指数化机制，这一协议很快被写入法律并得以实施。"年资津贴"具有混合性质，即兼具失业津贴和养老金的性质。只是在后来演变的过程中，越发凸显了其养老的功能。

在应对老年贫困和社会排斥风险方面，意大利还设立了最低养老收入补贴和社会养老金项目，经费均源自一般税收。因此可以说，从 1950 年到 1980 年，相对于非老年群体的失业和社会排斥等风险，意大利福利国家为老年群体构建出了非常完备的收入保障制度。这一时期形成的养老政策完全体现出了意大利式福利国家的特征：分配极度不公平——天平完全偏向老年群体而忽视其他诸如失业、家庭负担、贫困和社会排斥等风险（见图2-1）；财政上极度不负责任——疯狂地扩张支出，给付非常慷慨，1960年仅占GDP的4.5%，1970年占比增至6.8%，到1980年已高达10.8%。① 显然，在经济繁荣年代构建和改革养老制度时，意大利的决策者们并没有对其未来影响进行严肃的评估。

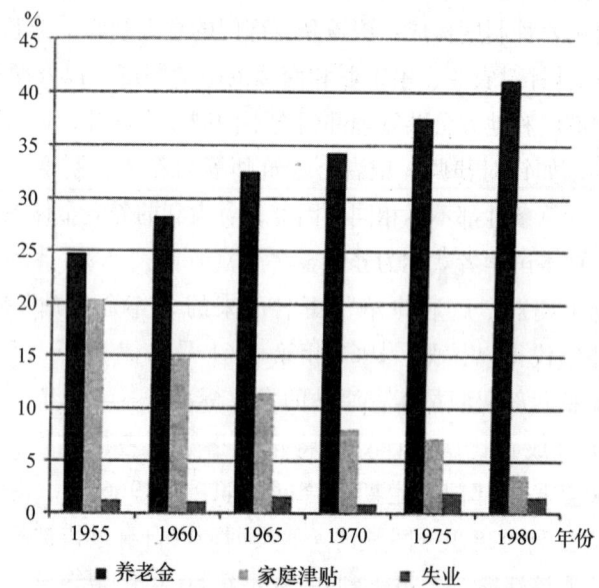

图2-1　养老金、家庭津贴和失业支出占总社会支出比重（1955—1980年）
资料来源：Maurizio Ferrera, Valeria Fargion and Matteo Jessoula, *Alle Radici Del Welfare All'Italiana*: *Origini e Futuro di un Modello Sociale Squilibrato*, Venezia: Marsilio, 2012, p.15.

（二）失业救助发展的停滞

第二次世界大战后，意大利针对失业人群的收入维持计划基本延续了法西斯时期的制度，对原有的强制失业保险制度和停业收入补贴

---

① 意大利国库部1981年公布数据，转引自Matteo Jessoula, La Politica Pensionistica, in Maurizio Ferrera（eds.）, *Le Politiche Sociali*, Bologna: Il Mulino, 2012, p.74.

制度（Cassa Integrazione Guadagni）进行了扩张。

强制失业保险大致延续了法西斯时期的制度：失业津贴额度固定，与缴纳的保费无关——1960 年，失业者每人每天有 300 里拉失业救助，加上每个家庭成员每天 180 里拉的家庭津贴，最多可领取 180 天，且一次性付清①；同时领取资格十分苛刻——须在失业前至少有两年的失业保险注册记录且缴费满 52 周。失业保险的救助水平并未像家庭津贴和养老金那样有着指数化的调整机制，额度变化非常有限，1974 年替代率约为工人平均工资的 7.5%②，直到 20 世纪 80 年代才有明显的提升。

如前所述，其实早在 1941 年，法西斯当局就已开始实施停业收入补贴制度；在第二次世界大战后，发展为一般停业补贴制度和特别停业补贴制度。一般停业补贴制度是在企业因经济危机或结构改革而暂时停产时，经由国家社保局向雇员发放补贴的制度。1945 年仅仅在意大利北部实施，1947 年推广至全国。早期的停业收入补贴制度只适用于建筑业和工业部门。但建筑业有其特殊性，又有专门的补贴办法，因此一般所说的停业补贴制度就是工业部门的补贴规则。补贴经费源于各企业缴费，其雇员享受这一补贴的企业，缴费金额高于其他企业。自 1975 年起，一般停业补贴每月额度为停业前月收入的 80%。1968 年，又针对雇员在 15 人以上的企业增设了特别停业补贴制度③（Cassa Integrazione Guadagni Straordinaria），即在企业因进行转产、改组和结构改革而停产时发放的津贴，由国家社保局直接支出，经费主要源于一般税收而非企业缴费。1973 年，特别停业补贴覆盖范围有所扩大，将企业职员也纳入其中。与失业保险相比，停业补贴

---

① Maurizio Ferrera, Valeria Fargion and Matteo Jessoula, *Alle Radici Del Welfare All'Italiana : Origini e Futuro di un Modello Sociale Squilibrato*, Venezia: Marsilio, 2012, p. 265.

② Fabio Berton, Matteo Richiardi and Stefano Sacchi, *The Political Economy of Work Security and Flexibility : Italy in Comparative Perspective*, Bristol, Chicago: Policy Press, 2012, p. 97.

③ 1977 年的第 675 号法律（l. n. 675/1977）规定，转产企业可以无偿地享受特别停业补贴，补贴金额可比一般性补贴高 4%—8%。1979 年，意大利再次立法，将破产企业也纳入特别收入补贴项目，特别停业补贴的补贴企业性质越发明显。

非常慷慨，无时间限制①且额度一般是之前月薪的80%。在这样的制度规则下，制造业享受停业补贴的人数急剧扩张，从1970年占该部门总就业人口的0.3%增至1976年的2.6%。1976年人均享有停业补贴的时间为41.41小时，占其全年就业时间的2.66%。特别停业补贴的增长尤其显著——1976年占整个停业补贴工时的比例还只有35.5%，1980年就增至54.7%。②

总之，福利国家的黄金时代，意大利失业保障的扩张主要表现为对一些特殊制度的构建，常规失业保险制度发展是停滞的。这与其劳动力市场特征密切相关——由于一直存在大量的失业，以及大规模的"地下经济"，工会的表现始终带有"外强中干"的特征，对"内部人"强化保护力度，对"外部人"，尤其是第一次求职的青年人和长期失业者却表现得"爱莫能助"。从制度上而言，含有失业救助功能的混合性津贴——上文提到的"年资津贴"和下文将涉及的家庭津贴——的扩张，也大大限制了正规劳动力市场对一般失业险的需求，消解了推动后者发展的力量。

（三）社会救助发展的双重二元性

1. 社会救助与公共慈善的分离

第二次世界大战结束后，意大利走向共和国时代，共和国宪法成为意大利制定社会救助政策的新的法律依据。宪法认可公民的健康权，规定应为家庭、妇女、儿童和青年提供保护，将社会救助视为公民的权利，而不再仅仅是一种公共社会功能。受法国宪法的启发，意大利宪法的第38条③中明确提出了国家对公民的福利负有责任，并对社会救助与社会保险所应对的主要风险作出了区分。劳动者社会保险

---

① 1968年规定为3个月，后来无限延长，直至企业调整完毕。

② 戎殿新、罗红波：《意大利工业化之路》，经济日报出版社1991年版，第448—451页。

③ 1947年宪法第38条的内容包括：公民在丧失劳动能力和缺乏必要的谋生手段时，有从社会获得扶助与救济的权利；劳动者在事故、疾病、丧失劳动能力、年老和不由己的失业时，有按规定获得保障其适当生活需要的资料的权利；无劳动能力者和残疾人有受教育和参加职业培训的权利。本条所规定的任务由国家设置和资助的机构和组织完成。私人援助是自由的。

所应对的风险包括工伤事故、疾病、丧失劳动能力、年老和不由己的失业,社会救助则是面向所有由于丧失劳动能力而无法从工作中获取必要的生活资料的公民。宪法第117条①承认了大区在社会救助与公共慈善方面的立法权与行政管理权。同时,宪法第118条规定,大区仅仅发挥决策和引导的作用,具体的干预由省市地方负责。意大利政府对本国社会救助的历史和现实有着清醒的认识,没有推卸相关责任,但也没有将之都承担起来——认可了非国有的公共救助机构的合法性,但没有明确国家对其应担负的财政责任。

20世纪60年代,意大利围绕宪法第38条和第117条,从法理上对"社会救助"和"公共慈善"两大概念展开了长期争论,直到20世纪70年代初,宪法法院的一次判决才对此作出了区分。"社会救助"是国家行为且与社会权利相连;"公共慈善"没有被明确定义为公共干预的集合,并非源自个人的社会权利,而是各大地区和地方机构管辖权内自由裁量的、偶发的和有限的资源分配。1977年的立法中,又将社会救助与具有现代意义的社会服务概念统一起来。从这一时期的具体发展看,中央政府主要负责立法和制定总体指导原则,提供现金津贴服务;而地方政府落实社会服务——医疗救助、幼儿照护等。

2. 社会救助的发展

20世纪五六十年代,意大利在社会救助领域并未能践行宪法中的承诺,制度建设缓慢,职能分配细碎:教育部负责教育救助;司法部负责出狱人员救助;劳工部负责失业与境外移民救助;内政部负责公共救助,监管地方救助机构;内阁与卫生部监管大量的(医疗)救助机构。医疗救助在社会救助中占据主要地位,省和市级的分工延续了法西斯时代的安排:省级负责精神病人和残疾人的医疗救助;市级负责老幼和穷困人群的医疗救助。由于公共医疗救助的规模很小,国家通过补贴膳宿费的方式向私人救助机构提供财政支持,结果导致

---

① 宪法第117条主要规定了各级行政区的立法权。在遵守宪法,以及由共同体规范和国际义务所引申出的有关限制的前提下,立法权由国家和各大区分别行使。其中,国家在社会救济方面拥有专属立法权;将劳动安全与保障、互助和辅助性救济列为竞争性立法范畴,除根据基本原则应由国家立法的有所保留之外,大区有权立法。

私人机构"遍地开花",经费大多用以"救助"不断膨胀的雇员队伍(1971年的40万张床位中,公共救助机构仅有20万张)①。

1970年大区级行政区建立后,公共慈善的责任被下放到大区和省市一级机构,中央政府负责制定原则或总体标准,并承担财政责任。1971年,意大利针对幼儿照护提出了一个五年计划——3岁以下幼儿的照护率达到5%。但是由于国家财政拨款不足,该计划仅在中北部工业化水平较高的地区得到了较好的发展。1977年立法将市一级作为社会救助的管理基础参照点——司法和内务部的救助职能下放到市;次年,大区将救助的责任、人员和财产关系下放。但意大利迟迟没有出台法律以在全国范围内建立统一的最低社会权利标准体系,各区在社会服务的质、量以及提供服务的时间方面都产生了南北地域性差异,北部明显优于南部。此外,这一时期的立法基本没有涉及教会的慈善机构,它们继续活跃在意大利的社会救助领域。

黄金时代意大利社会救助的结构二元性——在老年群体和非老年群体间的不平衡性——已经初现端倪。在这一时期,意大利为老年和失能人群建立了比较完备的社会救助项目。如前文提到的为应对老年群体的贫困风险而在1952年整合早前项目所设立的、介于养老金与社会救助性质之间的"最低养老金"制度。20世纪60年代后,针对老年人和失能人群的社会救助项目继续发展。1969年,兑现宪法承诺,成立社会养老金项目,这是针对年龄超过65岁,但没有资格领取养老金并生活在贫困中的老年人的最低收入保障。沿着这个方向,在1971年,为丧失劳动能力但也没有领取社会保险中的伤残津贴的贫困人群建立了公民伤残津贴项目。1980年,又设立了陪护津贴,这是按月固定发放且不需要家计调查的津贴,针对失能且生活不能自理的残障人士,意在补贴一部分陪护成本。

第二次世界大战后初期,家庭津贴基本上沿袭了法西斯时期的保守合作主义理念和碎片化的制度结构进行设计,在福利支出中占据非

---

① Valeria Fargion, *Geografia Della Cittadinanza Sociale in Italia: Regioni e Politiche Assistenziali Dagli Anni Settanta Agli Anni Novanta*, Bologna: Il Mulino, 1997, p. 92.

常重要的地位，甚至一度超过了养老支出（见表2-5）。但意大利家庭津贴的性质，长时间内都是含混不清的或者是多重的。首先，它与强制性社会保险相似，需要缴费，不是普救主义的，是就业关联型的。但劳动条件委员会主席鲁比那奇（L. Rubinacci）曾说："家庭津贴不能被视为真正意义上的社会保险，它事实上是一种由法律强制下的工资补贴，需在工资中明确列出，以尽可能防止不履行的情况发生。"[1] 在20世纪五六十年代，家庭津贴呈现出扩张态势，四次立法扩大了其覆盖范围——将自耕农、佃农等悉数纳入，后来失业和退休人员也拥有了相关资格。也有人指出，这一时期家庭津贴支出激增的背后，也有教会的影响，因为教皇庇护三世（Pio III）认为经济、社会与文化的现代化已经严重威胁到了家庭，而这恰是传统社会道德价值观的首要基础。[2] 其次，家庭津贴具有社会救助的含义。鲁比那奇委员会也曾指出，家庭津贴没有对劳动者本人的工伤、意外事故的补偿功能，但是因每位劳动者的家庭负担不同，为保障他们的生活水平处于同一层次，有必要向其家人提供收入补贴，具体数额取决于劳动者所扶养的人口。[3] 此后，随着家庭津贴范围不断扩大——尤其将自耕农和佃农，以及失业者和退休人员纳入其中后，其救助性意义就更为明显了。可以说，在意大利，家庭津贴不负其"工资—家庭津贴"或"家庭工资"之别名。

表2-5　　　20世纪50年代早期各主要社会项目支出情况

单位：十亿里拉

年份	1952	1953	1954	1955
国家社保局养老支出	169	198	222	274
家庭津贴	209	273	304	324

---

[1] Camera dei deputati, Senato della Repubblica, *Relazioni della Coomissione Parlamentare d'inchiesta Sulle Condizioni dei Lavoratori in Italia*, XI, 1959, p. 286.

[2] Maurizio Ferrera, Valeria Fargion and Matteo Jessoula, *Alle Radici Del Welfare All'Italiana: Origini e Futuro di un Modello Sociale Squilibrato*, Venezia: Marsilio, 2012, p. 184.

[3] Camera dei deputati, Senato della Repubblica, *Relazioni della Coomissione Parlamentare d'inchiesta Sulle Condizioni dei Lavoratori in Italia*, XI, 1959, pp. 870-871.

续表

年份	1952	1953	1954	1955
失业	20	21	19	21
补助基金	5	3	3	5
结核病基金	34	35	39	42
医保	81	96	106	120
工业工伤	27	27	31	36
农业工伤	3	4	4	5

资料来源：Camera dei deputati, Senato della Repubblica, *Relazioni della Coomissione Parlamentare d'inchiesta Sulle Condizioni Dei Lavoratori in Italia*, XI, 1959. 由费雷拉等根据该报告表4、表7、表8、表9、表10、表11 和表13 所制作，转引自 Maurizio Ferrera, Valeria Fargion and Matteo Jessoula, *Alle Radici Del Welfare All'Italiana*：*Origini e Futuro di un Modello Sociale Squilibrato*, p. 191.

家庭津贴存在明显的制度碎片化特点。根据1955年5月《单一文本》（*Testo Unico*）的规定，家庭津贴的标准不是统一的，在不同行业之间，以及同行业不同职位的劳动者之间都存在差距（见表2-6）——信贷业最高，工商业次之，农业最低。

表2-6　　20世纪50年代家庭津贴每月发放标准　　单位：里拉

年份	工业	烟草	手工业	商业	信贷	农业	保险
每个孩子							
1952	3978	3978	1898	1950	3978	884	1053	1170	2860	2288
1956	4342	4342	3120	3978	4342	5356	5356	1560	3796	3120
1958	4628	4342	3120	3978	4628	5356	5356	2340	4342	3900
每位失能配偶							
1952	2600	2600	1404	1456	2600	884	1066	962	1820	2054
1956	3016	2808	2210	2600	3016	5356	5356	1300	2418	2498
1958	3302	3016	2210	2600	3302	5356	5356	1690	3016	2990
每位父母							
1952	1430	1430	1209	1248	2600	832	936	780	1430	1716

续表

年份	工业	烟草	手工业	商业	信贷		农业		保险
				每位父母					
1956	1430	1430	1430	1430	3016	5356	5356	1040	1430	1716
1958	1430	1430	1430	1430	3302	5356	5356	1300	1430	1716

注：手工业、农业和信贷行业项下，左侧是工人的发放标准，右侧是雇员和管理层发放标准。

资料来源：Paretti, Cerbella (1958, tavv. 31 e 32). 转引自 Maurizio Ferrera, Valeria Fargion and Matteo Jessoula, *Alle Radici Del Welfare All'Italiana*: *Origini e Futuro di un Modello Sociale Squilibrato*, Venezia: Marsilio, 2012, p. 191.

　　黄金时代意大利工业化的不平衡发展，深刻地体现在了各地区家庭津贴项目的收支上。在工业化落后的南方，无论在农工商哪个行业，家庭津贴的支出都远远大于缴费收入。家庭津贴由国家统一管理，在全国范围内协调支出。以1960年为例，卡拉布里亚地区工业部门家庭津贴支出为缴费的2.37倍；西西里农业部门家庭津贴的支出为缴费的8.25倍；巴西利卡塔区商业部门的支出为缴费的3.07倍（见表2-7）。其原因除了工业化不足而导致的缴费不足外，还因为在缺乏工业化且土改失败的南方地区，家庭津贴起到保障社会安定的作用，领取资格也更为宽松。而对于某些地区的农业工人而言，家庭津贴还有失业津贴的含义。

表2-7　各地区与部门家庭津贴支出与缴费的比例（1960年）　　单位：%

大区	工业	商业	农业
皮埃蒙特	56	49	104
瓦莱达奥斯塔	92	54	1091
伦巴第	63	57	185
特伦迪诺—阿尔多—阿迪杰	107	60	383
威尼托	100	85	241
弗留利—威尼斯·朱利亚	87	60	177
利古里亚	76	52	94

续表

大区	工业	商业	农业
艾米利亚—罗马涅	74	62	128
托斯卡纳	85	72	167
翁布里亚	102	84	340
马尔凯	108	85	209
拉齐奥	106	82	193
阿布鲁佐和莫里塞	151	120	487
坎帕尼亚	188	198	517
普利亚	212	237	520
巴西利卡塔	189	307	645
卡拉布里亚	237	273	502
西西里	176	188	825
撒丁岛	180	138	376

资料来源：Maurizio Ferrera, Valeria Fargion and Matteo Jessoula, *Alle Radici Del Welfare All'Italiana*: *Origini e Futuro di un Modello Sociale Squilibrato*, Venezia: Marsilio, 2012, p. 288.

如前文所述，意大利家庭津贴支出在 20 世纪五六十年代处于上升和扩张的态势，虽然 20 世纪 70 年代立法扩大了家庭津贴的覆盖范围，但是总体支出占 GDP 比重却是下降的。这与 20 世纪 60 年代的一系列改革密切相关：1961 年对家庭津贴制度进行重组，建立家庭津贴基金，以管理名目繁多的行业家庭津贴，并将家庭津贴碎片化的、多样的支出标准简化为两种。1964 年的一项重大改革——取消家庭津贴支出的指数化机制，不再随着通货膨胀率的增长而增长，且保留了"最高限额"的制度，即雇主按雇员工资比例缴存的家庭津贴，不能超过一定的额度，为此后家庭津贴的萎缩埋下了伏笔。在此期间，由于家庭津贴支出减少，政府一度对家庭津贴盈余"打起了主意"，将之挪用于短期失业救助、工人住房等支出。工会对此并非无动于衷，但 20 世纪 60 年代工会斗争的焦点是创造就业和涨工资，家庭津贴虽受到了限制，但工资大幅上涨，且在家庭津贴上的妥协换来了更具价值（对工会而言）的养老金制度的完善。到 20 世纪 70 年代，家庭津贴的地位再度下降，多次下调缴费比例。1973年工业缴费比例从17.5%降至12.5%（纺织行业为8.35%）；1974年，雇主的缴费比例也根据行业差异化下调，手工业和商业调至5.15%、农业为3.5%、合作社为5%、其他行业为7.50%。[①] 1974年，意大利取消了最高限额制度且将覆盖人群再度扩大，才使得家庭津贴支出有了一定幅度的上升（见表2-8），但具有复合性作用的家庭津贴的地位已不可避免地走向了边缘化。

表2-8　　　　1960—1975年家庭津贴支出与收入情况　　　单位：十亿里拉

年份	缴费收入	支出	支出与收入比	支出占GDP比重（%）
1960	463.1	464.7	1.00	2.17
1962	600.0	561.1	0.93	2.10
1964	689.1	592.7	0.84	1.74
1966	684.7	763.3	1.06	1.87
1968	848.9	870.7	1.04	1.84
1970	840.1	863.4	1.01	1.19
1972	1214.3	1116.8	0.74	1.02
1975	2096.3	2173.4	1.11	1.50

资料来源：Maurizio Ferrera, Valeria Fargion and Matteo Jessoula, *Alle Radici Del Welfare All'Italiana: Origini e Futuro di un Modello Sociale Squilibrato*, Venezia: Marsilio, 2012, p. 322.

（四）最终走向普救主义模式的医疗卫生保健制度

与其他欧洲国家一样，意大利也是在19世纪30年代控制霍乱的过程中，开始着手建设现代意义上的医疗制度。在国家对公共卫生的救助与干预中，医生队伍扩大，诊疗制度缓慢建立。工业化快速发展后，工伤和职业病增多，教会的医疗救助已经不能满足需求，政治—宗教组织在医疗卫生领域引入了互助理念，构建了类似于自愿医保的制度，这为后来的强制医疗保险制度的建立打下了基础。无论是社会主义思潮引领下的工人运动还是具有政治宗教性质的群众运动，都给统治阶层带来了巨大压力，迫使他们进行制度创新，从而引入了医疗

[①] Maurizio Ferrera, Valeria Fargion and Matteo Jessoula, *Alle Radici Del Welfare All'Italiana: Origini e Futuro di un Modello Sociale Squilibrato*, Venezia: Marsilio, 2012, p. 317.

保险制度。强制医保制度的建立，被视为医疗体系现代化的转折点。[1] 意大利虽早在1886年就针对自愿互助医疗进行立法，但直到1944年才引入强制医疗保险制度，远远落后于德国（1883年）、英国（1911年），与瑞士（1946年）、比利时（1944年）和法国（1933年、1945年）等步调基本一致。

在意大利资本主义的黄金时代，经济的繁荣为医疗卫生条件的改善提供了物质基础。20世纪50年代以来，意大利医疗卫生体系在质和量两个方面都取得了飞跃式发展。公共医疗的覆盖率逐年提高，1960年为87%，1970年增至93%，1980年达到了100%。[2] 公共医疗在1980年所达到的百分之百覆盖率，应归功于1978年建立的全民医疗保健体系。

对建立在保守合作主义理念之上的互助医疗制度进行普救主义的改造是非常困难的。意大利医疗体系的改革与国家权力结构的改革几乎同步进行。1968年，意大利通过了医疗卫生体系改革的法案（l. n. 132/1968，又称"马里奥蒂法"[3]），将医疗活动、医院与社会救助活动分离[4]，同时将医疗体系的责任下放到大区一级的卫生部门（大区当时是一个在意大利宪法中存在但现实中尚未建立的行政区[5]）。意大利真正建立大区级行政区后（1970年），医疗体系的管理权能于1977年完成了从中央向大区的转移。1978年，在意大利共产党等左翼力量的努力下，最终推动议会通过了医保体制的改革法案，建立了全民免费医疗体制，同时赋予大区和省市行政区以自主经营管理权，中央政府仅保留财政分配权。从此，在法律层面上，意大利公民将享受到标准化的医疗服务，而不再取决于自身就业状况以及经济实力；

---

[1] Franca Maino, La Politca Sanitaria, in Maurizio Ferrera（eds.）, Le Politiche Sociali, Bologna: Il Mulino, 2001, p. 191.

[2] Ibid., p. 194.

[3] 此外，"马里奥蒂法"（Legge Mariotti）在1968年还提出将医疗救助范围扩大至全体公民，但自1974年才开始实际落实。

[4] 此前，按照1890年克里斯皮法的规定，医疗活动属于社会救助的内容。

[5] 意大利共和国1946年《宪法》第114条规定："共和国由市、省、特大城市、区和国家组成。"

意大利严重碎片化的医疗卫生体系在一定程度上得以整合，只是在自主管理的背景下，南北方医疗服务水平差距将难以遏制地扩大。

第四节　20世纪80年代的危机与徘徊

20世纪80年代，意大利经济增长放缓，公共财政形势趋于恶化，亟须一场结构性变革。虽然福利国家的建设已经基本完成，但是制度的扭曲与失衡已经表现得十分突出。老年群体的养老保障过于慷慨，非老年群体的常规失业保障、家庭津贴和最低收入保障等，要么微不足道，要么依然是空白。在这样的背景下，意大利基于财政紧缩的目的，对社保体系进行了改革。然而，改革的结果却使养老保障更加慷慨，支出继续无节制地膨胀；常规失业津贴依然微不足道，家庭津贴进一步萎缩。

一　20世纪80年代的经济危机与失业问题的加剧

进入20世纪80年代，资本主义世界再次经历了一场严重的经济危机，深深卷入经济全球化进程的意大利经济也遭到重创。国内生产总值增长率急剧下降，甚至为负增长——1980年为-1.4%；通胀率为两位数——1980年高达21.3%；财政赤字率突破了10%（见表2-9）。但此时意大利工业的成本效率要比第一次石油危机时好得多，工业界迅速作出了加速工业结构调整的战略，更多地利用低成本、高效率的生产要素，以自动化生产代替大批工人，达到了避免工人集中和提高生产率的双重目的。但对产业工人而言，20世纪80年代初期的经济危机与工业结构调整升级，加剧了他们的失业风险。如图2-2所示，20世纪80年代早期，意大利深陷危机，经济低迷，失业率在1983年达到了9.4%。此后虽然经济增长率回升至2.5%—4.2%，但失业率仍居高不下，在1984年突破两位数后，到20世纪80年代末达到了12.2%；而西欧其他国家平均失业率总体低于意大利，80年代末仅有8.9%。同一时期，意大利就业率却逐年下降，从1980年的53.9%降至1989年的52%；而其他西欧国家则好得多，保持在58%之上，到1989年达到了60.9%。意大利南北方的就业率也在这一时期随工业结构的改变扩大了差距。如表2-10所示，南北方的男性就业率在80年代初期相差无几，到中期之后扩大差距，1989年已经接近10%；南北方的女性就业率在80年代初期相差不足14%，到1989年扩大至19%；南北方的总体就业率差距自然也是逐步扩大，从1980年的不足9%增至1989年的近15%。

表2-9　　20世纪80年代意大利经济与公共财政主要指标　　单位：%

年份	1980	1981	1982	1983	1984	1985	1986	1987	1988	1989
国内生产总值增长率	-1.4	0.8	0.7	0.9	3.2	2.8	2.9	3.2	4.2	3.4
通胀率	21.3	19.5	16.5	14.6	10.9	9.1	5.8	4.4	5.4	6.3
公共赤字占GDP比重	-8.4	-11.2	-11.1	-10.4	-11.4	-12.3	-11.4	-10.7	-10.4	-9.6
公债占GDP比重	56.9	58.9	57.4	68.9	74.3	80.5	84.5	88.5	90.5	93.0

资料来源：国际货币基金组织在线数据库。

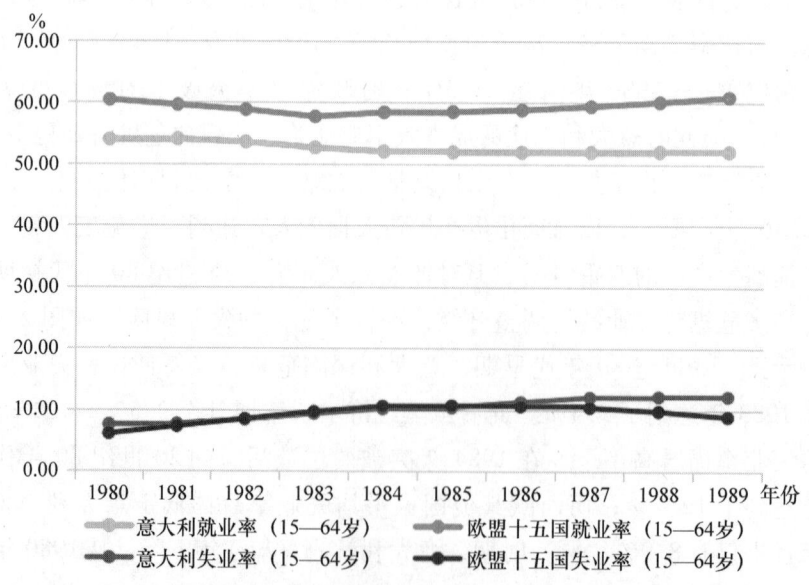

图2-2　意大利与欧盟十五国就业率和失业率（1980—1989年）

资料来源：经合组织（OECD）在线数据库。

表 2–10　　20 世纪 80 年代意大利南北方就业情况

(1980—1989 年)　　单位:%

	年份	1980	1983	1985	1987	1988	1989
北方	男性就业率	76.30	73.70	73	73.40	73.90	74.30
	女性就业率	41	41.30	42.40	44.20	45.20	45.80
	总就业率	58.50	57.30	57.50	58.70	59.50	60
南方	男性就业率	72.30	70.60	69	66	64.70	64.90
	女性就业率	27.80	27.40	26.90	26.50	26.50	26.80
	总就业率	49.70	48.70	47.60	46	45.40	45.60

资料来源：意大利国家统计局在线数据库（Istat）。

失业率在高位徘徊，与劳动力市场另一个非同寻常现象，即向外移民的回流数量不断增加也脱不了干系，而且进入意大利的移民也在增加。意大利当局对此显然准备不足，只能增加原本用以抵御经济周期波动冲击的普通停业收入补贴和特别停业收入补贴，以抚慰不满的工人。这样做虽阻止了制造业工作岗位的减少，却不能解决大规模的失业问题，最后只能采取工人提前退休的方法。而停业收入补贴的大量发放，也鼓励了企业雇佣领取补贴的工人，因为不必为他们支付养老等社保项目，助长了非正规就业的增长。20 世纪 80 年代意大利的"地下经济"逐步从 20 世纪 70 年代的纺织、制衣、鞋袜和皮革等行业向食品、饮料、烟草、木制品和家具等制造业蔓延。

因此，社会经济条件的变化以及生产技术的革新，对原有的劳动力市场强力保护机制提出了改革的要求。这一时期，意大利以对抗高通胀和高失业——尤其是青年失业和长期失业——为劳动市场改革的主要目标，出台了放宽劳动力市场管制的法律。例如，1983 年放宽固定期合同限制；1984 年立法引入兼职合同、社会团结合同以及工作与培训合同，其中兼职合同以促进女性就业为目的，工作与培训合同以促进 15—29 岁青年就业为目的，最长可签署 24 个月。虽然意大利三大工会在 20 世纪 80 年代的分歧加大，影响力有所减弱，但上述的系列改革依然是"工会控制下的灵活"化。这些改革也在一定意义上为开启第二共和时代的改革奠定了基础。

二 社会保障的结构性失衡与改革的缺失

20世纪80年代产业结构调整后激增的失业率以及大规模地下经济的存在,从对社保税款收入的影响角度而言,也会恶化黄金时代福利制度急速扩张所带来的财政收支不抵的后果。此时,意大利社会保障极速扩张的后遗症——财政的不可持续性与支出结构失衡问题十分显著。养老金支出的急剧增长与家庭津贴的收缩,以及失业津贴的停滞不前形成鲜明对比。

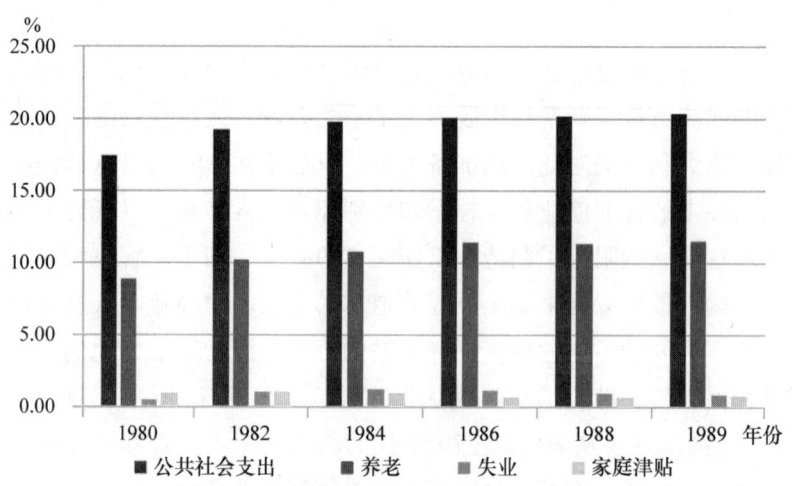

图2-3 社保各项支出占GDP比重（1980—1989年）
资料来源：经合组织（OECD）在线数据库。

如图2-3所示,从1980年到1989年,公共社会支出与GDP之比由17.38%增至20.19%;而养老金支出的占比从8.86%激增至11.55%,占总公共支出56%之多。相较之下,失业支出占比并没有随着失业率的急速攀升而有较大增长,仅仅从1980年的0.563%增至1989年的0.881%;家庭津贴的相应比重更是从1980年的1.041%降至0.808%。从北方最发达的皮埃蒙特大区到南部落后的普利亚大区,整个国家对正规劳动力市场的"内部人"所提供的良好社会保障与对在"地下经济"中就业的"外部人"——妇女、青年,以及兼职者、临时工和长期失业者的"忽视"形成鲜明对比。

如果说福利国家的主要目标是战胜贫困,保护公民免受威胁其生存的社会风险,并推动机会平等与福利发展等,那么就以上情况来看,意大利在黄金时代并没有建成完整意义上的福利国家。故此,意大利福利国家在20世纪80年代的主要发展方向应该是调整福利制度支出结构,并针对未覆盖的风险建立新福利项目。但是,在20世纪80年代初的经济滞胀期,意大利公共支出的过度膨胀问题以及财政赤字问题开始凸显,当局在探寻其背后的动因时,将目光停留在了意大利的社会保障支出上。于是,在大部分主政者看来,紧缩开支,尤其是公共养老支出,才是这一时期在社会保障领域理性且首要的选择。但是,在"抬价政治"的影响下,公共养老支出反而呈继续扩张之势。

(一)养老金的持续扩张与失业津贴的改革

1. 养老金改革的"瘦身理想"与"丰满现实"

1981年,国库部对公共养老的经济—财政状况进行了总体评估,指出养老支出增长速度惊人,到1985年或将达到GDP的12.4%。因此,意大利20世纪80年代的11届政府8任内阁总理和9位劳动部部长,都把社保体系中的公共养老项目列为重点改革对象。历届劳动部部长都作出了紧缩开支的姿态,提出了具有前瞻性的改革措施,包括改变养老金的计算方式,将退休年龄提高至65岁,将私营企业雇员缴费年限提高至35年,以及通过发展补充养老金来改变养老金的结构——由单一支柱体系向多支柱体系过渡,等等。但滑稽的是,20世纪80年代意大利在养老领域的最终立法成果却没有一个是"瘦身"的改革,通过的四个法案都是扩张性的。1981年,降低提前退休标准,女性50岁,男性55岁,缴费时间满15年就可领取养老金;1985年通过的第140号法律(l. n. 140/1985)和第141号法律(l. n. 141/1985)提高了最低养老补贴、社会养老金和公共部门雇员的养老金;1988年立法取消了养老金的最高额度限制;1990年又通过了"臭名昭著"的第233号法律(l. n. 233/1990),将国家社保局管辖的自雇者也纳入收益确定型范畴,但是并没有大幅提高自雇者的缴费水平,仅仅是私营部门雇员的一半(12%),该法令的颁布意味着意大利政府将利用第一支柱来实现高养老金替代率的做法推向了极致。这一方面使得自雇者(农民、手工业者和商贩)的养老金财政状况更加恶化,另一方面使得自雇者与私营部门劳动者之间产生了极大的不平等。

当然,20世纪80年代也不是全然没有任何有结构性意义的改革。1982年,意大利颁布第297号法律(l. n. 297/1982),对被劳资双方共同诟病的"年资津贴"[①]进行改革,设立"终止劳动关系津贴"或退职津贴(Trattamento di Fine Rapporto,TFR)制度。1982年改革的主要目的是统一"年资津贴"的计算标准,消除行业差异;同时寻求财政的可持续发展之道。新制度规定,津贴以每年年收入的13.5%为基础,增值率为1.5%加上通胀率的75%之和。经测算,新的收益率可冲销的最高通胀率为6%。新制度还规定,凡工作满8年,可因住房、医疗等申请提取津贴,不必等到终止劳动关系时。同时,国家也设立了相关基金以应对企业破产或财政状况太差而无法支付的情况。总体来看,此次改革几乎照搬了1942年《民法典》的相关规定。之所以说"终止劳动关系津贴"的设立具有重大的结构性意义,因为它作为"延迟支付的工资",将在20世纪90年代养老金的结构改革中发挥重要作用。对此,本书将在第三章进行深入讨论。

2. 失业保险的改革

意大利20世纪80年代在失业保障领域的改革,基本以劳动力市场不稳定就业增多以及用工合同的多样化等客观情况为基础。1988年,意大利对强制失业保险进行了微调。首先,将失业保险的给付方式由一次性付清改为按月支付,额度为失业前月收入的7.5%,六个月的期限依然不变。其次,引入"低要求版失业保险",即针对非自愿失业但缴费不满52周的人员,设立新的准入条件——只要在失业

[①] 如前文所述,1977年工会与企业家联合会妥协的结果是取消年资津贴的生活指数机制,但是,当时通货膨胀率很高,这对工人来说是不利的;但不取消指数化机制,企业家便无法承受过高的津贴支出。

前一年缴费满 78 个工作日即可，额度和时限与普通版失业保险一致。低要求版失业保险的引入被视为具有重大意义的制度变革，因为这意味着在强制保险的逻辑下，给予了原来被排除在任何失业保障之外的人员以失业收入支持，虽然力度很弱，但已尽可能地与受益人失业前的实际工作时长挂钩。

（二）社会救助的大幅紧缩

1983 年的立法，针对最低养老收入补贴项目增加了家计调查的要求，因为 1952 年就开始实施的最低养老补贴过于慷慨，资格宽泛，涉及国家社保局管辖下（占总养老项目的 70%）30% 的养老计划。

1988 年，意大利立法改革家庭津贴制度，缩小家庭津贴的覆盖范围，针对雇佣劳动者和曾经正常就业退休者设立全体家庭成员津贴（ANF），而且需要进行家计调查。全体家庭成员津贴仅仅针对雇员发放，具有显著的就业关联特征。而针对佃农、分益佃农和自耕农，以及各类独立管理的养老金项目成员，实行固定的家庭津贴，无须缴费，但额度非常小。自此，一直在意大利社会保障制度中发挥复合作用的家庭津贴——既是工资补贴，又是失业补贴，被正式边缘化为一种基本以家计调查和缴费为前提的救助制度。

这一时期，中央政府在社会政策领域的另一大改革，就是在 1988 年设立的救助干预与社保支持管理机构（GIAS），在财政上将社会救助与社会保险分开管理。新设的机构负责管理所有救助性支出，包括社会养老金、残疾人津贴，经费完全来自国家的一般税收。但此后的一年中，救助干预与支持管理机构仍负责发放少部分雇员养老金、部分最低养老收入补贴、自雇者养老金等。1989 年的第二次改革，才真正实现了社会保险与社会救助在财政上的分离。

20 世纪 80 年代是各大区根据自身情况自主构建社会救助制度的时期，由于国家迟迟未能出台相关法规以明确资格和最低权利标准，于是"各自为政"的后果便是地方层面社会救助水平和制度建设都存在较大差距。

（三）医疗卫生保健体系的开源节流

1978 年，意大利虽已立法建立全民免费医疗保健体系，但是制度依然很不完善。首先，中央政府始终没能及时出台具有指导性意义的全国医疗计划，导致各大区的医疗卫生管理机构各自为政，各大区在人均支出、服务水平、医疗卡的减免率等方面存在很大差异。其次，各级政府在自身的角色和职能上定位不清晰，在财政经费分配上一直存在分歧。1978年的法律没有明确哪一级政府（中央政府还是大区政府）在制定具体医疗卫生政策上具有优先权，也没明确地方医疗卫生机构应该直接向哪一级政府负责。财政上，国家—大区以及大区—市的等级结构是很虚弱的。中央政府本着紧缩开支的原则拨付医疗经费，大区政府本着保障每位公民的医疗权利的原则扩张支出——这导致地方医疗机构负债累累。20世纪80年代，在公共赤字与公共债务危机的影响下，意大利在医疗卫生保健领域采取了开源节流的措施。如引入医疗卡制度——患者需支付处方费，提高缴费率[1]，扩大缴费范围，降低减免与优惠额度，修订税收计算机制，推迟一些免税措施的实施。但节流方面的措施收效甚微，人员成本一直居高不下。总体而言，20世纪80年代意大利医疗体制的改革乏善可陈。那么，20世纪90年代至今是否有突破性改革？我们将在下一章继续对此进行探讨。

第五节　本章小结

本章是从工业化理论与社会风险的视角，同时适当加入对政治动员因素的考量，对意大利自19世纪后半期至20世纪80年代的福利制度构建历程及其双重二元性的形成进行了梳理和解读。

从1861年意大利王国成立到第一次世界大战结束，是意大利历史上著名的自由主义时期。在实现国家统一的二三十年内，由于工业化的严重滞后，以及"放任自由"理念影响，意大利的社会保护体系基本停留在典型的前资本主义状态中，扩张非常缓慢。19世纪

---

[1]　意大利虽然在1978年就建立了国民医疗保健体系，但是该体系50%左右的经费都源于劳动者的缴费。直到1997年税收改革，新增了大区产出税（IRAP）和附加所得税（l'addizionale IRPEF），才保证了95%以上的支出来自税收。

末 20 世纪初，意大利工业化取得了相当大的成就，与此同时，工人阶级因工伤、职业病和年老等因素而陷入贫困的问题日益凸显。在工人运动日益高涨、政治压力激增，以及英国、德国等不断完善社会保护政策的制度学习效应下，意大利逐步走上了俾斯麦式的社会保险道路。

自 20 世纪 20 年代进入法西斯政权统治时期后，意大利无论在经济还是社会领域，总体而言都迈进了一个萧条而非发展的阶段。在此背景下，养老、工伤、失业等社会保障项目所覆盖群体全面收缩，呈现出了碎片化趋势，且特殊主义倾向明显。在法西斯时期，意大利福利制度的发展原则全面转向了保守合作主义。

第二次世界大战后至 20 世纪 70 年代是意大利当代福利制度的构建与扩张期。1946 年真正意义上普选权的引入、所有人形式上平等自由民主原则的确立，推动了快速工业化时代工人阶级及其政党力量的增长，以及福利国家的扩张。意大利在 20 世纪五六十年代扩大了养老金的覆盖范围，给付方式也转换为十分慷慨的收益确定型；失业保险制度依然未得到充分发展，但却为具有一定规模的企业建立了停业收入补贴制度。社会救助领域，家庭津贴不断萎缩，现金津贴制度发展畸形，对非老年群体的救助与保护严重不足。意大利现代福利制度的双重二元性，正是在第二次世界大战后的黄金三十年间出现并固化的。这与意大利构建福利国家的逻辑和意大利工业化失衡以及劳动力市场的多重二元性有关。第二次世界大战后，意大利基于就业关联的原则，即正规就业才可获得保障，构建了当代福利制度。然而，意大利一直未能实现充分就业，失业率始终高于法国、联邦德国，而且劳动力市场存在三重意义，即地域、年龄和性别上的失衡。这使得社会保障覆盖水平在南北方、老年和非老年，以及男性和女性之间存在显著的差距。

20 世纪 80 年代，意大利一如西欧其他福利国家一样，进入了福利国家的危机与调整期。这十年间，意大利经济增长放缓，公共财政形势趋于恶化，亟须对失衡的福利制度进行一场结构性变革。虽然基于财政紧缩的目的，意大利对社保体系实施了改革。然而，极具讽刺意味的是，最终的改革方案却再次扩张了公共养老支出，搁置了常规失业保险替代率过低的问题，同时边缘化了家庭津贴的作用。

总之，本章从工业化与经济发展的视角分析了意大利福利制度的线性发展进程。在工业化快速发展阶段，社会保障的构建呈现出大规模扩张的态势，如20世纪初期和第二次世界大战后的经济奇迹年代；在经济萧条时期，以及经济与社会发展非常缓慢的法西斯时期，则呈现出了萎缩趋势。20世纪80年代，意大利的福利制度开始从急速扩张的黄金时代迈入了以紧缩为显著特征的白银时代。

第三章 欧洲化的改革：从 1990 年到今天

如前所述，20世纪70年代石油危机的爆发，不仅意味着第二次世界大战后欧美发达国家经济持续繁荣、福利增长与充分就业共存的黄金时代的结束，也意味着福利资本主义体系在新自由主义意识形态指导下进行全方位转型与改革的开始，福利国家改革正是这一进程的重要组成部分，意大利自然也不例外。然而，20世纪80年代，意大利错失改革良机，双重二元问题进一步恶化，公共债务问题逐步凸显，实现财政可持续性也因此成为福利改革的主要目标。如果意大利在80年代尚处在福利资本主义黄金时代的余晖中，那么自20世纪90年代起则完全进入了紧缩福利支出的白银时代。

事实上，欧美学术界一直在探寻一种新概念，以期能够准确界定20世纪八九十年代以来福利国家所经历的改革历程，"削减福利"或"紧缩支出"往往成为最流行的字眼。当然，也有比较中性的术语，如现代化、重构、重组或合理化等。2000年，费雷拉、海默瑞克和罗兹共同提出了再校准（recalibration）的概念。所谓再校准改革，主要指重新调整福利制度的功能与分配结构、相关的规制以及构建福利制度的观念，以适应经济与社会结构的新变化。[1] 就意大利而言，因其福利制度本身存在财政恶化与结构失衡等缺陷，历次改革始终以实现财政可持续性为主要目标。同时，福利资源分配更加公平、福利结

---

[1] Maurizio Ferrera, *L'analisi Delle Politiche Sociali e del Welfare State*, in Maurizio Ferrera (eds.), *Le Politiche Sociali*, Bologna: Il Mulino, 2012, p. 30.

构与功能发展更加均衡、制度的碎片化问题得到改善，也都被视为意大利再校准改革的题中应有之义。

值得注意的是，由于国内政党政治的掣肘，意大利自20世纪90年代起进行再校准改革所必需的破局动力，很大程度上是由不断深入的欧洲一体化带来的。欧洲一体化的不断深入，给参与其中的欧洲福利国家带来了诸多规制上的、经济与社会政策上的适应性压力。同时，这些国家也在不断地进行调整，以适应区域一体化的新要求和新变化。成员国这种主动和被动地适应欧洲一体化的过程，通常被称为"欧洲化"。意大利在过去二十多年里所实施的系列重大再校准改革，几乎都带有显著的"欧洲化"印记。

尽管对意大利而言，欧洲化的再校准改革往往不仅意味着削减福利支出以实现财政"健康化"，还意味着社会救助与常规失业救助制度的现代化以及社会团结观念的更新。但事实上，技术官僚借助欧洲化力量所推动的再校准改革，最终主要实现了紧缩福利支出的目标——意大利也因此被视为民族福利国家欧洲化的典型[①]，并未解决福利资源在老年与非老年群体间分配失衡的问题，青年、儿童等群体收入支持项目发育不足的状况仍未改善。

第一节 欧洲化改革的背景

一 欧洲化改革的经济背景

（一）生产方式的后福特主义转型与资本空间转移的加速

为应对经济衰退、不断加剧的竞争，以及因产品功能与数量需求不断变化带来的市场不确定性的增加，欧美资本主义国家推动生产方式由传统福特主义向后福特主义转型。后福特主义生产方式分为两种：一是"弹性专业化"模式——以熟练工小批量生产代替非熟练工进行大规模标准化生产；二是"精益生产"模式——大企业专注于核

[①] Chiara Agostini, David Natali and Stefano Sacchi, *The Europeanisation of the Italian Welfare State: Channels of Influences and Trends*, in Ugo Ascoli and Emmanuele Pavolini, *The Italian Welfare State in a European Perspective: A Comparative Analysis*, Policy Press, 2015, p. 259.

心竞争力,将分散其核心能力的劳动过程和投入分包、转包给其他企业。这两种模式实际上都解除了泰勒制的劳动分工和严格的管理控制,注重发展有高度专业技能和充分自主控制权的雇佣。[①] 后福特生产方式对劳动市场提出了"数量灵活性"与"功能灵活性"的要求,前者指调整劳动力成本投入以应对产品需求数量的变化,后者指使雇员技能与产品性质变化所产生的工作任务相匹配。[②] 自20世纪70年代以来,意大利大企业开始向"精益生产"模式转型,采取了分散化策略,将生产分包给小企业或家庭手工作坊。同时,占据主体地位的中小企业也引入了"弹性生产"模式来应对市场变化,从而对灵活雇佣产生了需求。这推动了意大利政府对劳动力市场进行灵活化改革,同时也迫使相关的养老、失业等福利制度与之联动改革。

  资本空间转移的加速使得就业岗位全球竞争加剧,尤其生产性资本对廉价且驯服劳动力的不断追逐,创造了一个"单一的劳动力市场",引发了"世界范围内工资与工作条件方面'冲向底线的赛跑'",[③] 迫使包括意大利在内的欧洲福利国家在进行重大的经济与社会政策调整时,越来越重视跨国资本的意愿。对意大利的某些行业来说,寻求高回报的工业资本向低工资地区的流入,其影响是巨大的。以汽车行业为例,意大利著名的汽车业巨头菲亚特集团,自石油危机后开始在发展中国家投资并不断扩大生产规模,同时在国内采取了裁员和缩小生产规模的措施。这在金融危机爆发后尤为明显。2010年底,菲亚特集团宣布从2011年至2014年在巴西投资13亿欧元建造新厂并创造3500个就业岗位[④],却于2011年先后关闭了国内的三家

---

  ① 谢富胜、黄蕾:《福特主义、新福特主义和后福特主义——兼论当代发达资本主义国家生产方式的演变》,《教学与研究》2005年第8期。
  ② Christel Lane, "From 'Welfare Capitalism' to 'Market Capitalism': A Comparative Review of Trends Towards Employment Flexibility in the Labor Markets of Three Major European Societies", *Sociology*, Vol. 23, No. 4, 1989, p. 583 – 610.
  ③ [美]贝弗里·J. 西尔弗:《劳工的力量:1870年以来的工人运动与全球化》,社会科学文献出版社2012年版,第5页。
  ④ "Italian auto Group Fiat to Invest 1.3 Billion Euros in a New Plant in Brazil", see from http://investinbrazil.biz/news/italian-auto-group-fiat-invest – 13 – billion-euros-new-plant-brazil – 3g46.

工厂，裁员几千人。对此，意大利重建共产党指出，菲亚特已经从"意大利工厂"变成了"裁员工厂"。① 根据菲亚特并购克莱斯勒集团后在2014年公布的信息，意大利本土汽车产量占集团总产量的比重由2007年的50%降至2013年的23%，同时本土雇员占比也降至28%。② 因此，意大利经济发展部在近几年吸引外国直接投资的全球路演和宣传中，着意强调众多结构性改革已经使得意大利成为更具投资价值的经济体，其中最主要的改革就包括公共养老的结构性改革、包含了放宽固定期合同限制和放宽个体解雇限制等内容的"新劳动法案"的引入等。③

（二）福利支出攀升，财政不可持续性增强

进入20世纪90年代后，意大利经济低迷、发展缓慢，与黄金时代的高速发展形成了鲜明对比。劳动生产率增幅逐年递减，由1981年至1995年的年均2.5%降至1996年至2007年的0.6%。④ 从1993年到2008年，雇佣劳动者年均收入的增长率仅为0.6%⑤，人均国内生产总值的增长率居欧洲后列（见图3-1），经济危机爆发后，一度连续出现负增长。

除了增长缓慢甚至趋于停滞的经济，公共财政的持续恶化也成为对意大利福利制度进行改革的内在压力之一。20世纪70年代是意大利公共财政发展的转折期，第一次石油危机的爆发与布雷顿森林体系

---

① Michele De Palma, "Fiat, da Fabbrica Italia a Fabbrica Licenziamenti", see from http: //web. rifondazione. it/home/index. php/prima-pagina/21037 - fiat-da-fabbrica-italia-a-fabbrica-licenziamenti.

② 菲亚特—克莱斯勒集团在意大利产量与雇员比例下降背后也有菲亚特跨国并购克莱斯勒的因素，跨国并购本身就是资本空间转移的一种重要手段。参见 Stefano Vergine, "Fiat Vola Nel Mondo, Ma in Italia la Produzione è Dimezzata", see from http: //espresso. repubblica. it/plus/articoli/2014/10/09/news/fiat-la-fiom-svela-i-dati-con-marchionne-produzione-in-italia – 1. 183 561.

③ "Reasons to Invest in Italy", see from http: //www. investinitaly. com/it/perche-investire-in-italia.

④ A. Brandolini, *Indagine Conoscitiva Sul Livello dei Redditi di Lavoro Nonché Sulla Redistribuzione Della Richezza in Italia nel Periodo 1993 – 2008*, Roma: XI Commissione del Senato Della Repubblica, 2009.

⑤ Ibid.

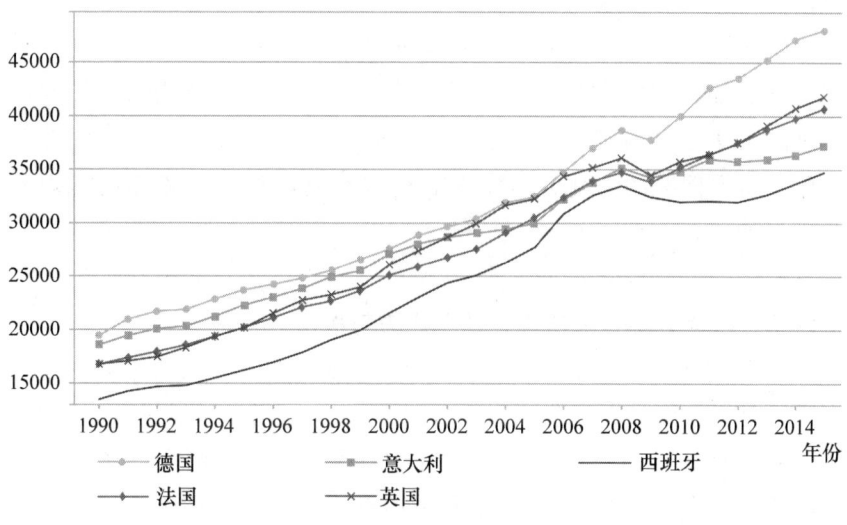

图 3-1 欧洲主要国家人均 GDP 变化（1990—2015 年）

资料来源：国际货币基金组织在线数据库。

的瓦解，迫使意大利采取了大规模财政扩张政策——补贴亏损停业企业、推动企业结构转型。与此同时，社保支出继续扩张，尤其是养老支出与停业收入补贴以及医疗卫生支出。从 1970 年到 1979 年，公共支出与 GDP 之比由 33% 增至 41%，财政赤字占比一直在 10% 的高位徘徊，公共债务占比在 70 年代末也达到了 62%。进入 80 年代，公共支出与 GDP 之比由 1980 年的 41% 攀升至 1989 年的 51%。[1] 社会支出在此期间也继续大幅增长，与 GDP 之比由 1980 年的 17.4% 增至 1989 年的 20.4%。[2] 其中，养老金支出增长尤为显著。如第二章所述，意大利政府虽意识到了养老金支出的扩张性压力，却依然迫于利益主体的要求，通过降低提前退休年龄，缩短缴费时间，提高最低养老补贴、社会养老金和公共部门雇员的养老金，取消养老金最高额度限制等措施，不断推高养老金支出水平。此外，还将国

---

[1] 数据转引自孙彦红《意大利公共债务问题评析》，《欧洲研究》2015 年第 2 期。

[2] 参见经合组织数据库（https://data.oecd.org/socialexp/social-spending.htm）。

家社保局管辖的自雇者也纳入收益确定型范畴，而他们的缴费水平还不到私营部门雇员的一半。公共债务也在公共支出扩张、利息累积和通胀加剧等因素的助推下水涨船高，到《马斯特里赫特条约》签署的1992年，其与GDP之比迅速飙升至104.7%。[①] 经济的低迷与公共财政情况的恶化，对意大利的福利制度产生了紧缩的压力而非扩张的动力。

二 欧盟影响日益增强，改革压力持续输入

对欧盟成员国而言，欧盟已成为难以规避的改革压力来源。欧盟本质上是新自由主义思想主导下的"消极一体化，即通过放松管制，消除种种妨碍劳动力竞争与资本流动因素，用'欧洲大市场'代替所谓的'欧洲社会模式'，来限制劳动者权利和成员国干预经济的能力"[②]。当然，欧盟也推出了协调性政策给市场"降温"，这些立法干预客观上在欧盟层面提高了社会权利水平，尤其是对于存在福利制度结构失衡问题的国家而言，在一定程度上使社会保障资源的分配更加公平，工作场所的健康与安全保障更加完善。

在意大利学者看来，欧盟对成员国福利制度发挥影响的主要治理工具有法律规制、政策协调和结构基金（见表3-1）。每一种工具都对应着一个或多个社会政策影响渠道。欧盟的法律规制既有推动紧缩福利支出的内容，也有促进社会权利扩张的内容，往往给成员国带来了进行结构性改革和参数改革的直接压力。结构基金一定程度上发挥了辅助成员国劳动力市场的改革和创造就业机会的作用。金融危机后新增的限制性条款，主要产生了通过结构性改革来紧缩公共支出的压力。

---

① 参见国际货币基金组织数据库。
② Fritz W. Scharpf, "The European Social Model: Coping with the Challenges of Diversity", *MPIfG Working Paper*, Vol. 40, No. 4, 2002, pp. 645–670. 转引自刘盾、施祖麟、林珉珉《对欧债危机的根源和治理的另一种解读与反思》，《欧洲研究》2014年第5期。

表3-1 欧盟治理工具及对福利国家影响

	消极影响	积极影响
直接压力	法律规制Ⅰ（创造共同市场）	法律规制Ⅱ（平等原则）、结构基金
间接压力	政策协调Ⅰ（稳定与增长公约及修订）	政策协调Ⅱ（社会与教育政策）

资料来源：Chiara Agsotini, David Natali and Stefano Sacchi, *The Europeanisation of Italian Welfare State: Channels of Influence and Trends*, in Ugo Ascoli and Emmanuele Pavolini (eds.), *The Italian Welfare State in a European Perspective: A Comparative Analysis*, Bristol & Chicago: Policy Press, 2015, p. 261.

(一) 法律规制的适应性压力

欧盟法律规制给意大利福利制度改革构成了非常显著的适应性压力。联盟的法规一方面反对歧视，保障基本权利，提高欧盟成员国公民的社会权利；另一方面强化内部统一市场，实现资本、商品、服务和人员的自由流动。自《罗马条约》签署以来，成员国始终在社会政策领域的立法中占据主导。而欧盟超国家层面所获的权能很少，在这一领域的立法（包括条约以及对条约的修改）也居于次要地位，且从属于创造统一大市场的进程。欧盟社会政策不过是欧洲经济一体化进程的副产品或"外溢"结果，并随着制度发展成为市场进程的一部分。[1] 不过，虽是出于经济原因，但欧盟法院作出的有关提高工作场所健康与安全标准、集体裁员、非正规就业等方面的判决，以及对平等与非歧视原则的解释，客观上扩展了欧盟社会政策领域的权限。欧盟关于创造和维护共同市场与"四大自由"（其中还包括竞争与国家救助）的法律法规对民族福利国家的社会政策提出了"市场兼容性"要求[2]，而这会对社会保障产生"逐底竞争"的负面影响。

(二) 经济与社会政策的协调压力

欧盟的系列经济、社会与就业政策协调工具往往使得经济与社会

---

[1] Paul Pierson and Stephan Leibfried, *Semisovereign Welfare States: Social Policy in a Multitiered Europe*, Washington, D. C., The Brooking Institution, 1995, pp. 43-77.

[2] Paul Pierson and Stephan Leibfried, "Multitiered Institutions and the Making of Social Policy", in Paul Pierson and Stephan Leibfried (eds.), *European Social Policy: Between Fragmentation and Integration*, Washington: The Brookings Institution, 1995, pp. 74-77.

的联系更为紧密。欧盟共同准则、成员国行动计划、同行评阅、欧盟建议、联合评估报告等，往往都是政策协调与妥协的产物。政策协调的治理方式虽大多并未以欧盟法律规制为基础，但有时也包含严厉的惩罚措施。

《稳定与增长公约》所约定的财政纪律对民族福利国家的社会支出产生了间接的紧缩压力。金融危机爆发后，欧盟实施了更加严格的财政纪律，采用协调经济政策的"欧洲学期"，通过由五部条例与一部指令组成的"六部立法"（Six-Pack）修订《稳定与增长公约》，以"财政契约"赋予欧盟机构初步的财政监管职能。在上述规则之外，为进一步加强欧元区预算监管和宏观经济治理，欧盟还制定了更加有针对性和更为严格的监管规则。2013 年，通过了所谓"两部立法"（Two-Pack）[1]，大大强化了对成员国预算的监管，尤其是对重债国的宏观及微观经济金融政策的监管。[2] 虽然《稳定与增长公约》及其相关修订内容与社会和就业政策并不直接相关，但对成员国福利支出所产生的紧缩压力却是显而易见的。联盟通过经济与财政事务理事会及其他技术性委员会对民族国家的福利项目支出，尤其是养老金支出的可持续性进行监督，而这些机构的指导思想是各民族福利国家虽然要适应人口老龄化的新情况，但同时也要保证财政稳定并改善劳动力市场状况。[3]

社会政策领域的协调主要通过非强制性的制度——开放式协调法（OMC）——来实现。开放式协调法下，成员国依然保留社会政策领域的主导权，但被要求对其计划、实施过程和结果进行披露，接受监督和同行评析。[4] 虽然没有惩罚性机制，但是通过成功案例交流、定

---

[1] 即《第 472/2013 号关于加强欧元区遭受财政稳定严重困难或面临威胁的成员国经济与预算监管条例》和《第 473/2013 号关于监管和评估欧元区成员国预算计划草案以及确保纠正过度赤字的共同规则条例》。

[2] 叶斌：《欧盟法制进程》，载周弘主编、江时学副主编《欧洲发展报告（2013—2014）：欧盟东扩 10 年》，社会科学文献出版社 2014 年版，第 142—155 页。

[3] Chiara Agsotini, David Natali and Stefano Sacchi, *The Europeanisation of Italian Welfare State: Channels of Influence and Trends*, in Ugo Ascoli and Emmanuele Pavolini (eds.), *The Italian Welfare State in a European Perspective: A Comparative Analysis*, Policy Press, 2015, p. 263.

[4] 周弘、[德]贝娅特·科勒－科赫主编：《欧盟治理模式》，社会科学文献出版社 2008 年版，第 77 页。

期汇报、监督和同行评析，成员国政策制定者对社会问题以及合适的社会政策有了新的概念。开放式协调的核心意义在于，通过交流与学习推动成员国福利体制与劳动力市场的改革，将欧盟社会政策的理念融入成员国福利体制的改革。开放式协调方法在1997年用于协调欧盟就业政策后，2000年开始应用于社会聚合、养老和健康照护领域。开放式协调下的就业与广义经济政策、社会政策以及教育政策都是各自独立的，里斯本战略之后都被纳入了由宏观经济监督、财政监督和主题协调三部分构成的"欧盟2020战略"[1]。

在2011年之后实施的"欧洲学期"制度中，委员会开始明确各成员国的主要经济挑战，并给予相关政策建议。成员国则根据建议修订其中长期财政战略，并起草国家改革计划（NRPs）和稳定与趋同计划（SCPs），将开放式协调中就业与广义的经济政策融入国家的改革目标。这意味着，欧盟委员会和欧洲理事会将在成员国制定下一年度的预算之前，提供具体的国家建议（CSRs）。欧盟对成员国具体政策的介入显然已越来越深。

（三）结构基金的推动力

结构性基金原本主要用于推动经济、社会与地区聚合。随着时间的推移，其目标开始多样化，涉及经济增长、就业、竞争、治理和可持续发展等。一般而言，结构基金用于补偿欧洲一体化所带来的负面影响，通过推动大区和地方级政府参与来推动多层治理体系的构建。聚合政策占欧盟预算的支出从1988年的10%增至2007年的40%[2]，且主要集中于落后地区，在2014年到2020年的预算中，发达地区仅能收到16%的基金[3]。

---

[1] 参见 B. Vanherke, *Under the Radar? EU Social Policy in Times of Austerity*, in D Natali and B. Vanhercke (eds.), *Social Development in the EU*, Bruseels: ETUI OSE, 2013, pp. 91 – 122.

[2] M. Jouen, *A Territorialized Social Agenda to Guide Europe 2020 and the Future EU Cohesion Policy*, in E. Marlier and D. Natali, with R. Van Dam Brussels (eds.), *Europe 2020: Towards a More Social EU?* Brussels: PIE Peter Lang, 2010, pp. 159 – 176.

[3] F. Vandenbroucke and B. Vanherche, *A European Social Union: 10 Tough Nuts to Crack*, Background Report for the Friends of Europe High-Level Group on "Social Union", 7 April 2014, http://www.friendsofeurope.org/media/uploads/2014/10/03 – 03 – 14 – Report-SocialUnion-FINAL-V – 2.pdf.

其中，结构基金中欧洲社会基金（ESF）的目标是提高就业和生活水平。过去，社会基金常常用于促进欠发达地区的工人流动，2000年之后用于支持欧盟就业战略，2013年后用于教育和社会融合以支持"欧盟2020战略"。但是，欧盟结构基金的规模是比较有限的。2015年，欧盟年度预算的规模小于奥地利或比利时两国的年度预算，为1450亿欧元，占整个欧盟全年财富收入的1%，而成员国的财政预算与财政收入的比例2013年的平均水平为49%。用于经济、社会和地域聚合的资金规模占联盟总财政收入1/3之多，但绝对数值仅有492.3亿欧元，其中的451亿欧元用于增长与就业，5.25亿欧元用于救助最贫困人口。① 欧洲社会基金（ESF）2014年至2020年7年间可支配的资金也仅有80亿欧元，用于社会融合的部分仅占1/5左右，即只有16亿欧元。②

（四）欧盟限制性条款的压力

欧盟先后构建了一系列工具，如2010年针对葡萄牙和爱尔兰引入的欧洲金融稳定机制（EFSM），以及为援助欧元区设立的临时性欧洲金融稳定工具（EFSF）和取代金融稳定工具的永久性欧洲稳定机制（ESM）等，为欧元区陷入主权债务危机的成员国提供援助；但同时也提出了相应的限制性条款，这意味着，陷入金融财政困境的成员国若想获得救助，须与欧盟委员会（多数情况下还包括欧洲央行和国际货币基金组织）签署协议，即所谓"谅解备忘录"（MoUs），其中往往包含削减社会开支以及期望进行福利制度改革的内容。

此外，欧洲央行为履行其维持低通胀水平的职责，在2010年开始实施证券市场计划（SMP），并于2012年以直接货币交易（OMT）机制取而代之。早期的证券市场计划仅有些"软性"的限制性条款，但直接货币交易机制就大大不同了。根据规定，当某个成员国融资成

---

① 数据来源于European Commission, Directorate-General for the Budget, *EU Budget at a Glance*, http://bookshop.europa.eu/en/eu-budget-at-a-glance-pbKV0614180/? CatalogCategoryID = mpgKABstFogAAAEjbIUY4e5K, last accessed on August 13, 2015.

② 数据来源于European Social Fund 2014 - 2020, http://ec.europa.eu/esf/main.jsp? catId = 62&langId = en, last accessed on August 13, 2015.

本骤然增加以致引发市场投机，进而影响欧元区稳定时，直接货币交易工具将在二级市场上无限量购买该国国债以稳定市场；然而若受援国无法兑现其已承诺的财政紧缩和结构改革措施，欧洲央行将中止购债行为。① 而只有进入欧洲稳定机制的欧元区成员国，才能获得直接货币交易干预的机会，其限制条件与福利制度改革的相关性是显而易见的。

上述工具对成员国福利制度改革所产生的影响和意义是不同的。不过，意大利在爆发主权债务危机后拒绝了欧盟附有诸多限制条件的救助，因此下面将主要结合"马斯特里赫特标准"以及欧盟经济与社会政策协调所产生的适应性压力，对意大利自20世纪90年代以来实施的福利制度欧洲化改革以及与之密切相关的劳动力市场改革进行阐述和评析。

第二节　迈向多支柱体系的养老金制度

1992年签署的《马斯特里赫特条约》启动了欧洲经济与货币联盟的建设进程，同时确立了公共财政赤字和公共债务占GDP之比分别不得超过3%和60%的标准。这两大指标又被称为"马斯特里赫特标准"，成为多个成员国公共财政"瘦身"的指针。意大利若要在20世纪90年代成为欧元区俱乐部的第一批成员，公共财政"健康化"改革刻不容缓。其中，因支出规模庞大而颇为引人注目养老金自然成为首要的紧缩对象。意大利公共养老金不仅替代率过高——公共部门雇员高达100%、私营部门雇员高达80%，而且公共（养老）津贴（pensions）的数量也很多——一人甚至可同时领取多份（养老）津贴，低龄退休现象突出。直到90年代末，仍有30%的人同时领取多份（养老）津贴，且总额度比领取单份养老金的退休者高出125%；42%的退休者，即约300万人，都不到65岁；领取年资养老金的人

---

① 参见《金融时报》2012年10月5日新闻，转引自中华人民共和国商务部网《德拉吉呼吁有关国家利用直接货币交易计划》（http://www.mofcom.gov.cn/aarticle/i/jyjl/m/201210/20121008369903.html），最后登录日期为2017年2月13日。

数达到了230万，其中四分之一不足55岁。[1] 针对上述弊端，意大利政府借助源自欧盟的规制压力和经济与社会政策协调影响，从20世纪90年代至今，推动了不下六次的以紧缩养老支出为主要目标的结构改革和参数改革。

一 20世纪90年代的改革：迈向多支柱体系

与20世纪80年代令人瞠目结舌的危机下的"持续扩张"不同，意大利在90年代实实在在地启动了针对养老金制度的结构性改革，即重塑养老保障体系，收缩公共养老金支出，建立资本化运作的补充养老制度，由单一支柱体系向多支柱体系过渡。90年代的重大改革主要有三次：1992—1993年的阿玛托（Giuliano Amato）改革，1995年的迪尼（Lamberto Dini）改革和1997年的普罗迪（Romano Prodi）改革。

（一）阿玛托的奠基性改革（Riforma Amato）

1992年下半年至1993年上半年实施的阿玛托改革，是在经济—金融危机与政治—制度危机同时爆发的背景下展开的。20世纪90年代初期的政治危机对意大利的改革而言是祸亦是福。如第四章中所述，第二次世界大战后意大利极化现象突出、碎片化严重的多党制某种程度上是社保结构失衡、资源分配不均的主要原因之一。1992年由"贿赂丑闻"（Tangentopoli[2]）引发的肃贪反腐运动，即著名的"净手运动"（Mani Pulite），以摧枯拉朽之势粉碎了这一严重阻碍政治经济改革的政党体系。最大在野党——意大利共产党早在1991年便更名易帜，并陷入严重分裂；在意大利政坛纵横睥睨四十多年的天主教民主党及其盟友，还有中左翼社会党等，在"净手运动"中土崩瓦解。"祸不单行"，1992年夏，里拉在国际金融市场投机浪潮中遭到猛烈攻击，大幅贬值，不得不退出欧洲货币体系；同时大批普通储户涌向

---

[1] ISTAT, Le pestazioni pensionistiche al 31 dicembre 1999. Statistiche in breve, June 6, 2000; quoted from Julia Lynch, *Age in the Welfare State*, *The Origins of Social Spending on Pensioners, Workers, and Children*, Cambridge, New York: Cambridge University Press, 2006, p. 150.

[2] "Tangentopoli" 由 "tangent"（贿赂）和 "monopoli"（垄断）两个词构成，合指意大利以贿赂为基础的政治体系。

银行出售国库券，唯恐国债违约。临危受命的阿玛托组建了部分意义上的技术内阁①，开启了以公共财政健康化为目标的改革。公共养老则因其支出过于庞大——1992年达到了GDP的12.8%，吸收了三分之二的公共社会支出——而被阿玛托内阁视为改革的重中之重。

在议会对政府信任度不断降低的背景下，阿玛托政府首先争取到了社会伙伴的支持，尤其与各大工会达成了共识，进而推动议会通过了三项紧缩公共养老支出的改革法案。其中，1992年的第503号法令（d. lgs. 503/1992）的作用至关重要。该法令规定：在公共养老金的领取资格上，提高私营部门雇员退休年龄，女性由55岁调整至60岁，男性由60岁调整至65岁；逐步取消公共部门雇员的"婴儿养老金"②，年资养老金的缴费年限提高至35年，与私营部门一致；将雇员和自雇者领取养老金的最低缴费年限由15年提高至20年。在养老金计算方式上，将私营部门和公共部门计算基数由最后5年的平均工资和最后一个月的工资统一改为最后10年的平均工资，且至少有15年的缴费记录；对于新进入劳动力市场的劳动者，将以其整个职业生涯的工资收入为基础计算养老金额度；取消慷慨的指数化机制，仅将退休金与通货膨胀率挂钩。基于上述内容来看，阿玛托的改革是对20世纪80年代未竟改革的继续，大致可归为参数改革。③

1993年的第124号法令（d. lgs. 124/1993）被阿玛托政府界定为第一部发展意大利补充养老的法律框架。对于阿玛托政府而言，进行多支柱改革的难点在于找到启动这一进程的经济与财政资源。毕竟公共养老金体系的急速扩张、成熟与危机，都使得"双重支付问题"更加尖锐，更加棘手。阿玛托政府最终放弃构建新的补充养老体系，转而选择尝试将性质含混的终止劳动关系津贴（TFR）改造为第二支

---

① 阿玛托内阁当时获得了尚未完全瓦解的四党，即天主教民主党、社会党、意大利自由党和意大利社会民主党的联合支持。

② 1956年，为公共部门雇员引入的提前退休机制——男性雇员缴费满20年（中央）或25年（地方），女性若育有子女缴费满15年便可获得年资养老资格——因其资格宽松，公共部门雇员往往在50岁之前就能领取，因而被称为"婴儿养老金"。详见第二章第三节。

③ 郑秉文、宋坤：《意大利九十年代以来养老金三个支柱改革进程——兼论引入"名义账户"的前途》，《欧洲研究》2005年第6期。

柱。然而，这在某种意义上是一个一石激起千层浪的决策。最终，在新合作主义框架，即政府—工会—企业家联合会的三方协商下，终止劳动关系津贴没有被强制转为资本化运营的基金。阿玛托政府推动的补充养老制度具备了鲜明的自愿性和个体性特征，即工人自愿以个体形式加入。但是，1993年1月1日之后加入劳动力市场的新人，一旦签署了补充养老计划的协议，就必须完全将终止劳动关系津贴存入养老基金。第124号法令（d. lgs. 124/1993）最终明确了两种补充养老金类型："协商式或封闭式"基金和"开放式"基金。前者是在个别生产领域或行业协会，通过签署集体劳动协议来创建，由劳动者代表和雇主进行运作和管理；后者最初被视为补缺型的第三支柱，由金融机构，如银行、保险公司和储蓄管理公司直接建立和管理。

（二）迪尼的"哥白尼式"改革（Riforma Dini）

迪尼改革之前，1994年上台的贝卢斯科尼（Silvio Berlusconi）政府也曾尝试过十分严苛的养老金改革——对提前退休实施惩罚，降低缴费记录在15年以上的退休者养老金收益率（从2%降至1.75%）并采取新的指数机制。此项改革在遭到工会的强烈抵制后流产。贝卢斯科尼辞职前，与工会达成了在1995年6月前对公共养老体制实施有机的结构性改革的协议。此外，迪尼政府还面临更为严峻的经济形势，虽然1994年的GDP增长率达到了2.2%，但公债和公共赤字与GDP之比分别达到了125%和7.1%；同时，政局的不稳定再次诱发了金融市场对里拉的攻击。经过3个月的艰难谈判，特雷乌（Tiziano Treu）带领下的意大利劳动与社会保障部和工会达成了最终的养老改革协议，并于1995年8月获得议会批准。

迪尼政府的改革，因将养老金的计算方式由"收益确定型"转变为"缴费确定型"而被部分意大利学者视为"哥白尼式"的改革[1]。改革后的公共养老金收益由"收入关联型"改为"缴费确定型"，筹资方式仍采用现收现付制，但每个行业缴费率却不尽相同：私营部门

---

[1] 参见Matteo Jessoula, *La Politica Pensionistica*, in Mauizio Ferrera（eds.）, *Le Politiche Sociali*, Bologna: Il Mulino, 2012, p. 93.

缴费率为32.7%，公共部门为32.35%，手工业者为16.2%，私营店主小商人为16.59%，各类农民为18.8%，非典型工人为13%。[1] 公共养老金依然按行业和部门单独管理，但都引入了个人名义账户，名义缴费率略高于实际缴费率，且每年根据最近五年GDP的平均名义增长率对个人名义资产进行价值重估。同时，劳动者累计缴费的收益将通过转化系数（与劳动者退休时的年龄正相关）进行计算，而转化系数每十年就要根据经济与人口状况进行一次修订。退休年龄改为57岁至65岁灵活退休，至少有5年的缴费记录。迪尼改革还设定了过渡期安排，或者说采取"新人新办法，老人老办法"：缴费满18年及以上者，依然适用阿玛托改革的规则，养老金收益为确定型；缴费不满18年者，按比例实施缴费型制度，计算方式也是混合型——1995年底之前的缴费仍按收入关联型计算，之后的按照缴费型计算；1996年1月1日后进入劳动力市场者，完全采纳新办法。1995年改革中所包含的转化系数机制，以及缓慢提高缴费年限的要求（2006年为缴费满35年同时须达57岁，到2008年为缴费须满40年），都是推动退休年龄延迟以实现财政可持续性的措施。在迪尼改革框架下，意大利劳动者个人公共养老金的额度最终取决于四大因素：缴存额度、实际退休年龄、经济状况和人口结构。

此外，针对劳动力市场出现的新情况，迪尼政府还为灵活就业的"准雇员"群体设立了单独的养老保障项目，为因照护子女或生活不能自理的家庭成员而在一段时间内未就业的人员引入"信用缴费"（crediti contributivi）制度，经费源于一般税收；将领取养老金权利的最低缴费年限降为5年。1995年的改革取消了原有的社会养老金和最低收入补贴制度，为收入满足一定条件的65岁以上老人设立需要家计调查的社会津贴制度。因此，迪尼改革被认为改变了意大利公共养老金的基本特征，改变了其运行逻辑，一定程度上缓解了代际和行

---

[1] Maurizio Ferrera and Matteo Jessoula, *Reconfiguring Italian Pensions*, Paper Prepared for the 15th Annual Meeting of the Society for the Advancement of Socio-Economics, June 2003, "table 9". 转引自郑秉文、宋坤《意大利九十年代以来养老金三个支柱改革进程——兼论引入"名义账户"的前途》，《欧洲研究》2005年第6期。

业间的不平等。① 然而，迪尼政府之所以能够和工会达成一致，主要因为其为改革方案设立了过渡期——相关法案规定的改革内容直到 2035 年才完全落实。

但是，意大利的公共养老金体制在 1995 年改革后依然是碎片化的。迪尼改革也涉及了补充养老制度：扩大终止劳动关系津贴制度适用范围——将 1996 年 1 月 1 日后入职的公共部门雇员纳入其中（但直到 2001 年都未能实施），将缴费基数提高至 2%，推动封闭基金与开放式基金之间的竞争，规定雇员可集体参与开放式基金，个人缴费满 3 年后可将补充养老从封闭式基金中转出，但须放弃雇主缴费部分以及终止劳动关系津贴。可见，迪尼改革中，开放式基金获得了进一步发展的空间。总体而言，因面临与阿玛托政府一样的财政困境，迪尼政府只能在后者改革后的制度上作进一步的修补。

（三）普罗迪等的进一步推进

相较于 80 年代的徘徊不前，阿玛托政府与迪尼政府确实在公共养老改革中取得了相当大的进展，而此后历届政府基本是在他们改革的框架与基础上继续推进改革。1996 年，由左翼民主党和意大利重建共产党组建的橄榄树联盟赢得大选，普罗迪担任总理。普罗迪上台后，组建了一个专业委员会，以评估"社会支出与宏观经济的可兼容性"，该委员会因其主席奥诺弗里（Paolo Onofri）而得名为"奥诺弗里委员会"。奥诺弗里委员会对养老金支出的未来发展状况进行了分析评估，指出如果完全严格执行迪尼的养老金改革，尽快过渡到缴费确定型制度，那么从 1997 年到 2017 年，养老金支出将仅增长 1.5%。② 普罗迪政府部分地采纳了奥诺弗里委员会的建议，并在 1997 年底推出了养老金的进一步改革方案，但并没有加快意大利养老金计算方式的转换，而是统一公私部门退休标准，进一步提高私营部门职员（不包括工人）、公共部门职员（缴费要求是不少于 35 年并与实际年龄相结合）以及自雇者领取养老金的门槛，并将自雇者和

---

① Matteo Jessoula, *La Politica Pensionistica*, in Mauizio Ferrera (eds.), *Le Politiche Sociali*, Bologna: Il Mulino, 2012, p. 97.

② Matteo Jessoula, *La Politica Pensionistica*, Bologna: Il Mulino, 2009, p. 199.

准雇员的缴费率由 19% 提高至 20%。虽然普罗迪政府的改革力度不大，但效果可谓"立竿见影"，仅 1998 年就节省了约占 GDP 0.2% 的养老金支出。这对于即将面对单一货币体系财政考核的意大利而言，意义重大。

对意大利的补充养老改革而言，2000 年是关键的一年。达莱马政府（Massimo D'Alema）2000 年通过的第 47 号法令（d. lgs. 47/2000）提高了个人所得税税率，并改变了资本收益的纳税方式，同时对各种形式的补充养老，包括开放式基金和"个人养老项目"（PIP）实施税收优惠。个人养老项目，即通过个人保险实现的个体化养老，意味着扩大了养老金制度中第三支柱的供给。这实际上推动了第二支柱与第三支柱养老基金之间的竞争，同时也激励劳动者将更多的资源投入到资本化运营的养老基金中。

二 21 世纪的艰难突破

2001 年大选后，贝卢斯科尼再次上台执政，并任命意大利右翼民粹主义政党——北方联盟的主要领导人马罗尼（Roberto Maroni）为福利部长，主导社会政策领域的改革。马罗尼先后组建了布拉姆比拉委员会（Commissione Brambilla）和卡佐拉委员会（Commissione Cazzola），对 90 年代的历次改革进行评估。评估内容主要集中在两个方面：一是财政的可持续性与支出的紧缩；二是立法的统一性与代际平等。

就财政可持续性而言，委员会在分析报告中指出，从 2015 年到 2033 年是意大利公共养老金支出的顶峰时期，将达到 GDP 的 16%，此后随着缴费确定型制度得以完全实施和人口结构的变化，到 2050 年会降至 13.5%。[①] 而人口老龄化的问题也不容忽视，2000 年 65 岁以上人群与 15—64 岁就业人口比为 48.8%，到 2020 年会达到 64.5%，2040 年将高达 97.8%。两大委员会还同时指出了短期内支出膨胀的趋势以及不同行业间的不平等问题。布拉姆比拉委员会指

[①] 数据来源于 *Ministero del Laovoro e Delle Politiche Sociali*, [2002, Appendice Statistica], Cited from Matteo Jessoula, *La Politica Pensionistica*, p. 205.

出，虽然养老金支出增长缓慢，但是赤字率也是惊人的，支出与收入的差距越来越大——2000年意大利国家社保局管理的养老金项目赤字额约为GDP总额的1.2%。[1]

自80年代以来，意大利改革者的关注点始终在财政可持续上，对代际公平问题关注不足。缴费确定型计算方式在紧缩开支以及降低第一支柱替代率方面的作用是显著的，但"压缩"第一支柱的改革代价主要由未来的几代退休者来承受。据卡佐拉委员会估算，到2030年，第一支柱的替代率将只有49.6%（60岁退休且缴费满35年）。对此，卡佐拉委员会的对策是：延长退休年龄——这在缴费确定型制度下将自动提高公共养老金水平；推动补充养老的发展——这将真正有益于提高未来几代人的养老金水平。但是，自阿玛托改革以来，第二支柱发展始终不足，照此趋势，到2010年第二支柱的替代率仅为5.3%，2020年为10.6%，2040年才能达到18.8%。[2]

事实上，补充养老基金在1998年才真正得以运作。到2000年底，23家封闭式基金和99家开放式基金分别管理了78.3万和22.3万劳动者的补充养老金，而意大利全国大约有2060万未退休的劳动者。补充养老对私营小企业雇员的吸引力很低，仅约32.6%的人有意愿缴存费用；600万自雇者中，仅仅有21.6万加入了各类补充养老；由于立法的迟滞和不完善，360万公共部门雇员迟迟未启动补充养老。[3] 因此，公私部门养老金统一立法应早日提上日程。

21世纪初期，意大利终于看到了20世纪90年代艰难曲折的公共财政健康化改革成果：赤字率下降，公债增长缓慢，就业率和失业率总体积极向好。从2001年到2008年，贝卢斯科尼政府和普罗迪政府就在这样的背景下，继续为公共养老的财政可持续问题和代际平等问

---

[1] GIAS, Cap. 5, Cited from Matteo Jessoula, *La Politica Pensionistica*, in Mauizio Ferrera (eds.), *Le Politiche Sociali*, Bologna：Il Mulino, 2012, p. 101.

[2] Ministero del Welfare, [2002, 15], Cited from Matteo Jessoula, *La Politica Pensionistica*, in Mauizio Ferrera (eds.), *Le Politiche Sociali*, Bologna：Il Mulino, 2012, p. 102.

[3] Ministero del Welfare [2001], Cited from Matteo Jessoula, *La Politica Pensionistica*, in Mauizio Ferrera (eds.), *Le Politiche Sociali*, Bologna：Il Mulino, 2012, p. 102.

题寻求解决之道。

（一）中右翼政府的马罗尼—特来蒙蒂改革（Riforma Maroni-Tremonti）

马罗尼—特来蒙蒂的改革主要集中在两个方面：中短期内适度扩张支出，长期内推动年轻一代补充养老的发展。2001年制定的方案是极为激进且富于野心的——延长退休年龄，新入职者的公共养老金缴费率降低3%—5%；补充养老制度——终止劳动关系津贴改为资本化运营的补充养老基金管理，且缴费改为强制性的。补充养老改革遭到了工会的反对，工会认为这是一种迫使工人暴露于资本化运营的风险之中的不负责任行为。在此后三年中，工会斗争越来越激烈，使得意大利议会直到2004年才通过了中右翼政府数次修订的改革法案。改革规定，短期内，即2004年至2007年，对凡达到退休年龄而未退休者进行奖励，以工资形式支付其所缴纳的养老保险（对私营部门雇员而言，可达净收入的33%）；2008年1月1日起，退休资格受到缴费满35年和年龄的双重限制——2008年起退休年龄为60岁，2010年和2014年分别提至61岁和62岁；取消缴费确定型制度下的劳动者灵活退休制，规定退休年龄为男性65岁，女性60岁；最低缴费年限仍为5年。

在2005年，意大利对补充养老进行了立法，福利部最终放弃了强制实施终止劳动关系津贴制度而采用了"默认"的机制，并规定自2008年1月1日起在私营部门实施。私营部门劳动者有6个月的时间考虑终止劳动关系津贴的最终管理权，如果保持"沉默"，则将其归入集体封闭式基金管理。这项针对补充养老的立法是意欲建立稳固的就业关联型第二支柱的福利部长马罗尼（来自北方联盟党）与承受管理开放式基金和个人养老项目的金融机构之压力的其他部长（来自意大利力量党）之间的妥协。该法令中还包含了促进各种养老补充计划竞争的内容，规定劳动者可将终止劳动关系津贴随意存入封闭式基金、开放式基金或个人养老项目，注册缴费满两年便可随意转出。但封闭式基金的优势地位仍得以维持：首先，"默认"机制下，终止劳动关系津贴转为集体养老基金是由集体劳动协议或地域性协议所规定的，除非公司有不同规定；其次，劳动者终止劳动关系津贴从封闭式基金向其他形式养老基金的转移须遵守基金本身的管理规定。

(二) 中左翼政府的达米亚诺改革 (Riforma Damiano)

2006年，普罗迪领导的中左翼联盟在议会选举中取得胜利，组阁上台。2007年，普罗迪政府实施了养老金改革，被称为达米亚诺改革，[①] 对中右翼政府的相关立法作出了修订，兼具扩张性和平等化特征。首先，降低退休年龄，规定从2008年1月1日起改为58岁，而非中右翼政府规定的60岁，然后逐步提高资格条件。其次，提高最低养老金的额度。最后，通过两大措施促进后工业社会中劳动力市场新出现的非典型就业者，即职业生涯碎片化、稳定性较差的劳动者的养老保障制度的发展：一方面，提高非典型就业者养老保险缴费率，2008年为24%，2009年为25%，2010年提高至26%，使之逐步接近私营和公共部门职员缴费水平；另一方面，为非典型就业者的养老金"统合"提供便利——他们因职业不连续而可能出现养老金在社保局两个甚至更多项目下管理的情况。但达米亚诺改革也有紧缩的内容，主要表现为加强缴费确定型制度下收益与缴费的关系。普罗迪政府在中右翼政府推迟执行或回避的迪尼改革提出的转换系数这一敏感问题上进行了重大改革。首先，将迪尼政府规定的修订期由10年缩短为3年；其次，取消必须与社会伙伴协商的规定，由劳动部与经济和金融部协商决定即可。普罗迪政府在公共养老领域的扩张与紧缩改革，显然在短期内进一步提高了更年长群体的养老保障，而未能对年轻一代的养老问题未雨绸缪，加剧了意大利固有的社保结构失衡，或者说代际不公问题。

在补充养老问题上，普罗迪政府对中右翼政府2005年的立法进行了修订，将"默认"机制（见图3-2）提前至2007年1月1日实施。此外，规定了两种由企业保留的终止劳动关系津贴管理路径：50人以下的企业，终止劳动关系津贴直接由企业保留；50人及以上的企业，须将津贴存入国家社保局管理的国库部基金。终止劳动关系津

---

① 达米亚诺是民主党福利部长的名字。

第三章 欧洲化的改革：从1990年到今天　　141

贴由雇主缴费，费率为6.91%。每年12月31日通过转换系数对终止劳动关系津贴进行价值重估，而转换系数的计算方式为固定利率（年度1.5%）加上意大利国家统计局公布的居民消费价格指数（CPI）的75%。自2001年1月1日起，增长部分须缴纳11%的税款。

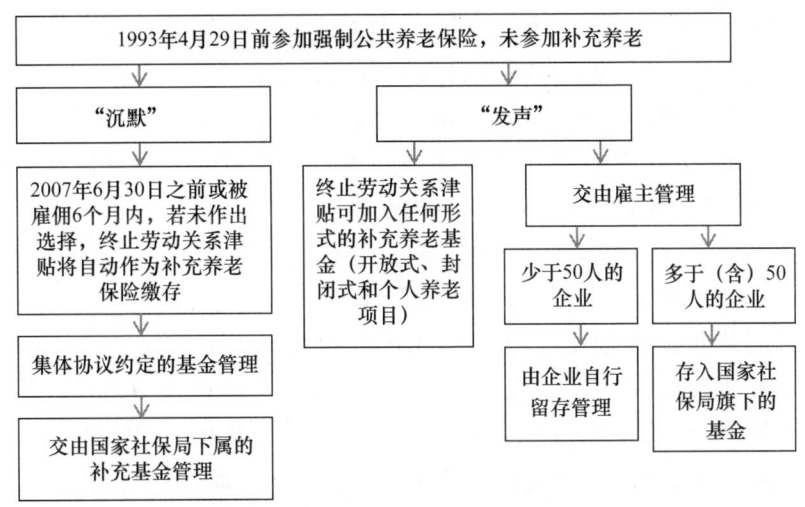

图3-2　普罗迪政府改革后的默认机制

资料来源：Matteo Jessoula, *La Politica Pensionistica*, in Mauizio Ferrera (eds.), *Le Politiche Sociali*, Bologna：Il Mulino, 2012, p.102.

（三）金融危机后，欧盟新约束下的改革

1. 金融危机后改革的主要内容

金融危机后，意大利再度陷入了严重的公共债务危机：2009年公共赤字超过了GDP的3%，2011年公共债务达到了GDP的120%，10年期公债收益率一度突破了6%。这与20世纪90年代早期的困境如出一辙，大刀阔斧的改革势在必行。然而，意大利政府在改革中的主导地位随着欧洲一体化的深入而遭遇到了巨大的挑战。当下的欧盟拥有了比20世纪90年代更多的治理工具，对成员国财政纪律的约束也更加的严格。在这样的背景下，意大利政府未像90年代那样为金融危机后的关键性结构性改革设定较长的过渡期，而是采取了激进的连续提高退休年龄并改变养老金计算方式等手段,以达到短期内快速削减支出的目标。

2008年11月,欧盟法院就意大利公共部门男女雇员退休年龄(男性65岁,女性60岁)不一致的问题作出了责令意大利政府统一退休年龄的判决,指出这种歧视性规定损害了男性劳动者的权益。作为对这一直接压力的回应,2009年贝卢斯科尼政府趁机将女性退休年龄也提高至65岁。这一做法自然引发了工会的抗议,也引发了贝卢斯科尼内阁的分裂——公共事务部长与社会保障负责人之间产生了分歧。最终的妥协结果是采取渐进方式——到2018年将退休年龄提高至65岁,并将该方案列入2009年的第一个反危机一揽子计划中。然而基于希腊等国的前车之鉴,欧委会对意大利施加了更大的压力,要求意大利政府在公共养老领域采取紧急收缩开支的措施,尽快落实提高退休年龄的规定。最终,2010年的第122号法律(l. n. 122/2010)将延退的时间表提前至2012年。2010年的改革中还规定了根据预期寿命自动调整年老养老金、年资养老金和社会津贴的准入资格,即每三年进行一次退休年龄资格条件的自动调整。据此规定,到2050年之前,退休年龄将延长3.5年左右。

蒙蒂政府在2011年12月通过的所谓"'拯救意大利法令'(d. l. n. 201/2010)"吸收了贝卢斯科尼政府的改革内容,中短期内,领取公共养老金的资格条件更加严苛:2018年内,逐步将私营部门女性退休年龄与其他行业统一;修订依据预期寿命进行退休年龄自动调整的机制,2013年直接上调3个月,至2019年每三年调整一次,此后每两年调整一次;2021年的最低退休年龄为67岁;但取消2010年第120号法律(l. n. 120/2010)中规定的达到退休年龄后领取养老金的等待期,即所谓"滑动窗口"期。[①] 对于养老制度的中长期发展,蒙蒂政府设置了系列延退政策,取消了年资养老金,引入了新的提前退休机制,即可在63岁至70岁退休(见表3-2)。在缴费确定

---

① 根据规定,2011年1月1日之后,缴费年限和年龄均符合退休资格的劳动者退休后,均需在等待一段时间后才可领取到养老金。雇员的等待期至少为12个月,自雇者的等待期达18个月。

型计算方式下，加入了延迟至 70 岁退休的可能，并将最低缴费年限由 5 年提高至 20 年。但为了将养老金替代率维持在一定水平，又规定若在 70 岁之前退休，其养老金至少是社会津贴的 1.5 倍；若在 63 岁退休，退休金应至少达到社会津贴的 2.8 倍。2012 年提前退休者，还须满足缴费满 42 年零 1 个月（女性 41 年零 1 个月）的条件。在养老金计算方式上，规定自 2012 年 1 月起，加快落实按比例计算养老金收益的方式，即 1995 年改革中的"中人"，1996 年 1 月 1 日之前的部分按照收益确定型计算，之后的部分按缴费确定型计算。为紧缩开支，蒙蒂政府甚至在 2012—2013 年度停止了对额度在 1400 欧元以上的养老金的调整，但这一举措引发了大量批评。

表 3-2　　金融危机后历次改革的退休年龄时间表

	反危机一揽子计划之前	2009—2010 年改革后	2011 年改革后	2011 年改革规定的退休年龄			
退休时间	2008 年	2011 年	2012 年	2013 年	2018 年	2021 年	2050 年
公共部门男性	65 岁	65 岁	66 岁	66 岁零 3 个月	66 岁零 7 个月	67 岁	69 岁零 9 个月
公共部门女性	60 岁	61 岁（2012 年为 65 岁）	66 岁	66 岁零 3 个月	66 岁零 7 个月	67 岁	69 岁零 9 个月
私营部门男性	65 岁	65 岁	66 岁	66 岁零 3 个月	66 岁零 7 个月	67 岁	69 岁零 9 个月
私营部门女性	60 岁	60 岁	62 岁	62 岁	66 岁零 7 个月	67 岁	69 岁零 9 个月
社会津贴	65 岁	65 岁	65 岁	65 岁零 3 个月	66 岁零 7 个月	67 岁	69 岁零 9 个月

资料来源：Matteo Jessoula, *La Politica Pensionistica*, in Maurizio Ferera (eds.), *Le Politiche Sociali*, Bologna: Il Mulino, 2012, p.113.

蒙蒂政府的改革，主要由劳动与社会政策部长福尔内罗（Elsa Fornero）设计，因此被称为福尔内罗改革。这一改革遭到了各大工会的强烈抵制，但是源自欧盟的适应性压力和财政约束最终成为蒙蒂政府顶住国内政治压力撬动社会保障制度的有力工具。此后上台的中左翼政府更多地致力于劳动力市场的改革，在公共养老金领域则基本延续了蒙蒂政府的政策。

2. 改革后意大利养老金待遇计算方法

自 2012 年全面落实名义账户后，意大利公共养老金的待遇将取决于劳动者整个职业生涯的工资水平、缴费水平和缴费年限，并受到国家经济发展状况（通过重估系数和转换系数来体现）、人口预期寿命等因素的影响。

意大利公共养老金虽基本都由国家社保局统一管理，但仍细分为数个大大小小不同的基金。如意大利职工退休基金会（FPLD）、地方公共部门雇员养老金基金（CPDEL）、教师养老金基金（CPI）以及医疗卫生系统养老基金（CPS），航空运输业、演艺界、邮电业等行业的雇员，都有单独的养老项目和缴费费率。2017 年，雇员群体养老金缴费费率与计算收益的名义缴费费率都是 33%，其中雇主承担 23.81%，雇员承担 9.19%；按项目就业劳动者缴费费率已经提高至 32%，到 2018 年将提高到 33%。私营店主、手工业者和农民三类群体养老金缴费有比较详细的费率和缴费基数的规定，至 2018 年均提高至 24%，但 21 岁以下的劳动者相应减少 3 个百分点。此外，农民养老金缴费费率还取决于他们所在的地区，若在山区或不利于农业发展的地区，缴费比例要适当减少；年龄较大或不足 21 岁，比例也较低（见表 3 - 3）。[①] 农民的养老金缴费上限与实际耕作日有关。2017 年日均收入调整为 56.83 欧元，养老金缴费的年收入上限按照 156 个耕作日总量、208 个耕作日总量、260 个耕作日总量和 312 个耕作日总量四档计算。

---

① 2016 年，缴费基数的下限为 15548 欧元，上限为 76872 欧元（1996 年 1 月 1 日后有养老金缴费记录者的上限为 100324 欧元）。缴费采取累进制方式，手工业者和商贩年收入 15548 欧元至 46123 欧元部分的缴费比例分别为 23.10% 和 23.19%，2017 年分别提高至 23.55% 和 23.64%。46123 欧元至上限的缴费比例分别为 24.10% 和 24.19%。另外，21 岁以下学徒减少 3 个百分点。参见意大利社保局 2017 年第 19 号、第 22 号和第 21 号公报，即 Circolare n. 19, n. 21, n. 22, 2017。

表3-3　　意大利各群体公共养老金缴费费率（2017年）　　单位：%

劳动者类型		个人承担费率	雇主承担费率	总费率
私营部门雇员		9.19	23.81	33
公共部门雇员（地方、教师、医疗、法官）		8.85	23.8	32.65
公共部门雇员（中央）		8.8	24.2	33
农业工人		8.84	19.86	28.7
邮电部门雇员		8.85	23.8	32.65
私营店主	21岁以上	23.64	—	23.64
	21岁以下	20.64	—	20.64
手工业者	21岁以上	23.55	—	23.55
	21岁以下	20.55	—	20.55
农民①	普通地区	23.6/23.4/11.8	—	23.6/23.4/11.8
	山区	23.2/22.5/11.6	—	23.2/22.5/11.6

资料来源：根据意大利国家社保局公报和公告整理汇总（http://www.inps.it/Search122/ricercaNew.aspx？sTrova=tabella%20aliquote%20contributive%202017&sCategoria=&sDate=&iPage=2，last accessed on 22 August 2017）。

重估系数（Coefficiente di Rivalutazione）是用来核算每年度个人名义总资产的关键系数，类似于名义账户的记账利率，与前五年名义GDP平均增长率密切相关。不过，重估系数的核定一般有两年的时间差。例如，累计至2014年的名义总资产的重估系数到2016年才根据2009年至2013年间的名义GDP平均值核算公布。意大利在1998年第一次公布了1996年个人账户重估系数——1.055871，几乎为历年来最高点。金融危机后，意大利经济遭受重创，重估系数大幅下跌，2011年后从1.017降至2015年的1，即名义总资产不做调整。②

---

①　表内的三种不同费率对应的分别是21岁以上、21岁以下和65岁以上群体公共养老缴费费率。

②　2015年度实际核算的重估系数为0.998073，但2015年意大利第65号法令（d. l. n. 65/2015）规定名义账户的重估系数不得低于1，因此，便公布系数为1。参见http://www.pmi.it/economia/lavoro/news/104716/pensioni-2015-coefficiente-rivalutazione-anti-crisi.html，最后登录日期为2017年8月18日。

146　意大利福利制度的双重二元性

转换系数（Coefficiente di Trasformazione）与名义 GDP 增长水平、通胀水平以及预期寿命密切相关。1996 年至 2009 年未做调整。2006 年上台的中左翼政府规定每三年修订一次，金融危机后改为自 2019 年起每两年调整一次。转换系数与经济发展状况密切相关，经济危机爆发后持续走低，但对 70 岁以上老人的倾斜力度明显加强（见表 3-4）。

表 3-4　1996 年以来意大利养老金转换系数调整情况

劳动者退休年龄	退休时间			
	1996—2009 年	2010—2012 年	2013—2015 年	2016—2018 年
57 岁	4.720	4.419	4.304	4.246
58 岁	4.860	4.538	4.416	4.354
59 岁	5.006	4.664	4.535	4.447
60 岁	5.163	4.798	4.661	4.589
61 岁	5.330	4.940	4.796	4.719
62 岁	5.514	5.093	4.940	4.856
63 岁	5.706	5.297	5.094	5.002
64 岁	5.911	5.432	5.259	5.159
65 岁	6.136	5.620	5.435	5.326
66 岁	6.136	5.620	5.624	5.506
67 岁	6.136	5.620	5.826	5.700
68 岁	6.136	5.620	6.046	5.910
69 岁	6.136	5.620	6.283	6.135
70 岁及以上	6.136	5.620	6.541	6.378

资料来源：根据意大利国家社保局（INPS）公布信息整理（http://www.inps.it/nuovoportaleinps/default.aspx?itemDir=49950；https://www.inps.it/nuovoportaleinps/default.aspx?itemDir=46070 etc., last accessed on 24 August 2017）。

在经过上述几次重大改革后，意大利公共养老金制度已经发生了重大改变。目前，公共养老金待遇的计算方式至少分为以下三种：

（1）截至 1996 年 1 月 1 日缴费满 18 年的劳动者

属于这一范畴的劳动者若在 2012 年 1 月 1 日前已经退休，则完全执行收益确定型下的养老给付计算方式;若未能退休,养老金给付的计算方式为混合型,为收益确定部分 P_{DB} 和缴费确定部分 P_{NDC} 的加总。具体计算公式如下:

$$P = P_{DB} + P_{NDC}$$

$$P_{DB}① = CT_1W_1 + CT_2W_2$$

$$P_{NDC} = \left\{ \sum_{i=e}^{eta'} C_i \cdot CR_i^{eta'-i} \right\} \cdot CT_{eta'}$$

其中,C 为内部回报系数[②],T_1 为截至1992年底的缴费年限,W_1 为参考工资水平1[③],T_2 为1993年初至2011年底的缴费年限,W_2 为参考工资水平2[④],eta' 为退休年龄,e 为劳动者在2012年的年龄,C_i 为劳动者在 i 岁时的缴费,CR 为重估系数[⑤],CT 为转换系数。

(2) 1996年1月1日前有缴费记录但不满18年的劳动者

养老金计算方式也是混合型,但以1996年为临界点,由收益确定部分和缴费确定部分共同组成。计算公式如下:

$$P = P_{DB} + P_{NDC}$$

$$P_{DB} = CT_1W_1 + CT_2W_2$$

$$P_{NDC} = \left\{ \sum_{i=e}^{eta'} C_i \cdot CR_i^{eta'-i} \right\} \cdot CT_{eta'}$$

其中,C 为内部回报系数,T_1 为截至1992年底的缴费年限,W_1 为参考工资水平1,T_2 为1993年初至1995年底的缴费年限,W_2 为参考工资水平2[⑥],eta' 为退休年龄,e 为劳动者在1996年的年龄,C_i 为

---

① 收益确定部分的缴费年限上限为40年。

② 一般为2%。下同。

③ 一般为根据退休当年国家统计局公布的重估系数对1993年之前5年的平均工资进行调整后的水平。下同。

④ 一般为根据退休当年国家统计局公布的重估系数对2012年之前10年的平均工资进行调整后的水平。

⑤ 每年的重估系数都基于前5年名义GDP增长率计算,2015年意大利第65号法令(d. l. n. 65/2015)规定,名义账户的重估系数不得低于1,因此,重估系数一般大于等于1。下同。

⑥ 一般为根据退休当年国家统计局公布的重估系数对1993年至1995年(即按实际年限计算)的平均工资进行调整后的水平。

劳动者在 i 岁时的缴费，CR 为重估系数，CT 为转换系数。

（3）1996年1月1日后有缴费记录的劳动者

此类劳动者将完全实行名义账户制，退休时的养老金待遇为1996年之后的名义总资产与转换系数相乘的结果。计算公式如下：

$$P_{NDC} = \left\{ \sum_{i=e}^{eta'} C_i \cdot CR_i^{eta'-i} \right\} \cdot CT_{eta'}$$

其中，eta'为退休年龄，e为劳动者进入劳动力市场的年龄，C_i为劳动者在i岁时的缴费，CR为重估系数，CT为转换系数。

此外，对于已经领取养老金的群体，意大利政府一般每年会根据上一年的经济与通胀情况核算出生活指数，并据此对养老金给付进行调整。但近年来受制于低迷的经济形势，调整幅度大幅降低，其中2014年和2015年的生活指数分别为1.1%和0.3%，而2016年和2017年更是没有作出任何调整。值得注意的是，并不是每个群体的养老金都能得到调整。养老金给付水平为最低养老保障3倍及以下者，按生活指数的100%调整；3倍至4倍者，按95%调整；4倍到5倍者，按75%调整；5倍到6倍者，按50%调整；6倍以上者，按微不足道的固定额度或按生活指数的45%调整。

三 多支柱化改革的效果与前景

在这二十几年的养老制度改革中，欧盟所发挥的作用是与日俱增的。无论是在法律规制方面，还是在政策协调方面，欧委会、欧央行、欧盟法院等机构不仅"迫使"意大利政府采取紧缩开支措施，甚至确定具体的政策内容。在这样一个庞大的超国家组织的全面影响下，意大利养老体系逐渐向一种远远未成形的多支柱体系发展。这一养老体系依然严重依赖财政支持，强制保险特征突出，但再分配能力已受到很大限制，补充养老发展非常不完善。

20世纪90年代以来的历次养老金改革都以紧缩开支和缩减不公平度为目标。就目前的情势来看，紧缩开支的目标已经基本实现。尽管至2011年年老和遗属养老金总和仍高达GDP的14.6%，远高于欧洲平均水平，但90年代的关键性改革——阿玛托改革和迪尼改革后，

第三章 欧洲化的改革：从1990年到今天　　149

意大利养老金体制已经重新回到财政可持续发展的轨道上。历次改革的深刻影响主要体现在2012年至2026年的公共养老支出上（见图3-3）。关于同代人之间的公平性问题，缴费确定型制度在不同行业间发挥了同质化作用。福尔内罗改革后，公私营部门雇员以及自雇者退休资格统一，男性和女性劳动者之间也达到了统一，缴费费率逐步趋同。关于代际公平问题，如前文所述，紧缩政策的承受者主要是年轻群体，而已退休或即将退休的老年群体得到了豁免。

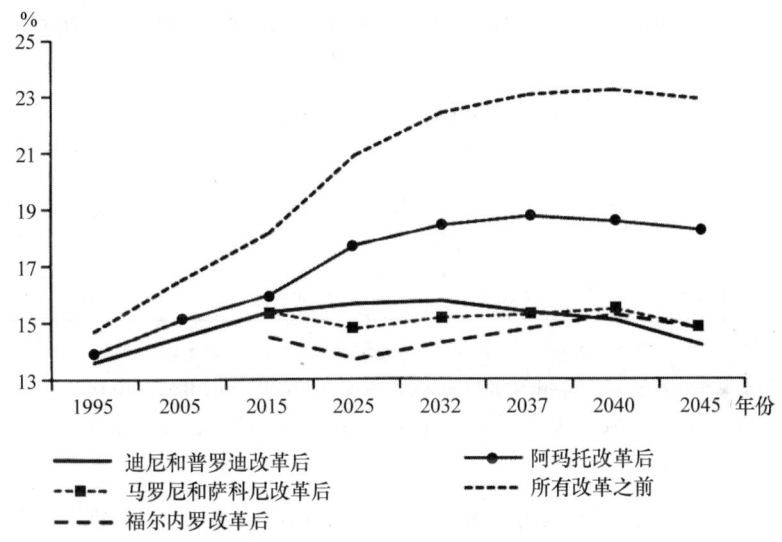

图3-3　1995—2045年意大利公共养老金支出占GDP比重变化

资料来源：Matteo Jessoula, *La Politica Pensionistica*, in Maurizio Ferera (eds.), *Le Politiche Sociali*, Bologna: Il Mulino, 2012, p.117.

补充养老在意大利的发育非常缓慢。如前文所述，加入补充养老的人群仅占就业人口的少数，而且一般是在大中型企业就业且有工会保护的雇员——这部分人群的覆盖率可达50%—80%；公共部门雇员由于职业连贯度强、职业生涯长、养老金的替代率和终止劳动关系津贴水平都很高，所以参加补充养老的积极性不是很高；而在50人以下小企业或工会势力较弱的行业就业的群体，虽然在第一支柱享有与大企业雇员同等待遇,但补充养老的覆盖率就相对低多了,仅15%左右。[1] 截至2013年12月31日,私营部门参加补充养老的实际人数近356万,参与率为26.3%;公共部门约15.7万,占公共部门雇员人数总量的4.7%;自雇者约107.5万,占总自雇群体的19.4%。[2]

虽然意大利养老金体系中的第一支柱同质性和公平度较高,但替代率过低,灵活就业等低收入群体的实际养老金给付水平也偏低。根据意大利国家社保局研究人员的测算(见表3-5),到2046年,70岁退休且缴费满35年的雇员群体,其公共养老金替代率可能达到70%左右,但自雇群体和灵活就业者的替代率仅分别为54%和57%。

表3-5　　　缴费确定型下意大利养老金替代率(2046年)　　　单位:%

缴费年数	雇员	自雇者	灵活就业者
40年	79	60	63
35年	70	54	57
30年	62	49	50

资料来源:Stefano Patriarca, *L'adeguatezza del Sistema Pensionistico Contributivo*, Paper Prepared for Seminario Scuola Superiore di Economia e Finanze Ezio Vanoni, Roma, 10 Ottobre, 2011. http://www.bollettinoadapt.it/old/files/document/14671patriarca_pensio.pdf, p.23.

因此,未来若不完善补充养老,意大利灵活就业和自雇群体退休后将面临生活水平严重下降的风险。现有养老体制下,劳动者职业生涯的稳定性、连贯性以及寿命都成为影响养老金收入的重要因素。在意大利学者看来,不断提高退休年龄和缴费年限应对老年贫困化的对策,是"劫贫济富"的改革,会恶化收入不平等问题,毕竟低收入群体的整体预期寿命向来较短。[3]

---

[1] Matteo Jessoula, *La Politica Pensionistica*, in Mauizio Ferrera (eds.), *Le Politiche Sociali*, Bologna: Il Mulino, 2012, pp.119-120.

[2] Felice Roberto Pizzuti, *Rapporto Sullo Stato Sociale* 2015, Napoli: Gruppo Editoriale Simone, 2015, p.406.

[3] Matteo Jessoula, *La Politica Pensionistica*, in Mauizio Ferrera (eds.), *Le Politiche Sociali*, Bologna: Il Mulino, 2012, pp.121-122.

此外，对于灵活就业者而言，由于自身工资收入水平的限制，即使替代率达到较高水平，实际养老金给付水平也未必会比较理想。如表3-6所示，即便在假设意大利经济以较高速度持续增长，灵活就业群体的养老金替代率可以大幅提高到80%以上的乐观情况下，实际给付水平也仅仅接近最低养老保障的1.5倍。为了避免养老金给付水平过低，蒙蒂政府从中长期发展角度，在完全落实名义账户制的同时，尝试逐步引入延迟至70岁之后退休的政策，并把最低养老保障水平作为重要的养老给付参考基数。根据蒙蒂政府后续公布的相关改革政策，除须满足缴费至少满20年的条件之外，提前退休（上限为3年）的劳动者，养老金给付还应至少达到当年最低养老保障的2.8倍；按法定年龄退休者，养老金水平至少是最低养老保障的1.5倍。对于达到退休年龄，而缴费不足20年但多于5年且养老金未达到最低养老保障1.5倍的劳动者，养老金将延迟到4年后发放。但是，从2016年到2018年，缴费超过41年零10个月（女性）或42年零10个月（男性）的劳动者[1]不受退休年龄与养老金给付水平的限制，可选择提前退休。

因此，意大利有必要加快对补充养老制度的构建。在近年来经济低迷、灵活就业逐年增加的背景下，意大利的补充养老制度发展失衡的缺陷尽显。罗马大学学者在2015年发布的关于意大利福利制度的报告中称，针对就业连续、收入稳定者所设立的封闭式补充养老基金虽然整体收益率更高、管理费更低，会员人数却呈现下降趋势，2014年比2013年减少了0.3%，其中来自私营部门的会员减少了1%；开放式基金成本更高且收益率更低，其会员人数却在逐年增加，2014年比2013年增加了7%，其中源自私营部门的会员增加了3.9%；新型个人养老项目（PIP）会员人数更是大幅增加了15%，其中源自私营部门的会员人数增加了14.1%。[2] 这其中有信息不对称的原因，但

---

[1] 关于该项退休政策中缴费年限的要求，需根据预期寿命不断调整。据估计，到2040年，将提高至44年（女性）或45年（男性）。

[2] 统计数据参见 Felice Roberto Pizzuti, *Rapporto sullo Stato Sociale* 2015, Napoli: Gruppo Editoriale Simone, 2015, p. 405.

同时也说明了开放式养老基金在竞争中逐步占据了上风。意大利补充养老的制度悖论显而易见——补充养老对拥有稳定高收入的群体而言并非必需，对灵活就业者而言却颇为重要，但后者并没有足够的经济实力承受开放式基金的投资风险。[①]

表3-6　　　　不同收入群体养老金给付水平（2041年）

	年薪（1996年）（欧元）	缴费情况	替代率（%）	最低养老保障的倍数（倍）
经理层	25000	连续缴费	74.5	6.86
职员	20000	连续缴费	82.8	4.93
工人	15000	每五年断缴一年	85.3	2.6
灵活就业者	10000	每三年断缴一年	81.5	1.49

注：替代率和最终给付水平基于以下假设条件测算得出：①各群体均在1996年（24岁）进入劳动力市场；②经理层工资增长率比名义GDP增长率高0.5%，职员群体年工资增长率与名义GDP增长率一致，工人及灵活就业者年工资增长率比名义GDP增长率低0.5%；③1996年到2014年均以名义GDP的实际增长为准，自2015年起，假设每年GDP增长率为3%，年均通胀率为2%。

资料来源：Felice Roberto Pizzuti, *Rapporto sullo Stato Sociale* 2015, Napoli: Gruppo Editoriale Simone, 2015, pp.432-434.

在近几年经济不景气、消费不足的情况下，意大利政策制定者们所酝酿的相关新政，却是在借助补充养老的资金去解"内需不足"的燃眉之急。他们先是推出了自2015年3月起可以申请将终止劳动关系津贴与工资一起发放的政策，在两年后的2017年又立新法，规定补充养老金的大部分可由公司留存，雇员在失业超过24个月的情况下可提前支取。总而言之，意大利公共养老的结构性改革所带来的风险亟待更多的改革加以应对。虽然补充养老体系早已开始构建，但是仍存在诸多不确定性，前景不容乐观。

---

① Felice Roberto Pizzuti, *Rapporto sullo Stato Sociale* 2015, Napoli: Gruppo Editoriale Simone, 2015, p.32.

第三节　劳动力市场的灵活化与失业救助的"现代化"

自 20 世纪 80 年代以来，失业救助不仅被视为社会保障的重要组成部分，也往往被视为劳动力市场政策的一部分，且常与后者联动变化。因此，非常有必要将意大利失业救助改革置于劳动力市场改革中进行呈现和分析。意大利劳动力市场的欧洲化，意味着新自由主义主导下的灵活化改革，失业救助的欧洲化则意味着为应对劳动力市场灵活化带来的新风险，将进一步完善失业收入保障制度，使之迈向现代化。

意大利劳动力市场灵活化改革虽起步较晚，但其背景、路径及产生的影响与德、西等国相似，可以说是近年来欧洲保守主义劳动力市场改革的缩影。不过，本节在分析劳动力市场政策变化及失业保障改革时，除本章第一节提到的资本主义生产方式转型、资本空间转移加速、财政不可持续等背景因素外，有必要更多地进行背景要素补充，如欧盟的系列就业战略的意图与影响、改革前意大利保守主义劳动力市场的"僵化"与分化状况、意大利国内就业形势及政治格局变化等。

一　劳动力市场灵活化与失业保障改革背景的补充

（一）欧盟的政策压力输入与国内政治右倾化

欧盟对成员国劳动力市场的干预最初仅限于促进劳动者自由流动、保护劳动者健康、保证劳动条件与安全以及协调成员国不同劳动保护制度等。自 1997 年"高度就业"作为联盟目标被写入《阿姆斯特丹条约》后，欧盟正式开启了协调各国劳动力市场政策的进程。此后，欧盟陆续发布了《新工作组织的伙伴关系》绿皮书以及《欧盟就业战略》《欧洲就业指南》《新欧洲就业战略》等，并在 2006 年明确提出了"灵活保障"模式，意在从观念和制度层面推动成员国实施劳动力市场灵活化改革。虽然欧盟委员会出于政治考虑淡化了"灵活保障"所暗含的对工作保障和就业保障的威胁，指出"灵活保障"并不意味着雇主可以随意解雇和雇佣工人，但也强调了过度限制解雇会影响结构性改革和效率的提高，不利于创新。[1] 显然，欧盟就业战略富有新自由主义色彩，其主旨在于拓宽福利国家改革议程的讨论范围，引导和推动成员国突破20世纪八九十年代劳动力市场改革的限制。[2]

对于意大利而言，推行欧盟就业战略所面临的挑战是多重的。毕竟该战略主要形成于盎格鲁—撒克逊与北欧的政策模式和价值观中，建立在预防性的、积极的就业政策以及有效的公共就业服务之上。而意大利的保守主义劳动力市场政策模式则完全相反——被动的就业政策居主导地位，就业安置制度高度官僚化，评估与监督能力严重缺乏。[3] 除了上述制度文化上的"不兼容"性，意大利劳动力市场的灵活化改革还须面对政治上的诸多挑战，如最主要的"否决力量"——工会的态度与立场，以及多党联合政府的不稳定性等。

不过，20世纪90年代早期，意识形态固化、选民固化的极化多党制瓦解后，意大利政治右倾化、工会力量式微也为劳动力市场灵活化改革打开了方便之门。1991年，意大利共产党更名易帜，传统左翼意识形态急剧衰落；1992年，肃贪反腐的"净手运动"爆发，垄断中央政权40多年的天主教民主党及其盟友在持续的丑闻审查中崩解。自此，持有新自由主义意识形态的意大利力量党从天主教民主党解体后的政治真空中急速兴起，与极右翼北方联盟一起，主导了近年来意大利政治、经济与社会政策领域的诸多改革进程。新自由主义意识形态也深刻影响了中左翼在养老金、劳动力市场领域的改革取向。[4]

---

[1] 杨解朴：《德国劳动力市场改革路径解析：迈向新的灵活保障？》，《欧洲研究》2015年第1期。

[2] Luigi Burroni and Maarten Keune, "Flexicurity: A Conceptual Critique", *European Journal of Industrial Relations*, Vol. 17, No. 1, 2011, p. 78.

[3] Maurizio Ferrera and Elisabetta Gualmini, *Rescued by Europe? Social and Labor Market Reforms in Italy from Maastricht to Berlusconi*, Amsterdam: Amsterdam University Press, 2004, pp. 104 - 106.

[4] 自20世纪90年代以来，在国家陷入严重经济危机而亟待改革时，意大利主流大党无一例外地表现出了优柔寡断的风格，为逃避责难将改革交由具有专业知识背景的技术官僚来完成，如90年代中期的迪尼政府和欧债危机后的蒙蒂政府就是在这样的背景下对福利制度和劳动力市场进行了重大的自由化结构改革。

工会力量式微也是重要的背景因素。总工会是意大利最大的工会,也是左翼工会,但在20世纪90年代后,总工会规模逐年萎缩且会员老龄化趋势明显,这很大程度上限制了总工会在集体谈判中的议价能力和利益代表的广泛性。面对主流大党和技术官僚推动的自由化和灵活化改革,工会领导层也不时采取妥协的立场。如签署取消滑动工资制的三方协议时,总工会的总书记以"国家正遭遇非常深重的经济危机,时代已经发生了变化"对内部质疑作出了回应。[1]

在90年代,劳动力市场改革是缓慢的、边缘性的,进入21世纪后,尤其是欧债危机爆发后才"突飞猛进",触及了最为核心的部分。

(二) 意大利保守主义劳动力市场的"僵化"与分化

意大利形成于黄金时代的保守主义劳动力市场,存在着"内部人""夹心层"和"外部人"的三重分化。而被意大利国内外自由主义者所指摘的"僵化",主要是指对固定期合同的严格限制以及仅覆盖了"内部人"的强有力解雇保护机制。

意大利劳动力市场在工作保障、就业保障与失业收入保障方面呈现出的保守主义特征,意味着公共与私营部门雇员、受雇于不同规模企业的工人所享受到的保障具有显著的分层效果,劳动者之间分化明显。具体而言,意大利公共部门和大企业雇员在就业保障和工作保障方面,确实享受到了超过北欧福利国家劳动者的去商品化保护水平,而大部分小企业雇员的保护水平相应要低得多。在1962年将无固定期限合同确立为劳动合同标准并对个体解雇作出了严格限定后,意大利1970年颁布的《劳动者宪章》成为大中型企业[2]的工人和雇员更有力的保护制度。《劳动者宪章》第18条规定,任何解雇若被法院裁定为非法,企业必须返聘劳动者,并支付解雇期的工资,补缴社会保险。因此,保护"内部人"的第18条被新自由主义者视为意大利劳

---

[1] Patrik Vasan, "La Politica del Lavoro", in *Le Politiche Sociali*, Bologna: Il Mulino, 2012, p. 154.

[2] 一般指雇员人数15人以上的企业,农业为5人以上。意大利境内,凡雇员达到60人及以上的企业,便不再进行行业区分,均适用《劳动者宪章》。

动力市场的"僵化"之源，以及灵活化改革的最大"绊脚石"。但《劳动者宪章》的覆盖率并不是很高，在高峰期——1971年——也仅覆盖了全部就业人口的40%。[1] 可以说，《劳动者宪章》从某种意义上催生并恶化了劳动市场的保障失衡问题，使得意大利不仅存在欧陆国家"内部人"与"外部人"的分化，还存在《劳动者宪章》保护之外的"夹心层"群体。

从失业收入保障的角度来看，20世纪90年代之前意大利也存在着"内部人""夹心层"和"外部人"的三重分化。"内部人"享受着慷慨的收入补贴制度，包括"一般停业收入补贴"和"特殊停业收入补贴"，替代率均高达80%。而"夹心层"的失业保险额度与缴费额度无关，替代率一般仅有7.5%[2]，且领取资格苛刻。[3] 与其他欧洲福利国家在收入维持领域的三支柱体系不同的是，意大利在常规失业救助领域仅设立了强制失业保险，而没有设立失业救济和全国性的最低收入保障。因此在意大利，没能进入正规劳动力市场就业的"外部人"，在遭遇失业风险时享受不到国家的制度保障，完全依赖家庭的支持。

（三）低增长与高失业问题的恶化

石油危机后，不同于美、日等国的快速复苏，西欧各国患上了低增长与高失业并存的"硬化症"。意大利的症状尤为突出。20世纪90年代初期，意大利再度爆发严重的经济危机，里拉在国际金融市场遭到投机浪潮的攻击，大幅贬值，被迫退出欧洲货币体系。同时，劳动力市场的三重分化问题——性别分化、年龄分化和地域分化呈恶化趋势。女性就业率相较于80年代虽有所增长，但失业率一直比男性高7%左右；青年就业率仅为总就业率的一半，而失业率为总失业率的近三倍。北方与南方的地域分化加剧，就业率差从80年代中期的10%左

---

[1] Fabio Berton, Matteo Richiardi and Stefano Sacchi, *the Political Economy of Work Security and Flexibility*: *Italy in Comparative Perspective*, Bristol, Chicago: Policy Press, 2012, p. 34.
[2] Ibid., p. 97.
[3] 要求失业者至少有两年的失业保险注册记录，失业前两年内至少每年有52周缴费记录，而有效期不超过6个月。

右扩大至15%之多。新增的失业人群主要集中在南部，南北部的失业率差从80年代中期的不足5个百分点，扩大到11个百分点。[1] 撒切尔夫人"别无选择"的论断赢得了意大利多数政治与经济精英的青睐，一如在其他西欧国家一样。意大利改革者接受了经济合作与发展组织于1994年在"就业战略"中开出的降低就业保护、增加积极就业政策资源投入的"药方"，并将本国就业停滞分化与高失业归因于"僵化"的劳动保护模式。他们认为这种模式极大地限制了劳动力的供给，并使之在质量、数量以及单位劳动力成本上都缺乏灵活性，因而竭力主张通过降低保护来提高劳动力供给的灵活性及青年和妇女的就业率。

二　劳动力市场灵活化改革的路径与内容

自20世纪90年代以来，意大利政府以从边缘到核心、从"夹心层"到"内部人"的路径，通过采取放宽固定期合同限制、放宽无固定期限合同个体解雇限制、提高失业保险替代率、弱化集体谈判作用及实施"适度的"工资政策等措施，对劳动力市场进行了灵活化改革。

（一）放宽固定期合同限制的边缘灵活化

1962年，意大利立法将无固定期限合同设定为标准就业合同，并严格限定了固定期合同的适用范围[2]。石油危机爆发后，意大利政府开始尝试引入放宽固定期合同限制的边缘灵活化改革。1984年，意大利通过引入社会团结合同、工作与培训合同、兼职就业合同，开启了劳动力市场的初步灵活化。社会团结合同政策旨在通过削减在职工人工时，以避免裁员或聘用新人，维持就业水平。[3] 工作与培训合

---

[1]　数据来源于意大利国家统计局数据库（http://dati.istat.it/Index.aspx? DataSetCode = DCCV_ TAXOCCU1#）。

[2]　如演艺界或特定工种——季节工、偶发性服务、偶然的补缺服务等。

[3]　企业与工会签订社会团结合同，意味着在岗工人要接受削减工时以避免被裁撤或便于公司雇用新人。前者称为"防护性"或"内部"合同，后者称为"外部"合同。无论哪种类型的社会团结合同，企业每雇用一个新人，都可获得国家的社保缴费减免或补贴。

同政策旨在促进青年的就业，未处于结构调整或危机状态中的企业和公共部门可通过工作与培训合同聘用15岁到29岁的青年工人。① 兼职合同相对于欧洲其他国家而言，所获得的接受度比较低，到20世纪80年代末仅8.8%，而同期的法国和荷兰分别达到了12.2%和27.7%。②

20世纪90年代，意大利继续放宽固定期合同限制，推动非典型就业的发展。1994年至1995年，工会与雇主联合会达成协议，扩展工作培训合同适用范围，并引入所谓的合作合同，即按项目就业的非典型劳动合同。1997年的"特雷乌一揽子法案"正式放宽了固定期合同限制，引入了所谓的"非典型"条款，将临时"派遣工作"合同合法化。在总工会和意大利重建共产党的压力下，法案赋予了派遣合同工享有无固定期限就业者同等工资待遇的权利，并禁止在罢工时、在危险工作或比较专业的工作中以临时工代替正式工。此外，法案还将此前工会与雇主联合会协议引入的按项目就业非典型合同合法化。

1997年《阿姆斯特丹条约》签署后，欧盟对成员国劳动力市场改革的影响逐步增强，在其不断的压力输入下，意大利进一步放宽了固定期合同的限制。1997年和1999年，意大利在兼职就业和固定期合同问题上分别收到了欧盟的两份指令。中左翼政府在2000年将1997年指令顺利转化为第61号法令（d. lgs. n. 61/2000），规定最大程度地实现兼职就业的灵活性，同时推动兼职就业者享有与全职就业者同等的工作条件。1999年指令的转化遭到了工会和激进左翼政党的强烈抵制。因为转化后的国内法规定，企业但凡有用工需要，即可签订固定期合同，不必得到行政部门的专门授权，也不必将其与集体合同等同视之。这实质上限制了工会在该领域的干预与控制权，同时给予了雇主无限次使用固定期合同的可能。2001年上台的中右翼政

---

① 此类合同由于社保费率低于无固定期限合同，最长期限可达两年，在意大利得到了推广。

② Maurizio Ferrera and Elisabetta Gualmini, *Rescued by Europe? Social and Labour Market Reforms in Italy from Maastricht to Berlusconi*, Amsterdam: Amsterdam University Press, 2004, p. 92.

府强力通过了该项法令后，在2003年迈出了更加灵活化的一步——颁布"比亚吉法"，引入"员工租赁"服务或"劳务供应"制度，允许与"劳务派遣"机构签订无固定期限合同，并在临时就业规范中去除了原有不允许从事低端工作的规定。

欧债危机爆发后，意大利对固定期合同的改革更加激进。2012年的劳动改革法案一方面为雇主使用固定期合同提供了便利，规定企业无须提供技术、生产、组织等方面的正当理由，也可通过固定期合同雇用新人且合同可延展更新，但每位固定期雇员的合同有效期总和不得超过36个月①，而且须通过集体协议方式约定固定期雇员不得超过相关企业员工总和的6%；另一方面适度增加了固定期合同的成本，规定合同期满后若没有转化为无固定期限合同，则雇主须为相关雇员额外缴纳费率为1.4%的社会保险。2014年的波莱蒂法案规定，固定期合同有效期可一次性达到36个月，相关雇员比例上限提高至无固定期限合同雇员的20%②，超出该比例的情况下，固定期合同雇员可转为无固定期限合同雇员。而2015年施行的《就业法案》取消了企业超比例使用固定期合同情况下，相关雇员转为无固定期限合同雇员的权利，仅保留了对企业的经济惩罚。可见，《就业法案》几乎完全消除了对固定期合同的限制，固定期合同雇员转为无固定期限合同雇员的难度加大。

（二）放宽无固定期限合同个体解雇限制的核心灵活化

放宽解雇限制的核心灵活化改革主要针对的是无固定期限合同，这意味着要对《劳动者宪章》第18条进行修订。中右翼政府在2002年修改第18条失败后，采取了迂回路线，另立新法，意图通过仲裁方式解决劳资纠纷，尤其是解除劳动关系方面的纠纷。在众多的质疑声中，政府作出让步，明确劳动关系纠纷必须通过法院判决。

欧债危机爆发后，意大利加快了核心灵活化改革的步伐。2011年颁布的第148号法律（l. n. 148/2011）推出了一种"准集体劳动协

---

① 2012年改革规定，固定期合同的延展和更新须有一定的时间间隔。若合同有效期一次性达到了12个月，则不可延长。36个月内最多可更新5次。

② 5人以下企业可雇用一名固定期合同工。

议",意味着社会伙伴可在标准劳动合同所规定的内容及劳动法之外,在聘用方式、劳动关系规范、劳动合同的转换甚至解除劳动关系方面达成例外的协议。此后,从理论上而言,企业可自行制定劳动合同,非法解雇成为可能,仅需提供一定的补偿即可。这为2012年更加灵活的劳动改革法案的出台打下了基础。

2012年的劳动改革法案和此后的《就业法案》,通过对《劳动者宪章》第18条的修订,引入新版无固定期限合同,大大削弱了对"内部人"的保护力度。2012年的改革将无固定期限劳动关系中的个体解雇分为三种情况:歧视性解雇、劳动纪律问题和经济问题。第一种情况保持原有法律内容不变,即被解雇雇员复职且获得一定的补偿(至少15人以上的企业);第二种和第三种情况将仅获得12个月到24个月的补偿。

《就业法案》完成了对《劳动者宪章》核心内容的修订,为2015年3月7日后签署无固定期限合同的劳动者引入了所谓的"增强保护合同",剔除了遭遇非法解雇必须返聘的条款。此后,企业解雇无固定期限合同雇员不再需要提供合理的客观原因,只需提供4—6个月(15人以下企业)或12—24个月(15人以上企业)的工资作为经济补偿即可。值得注意的是,截至目前,意大利尚未触动1991年立法中对集体解雇作出的规定——15人以上企业,因停产、减产或转型,在120天内解雇5人,即算作集体解雇。

(三)工资谈判的分散化

在1991年之前,意大利的工资谈判制度由三部分构成:自动随通胀调整工资水平的滑动工资制、全国有效的行业集体谈判(三年一次)以及企业内部协商。而始于20世纪90年代中期的工资谈判分散化,意味着工会话语权与集体谈判作用的弱化,以及企业内部协商机制的扩展。

意大利早在1945年就在北部工业发达地区引入了滑动工资制,20世纪50年代在全国普及。直到20世纪70年代中期以前,不同行业和工业部门的工人在滑动工资制下所享受到的工资涨幅,都因行业、工种和地域的不同而存在差异,平均为通胀率的70%。1975年,意大利总工会与企业家联合会达成协议，引入了适用于所有工人的统一津贴单位，即通胀率每增长1个百分点，工资上涨2389里拉。这使得滑动工资制下的工资平均涨幅几乎达到了通胀率的100%。① 在1979年和1985年两次改革后，滑动工资制下的平均涨幅降至通胀率的60%左右。1992年，工会、企业家联合会和政府签署收入政策联合协议，正式取消了滑动工资制。

因此，自1992年起，意大利的工资谈判制度变更为由两年一次的行业集体谈判和企业内部协商两部分构成。工会与企业联合会议定工资涨幅须与政府确定的年度目标通胀率一致，与实际通胀率之间的差额在两年后的集体谈判中才能得到体现。中右翼政府为进一步促进工资政策的"适度化"，于2004年将通胀的参照水平由过去的实际通胀率改为"预测一致"的通胀率，给予了雇主联合会更多的自由度，工会通过集体谈判维持实际工资水平的能力遭到了削弱。

与此同时，雇主竭力削弱集体谈判制下全国通用行业劳动合同的效力，欲以公司层面协议取而代之。意大利政府通过降低工资税收的方式对雇主的"诉求"给予了支持，2007年将加班工资和公司层面谈判的工资增长部分的边际税率皆定为10%。此举在一定程度上推动了公司层面协议的扩张。② 2012年，意大利政府再度立法，规定2013年至2015年继续采取税收激励政策，以推动企业层面工资谈判制度的扩展。

虽然部分比较强势的行业工会，如冶金业工会在2005年的行业集体合同更新谈判中推动了对实际工资增长滞后的补偿，并引入了工资自动增长机制；化工行业工会在2008年金融危机爆发后，与雇主达成一致——在经济下行时，可以推动工作时间灵活化，但是时薪不得低于行业谈判规定的最低水平。然而，这些成果并不能逆转工会作

---

① Sergio Destefanis, Giuseppe Mastromatteo and Giovanni Verga, "Wages and Monetary Policy in Italy Before and After the Wage Agreements", *Rivista Internazionale Di Scienze Sociali*, Anno 3, No. 2, 2005, pp. 289 – 318; Patrik Vesan, "La Politica del Lavoro", in *Le Politiche Sociali*, Bologna: Il Mulino, 2012, p. 137.

② Daniele Cecchi and Marco Leonardi, "Labour Market Reforms in Italy 2008 – 13: The Crisis and Beyond", International Labour Office, Research Department, Geneva: ILO, 2015, p. 31.

用整体弱化、工资谈判分散化的趋势，工会与雇主联合会于 2011 年在第 148 号法律（l. n. 148/2011）框架下签署的"跨联盟协议"即为明证。①

三 失业收入保障制度的"现代化"

意大利在 1988 年曾对失业保险制度进行过改革，为灵活就业者引入了低要求版失业保险，但替代率仅为 7.5%。② 直到 2005 年，为应对劳动力市场灵活化改革后的新情况，意大利政府才再度开启了失业保险制度的"现代化"改革。在 2007 年的进一步改革后，常规失业险的有效期为 8 个月，50 岁以上失业者可达 12 个月，替代率提高至 60%，低要求版失业保险仅为 40%。③ 这些改革显然是远远不够的。

欧债危机后，意大利在欧盟压力下推动了劳动力市场灵活化改革，同时适度完善了失业保险制度。2012 年的改革法案将失业险改版为"社会就业津贴"和"迷你社会就业津贴"，前者有效期最长 12 个月，前 6 个月替代率提高至 75%，此后替代率减至 60%；后者是为兼职就业者、固定期就业者设计的，替代率与"社会就业津贴"水平一致。2015 年的《就业法案》将前述两种失业津贴整合为"新社会保险就业津贴"计划，替代率为受保者前四年平均收入的 75%，最高不得超过 1300 欧元/月，从第 4 个月开始以每月 3% 的幅度递减。新就业津贴有效期为缴费时间的一半，最长不得超过 24 个月（2017 年改为 18 个月）。《就业法案》的重大革新之处在于引入了失业救济，对象为丧失失业保险资格且需抚养 18 岁以下的未成年子女或自身年龄在 55 岁以上的未成功就业者，属于全民团结性质，由国家出

---

① 协议包含了企业层面的谈判可以减弱行业谈判在薪资、工作时间、雇佣与解雇方面的效力等内容。

② 1988 年的改革首先将常规失业险的替代率明确为 7.5%；其次针对不满足常规失业保险金领取资格条件的人群，引入了低要求版失业保险，即劳动者失业前一年至少缴纳了 78 个工作日的失业保险，替代率为 7.5%。

③ 常规失业险前 6 个月的替代率为 60%，此后两个月为 50%，余下的时间为 40%。低要求版替代率调至 35%（前 120 天）和 40%（第 121 天至最后到期前），有效期与失业者前一年的工作时长一致，最多可达 180 个工作日。

资并管理。失业救济额度为最后一个月"新社会保险就业津贴"的75%，有效期6个月。此外，还推出了临时性失业保障计划，如针对长（短）期项目合同工推出的临时性"合作者失业津贴"计划①。不过，《就业法案》依然没有为长期失业者和初次求职者建立相应的收入支持制度，仍然将家庭作为最主要的社会减震器。意大利失业保障制度改革远未实现其与时俱进的"现代化"目标。

除了常规失业保险制度改革，意大利政府还收紧了停业收入补贴政策。首先，取消了1991年设立的流动津贴（自2016年起）。其次，规定对于未能被停业收入补贴计划覆盖的劳动者，若所在企业雇员多于15人，必须（少于15人的企业自愿）达成集体协议，建立劳资双方的团结基金，若未能在2013年3月31日前达成集体协议，则遵从劳动部的规定建立补缺型基金。在企业破产、劳动关系已经终结的情况下，特殊停业收入补贴将不再发放。对一些每年都要破例加入特殊停业津贴的行业企业作出了更严格的限定。

四　改革的效果与影响

劳动力市场灵活化改革给意大利企业带来了自20世纪60年代以来最大程度的雇佣与解雇的自由。有学者甚至指出，如果推动《就业法案》出台的前总理伦奇（Matteo Renzi）能够重写宪法，那么他或许会把意大利宪法第一条改为"意大利共和国是建立在企业自由之上"②，而非"劳动之上"。而这对工资劳动者来说则意味着，历经几代人抗争才在黄金时代逐步赢得的去商品化权利，遭到了实质性破坏——劳动保护水平向下趋同，商品化程度加强，生计风险在新分化与旧失衡的交织中持续升级。

---

① "合作者"是一种准自雇者，他们未到退休年龄，按项目聘用，部分人并未缴纳增值税。社会保险由国家社保局单独管理。根据《就业法案》的规定，自2016年起意大利境内不再允许签订此类合同，意大利政府遂推出了该项津贴。

② Stefano De Agostini, "Licenziamenti Collettivi, Giuslavorista: 'Jobs act Incostituzionale, Discriminatorio'", see from https://www.ilfattoquotidiano.it/2014/12/29/jobs-act-licenziamenti-collettivi-giuslavorista-incostituzionale-discriminatorio/1302561/.

（一）工作保障的向下趋同与就业风险的升级

20世纪90年代以来的边缘灵活化改革，推动了包括固定期就业、兼职就业、派遣就业、项目就业和伪自雇①等在内的非典型就业增加，而无固定期限合同构成的典型就业在意大利劳动力市场中的占比呈下降趋势。2012年，58%的新增就业为固定期合同，9%为项目合作就业，3%为学徒合同、派遣工作合同等，仅21%为典型就业；而同年的解雇中，固定期合同达到了53.6%，项目就业为9.6%，典型就业也高达25.3%。②2012年改革后，固定期合同占新增就业比一路飙升，接近70%，而典型就业一度降至15%左右。③非典型就业的增多意味着意大利劳动力市场出现了新的"夹心层"和新的分化，也意味着越来越多的工资劳动者的生计不稳定性在加剧，因为非典型就业的最大特点就是几乎无任何解雇成本，这也是它与典型就业之间的最主要区别。

在《就业法案》出台前，改革讨论的焦点在于如何削弱固定期合同对无固定期限合同所产生的"挤出效应"，然而法案最终推出的"增强保护合同"比2012年改革的相关内容更加灵活——剔除了非法解雇必须返聘的规定，仅保留了经济补偿的规定。这实质上拉低了新增无固定期限合同的保护水准，在使之向下与固定期合同趋同的同时，也不可避免地在"内部人"之间制造了新的保障分化。

意大利无固定期限合同的解雇保护指数在2012年改革后由2008年的4.5降至2013年的2.5，固定期合同保护水平在1997年改革后从原来的4.0大幅降至金融危机前的2.3，总体就业立法保护水平由1998年的3.3降至2013年的2.5。④虽然经合组织尚未公布意大利

---

① 这意味着工作特点与雇佣劳动一致，即空间和时间确定且长期与同一"客户"合作，但并没有得到雇佣劳动者应有的工作保障与社会保障。

② Daniele Cecchi and Marco Leonardi, "Labour Market Reforms in Italy 2008–13: The Crisis and Beyond", International Labour Office, Research Department, Geneva: ILO, 2015, p. 12.

③ Ministero del Lavoro e delle Politiche Sociali, "Rapporto Annuale Sulle Comunicazioni Obbligatorie 2016", see from http://www.lavoro.gov.it/documenti-e-norme/studi-e-statistiche/Pagine/default.aspx, p. 16.

④ Daniele Cecchi and Marco Leonardi, "Labour Market Reforms in Italy 2008–13: The Crisis and Beyond", International Labour Office, Research Department, Geneva: ILO, 2015, p. 20.

《就业法案》颁布后相关指数的变化，但无固定期限合同的保护水平无疑已再度下降。

（二）实际工资增长停滞与收入保障失衡问题加剧

如前文所述，滑动工资制被取消后，工资谈判的分散化——集体谈判作用的弱化以及企业自主权的增强——是除了劳动生产率增长乏力之外，意大利工资劳动者实际工资水平停滞的最主要因素。进入21世纪后，除金融危机最严重的年份（2009年至2012年）外，意大利的就业形势虽得到一定改善[①]，但实际工资增长却长期停滞，个别行业甚至出现了下降趋势。如果2005年的实际工资水平为100，那么到2013年，总体出现大幅下降的行业有教育（93.4）、卫生（92.3）、金融（93.1），此外交通与通信、农业、服务业等也呈现出下降趋势。[②] 意大利学者对此的解释是初次求职者的入门薪资增长停滞拉低了总体工资水平——30岁青年劳动者的薪资与全国平均薪资水平之比由1977年的109%降至2010年的88%左右。[③] 但这种解读不过是进一步说明了近年来的边缘灵活化改革大幅降低了青年群体的实际工资水平，加剧了青年群体陷入工作贫困的风险，并且完全无法掩盖实际工资整体缩水的现实。

失业保险改革的不足及其与薪资水平密切挂钩的制度设计，使得失业收入保障的失衡问题并没有得到改善。享有停业收入补贴的"内部人"、享有常规失业保险保障的"夹心层"和无资格享有失业收入保障的"外部人"之间的三重分化问题，在系列改革后并未得到改善。意大利虽在历次改革中均降低了失业保险的门槛，但依然有大量非典型就业者被挡在门外。此外，由于非典型就业者大部分为薪资水平较低的低技能劳动者，所以即便提高了失业保险的替代率，也难以

[①] 2000年至2008年，意大利就业形势优于20世纪90年代。金融危机爆发后，就业率大幅下降，2013年又回升，至2017年第三季度提高至58.4%，失业率也相应地降至9.6%。参见意大利国家统计局公布数据（http://dati.istat.it/）。

[②] Daniele Cecchi and Marco Leonardi, "Labour Market Reforms in Italy 2008-13: The Crisis and Beyond", International Labour Office, Research Department, Geneva: ILO, 2015, p.29.

[③] Ibid., pp.29-30.

避免贫困的发生。根据经合组织公布的数据，意大利18—65岁贫困人口比例在2010年已达12.7%，但在2014年就业率微幅提高、失业率小幅下降后，贫困人口比却增至13.6%。[1]

总之，近年来的劳动力市场灵活化改革，以及相应失业收入保障改革的不足，导致意大利工资劳动者生计风险升级。这已经成为意大利资本主义陷入合法性危机的动因之一。这种危机最明显、最直接的表现就是反建制民粹主义的强势兴起与反欧洲一体化力量的回潮。但对意图继续推进灵活化改革的精英们而言，似乎还未糟糕到需要调整方向并给予劳动者生计安全充分重视的时刻。可以预见，至少在短期内，意大利劳动力市场灵活化的趋势不会被遏止，更不会被逆转。

第四节　社会救助二十年改革：未完成的现代化

由于社会救助在意大利福利国家的构建中一直处于边缘位置，因此自国家统一以来便存在低效、低能和碎片化等问题，在第二次世界大战后的黄金时代也未能得到改善。到20世纪八九十年代，意大利的社会救助在后工业社会的新风险面前显得"非常不合时宜"，亟须一场现代化的改革。

意大利社会救助的低能和低效问题，主要表现在由国家层面统一负责的社会救助领域。由于不当使用或滥用救助津贴的现象十分突出，国家层面社会救助的垂直再分配力度和减贫能力都比较弱。国家统一发放的救助津贴，如最低养老收入补贴、社会津贴、公民伤残津贴和家庭津贴等项目，超过40%（公民伤残津贴55%之上）的资金被本身在贫困线之上的家庭吸收。此外，全国统一的现金津贴制度内部还存在结构扭曲，上述救助性津贴的80%都被老年群体和残疾人群体吸收。[2]

---

[1] 参见经合组织数据库（http：//data.oecd.org/inequality/poverty-rate.htm#indicator-chart）。

[2] Ilaria Madama, *La Politica Socioassistenziale*, in Mauizio Ferrera（eds.）, *Le Politiche Sociali*, Bologna：Il Mulino, 2012, pp. 263-268.

碎片化主要指社会救助的地域性差异显著。以最低收入保障为例，到1990年，全国仅有59.9%的市政府向贫困家庭提供"最低生存"津贴（Minimo Vitale），这些城市中却不包括罗马、巴里这样的大城市。[①] 由于预算规模存在差异，各地受益人的比例与权利大小也有不同。受限于财政规模，各市一般将多子女家庭、单亲家庭、赡养老人家庭和有残疾人家庭列为救助对象，其他身处生存困境的人却很难得到支持。在社会服务方面，地域发展失衡现象更为明显。1994年，艾米利亚—罗马涅大区每年人均社会服务支出为12.4万里拉，而南部的卡拉布里亚大区仅有2.1万里拉。[②]

20世纪90年代的社会救助改革就是在这样的制度背景下展开的。欧盟超国家层面的影响一方面表现为提供了制度学习和观念交流的机会，推动了相关政策理念讨论的展开；另一方面表现为不断输入的财政紧缩压力。然而，观念的变化是缓慢的，财政紧缩的压力始终是显性的。受制于有限的可支配资源，意大利社会救助领域迈向现代化的改革最终还是不了了之，没有实现实质性的改善。

一 20世纪90年代改革：现代化之路初启

意大利社会救助的改革晚于养老金体系和劳动力市场的改革，直到1997年普罗迪执政时才开始。普罗迪政府设立了奥诺弗里委员会，其除对公共养老进行分析之外，也对当时的意大利社会救助状况作出了如下诊断：支出不合理，制度碎片化，救助功能群体化且存在叠加现象，社会服务发展处境不利，地域性差异显著，缺乏最低收入保障；同时提出了四个根本性的改革方向：增加支出，建立选择性普救主义制度，推动社会服务发展，促进地域均衡化。

20世纪90年代中后期至2001年，从观念与制度角度而言，中左翼政府的立法推动意大利社会救助制度发生了比较重大的转变。这些

[①] C. Saraceno (eds.), *Le Dinamiche Assistenziali in Europa. Sistemi Nazionali e Locali di Contrasto alla Povertà*, Bologna: Il Mulino, 2004.

[②] Ilaria Madama, *La Politica Socioassistenziale*, in Mauizio Ferrera (eds.), *Le Politiche Sociali*, Il Mulino, 2012, p. 264

立法为意大利引入了试验性的最低收入融入项目以及具体的工具——国家社会政策基金和经济状况指示系统。

1998年的第448号法律（l. n. 448/1998）针对没有被社保覆盖的母亲建立了"母亲救助津贴"，针对有三个及以上子女的家庭建立了专门的家庭津贴；原有的全体家庭成员津贴额度上调，并修订准入条件。由于这些调整，在1996年至2001年紧缩公共开支的年代，意大利家庭收入支持的支出增长了约50%——从6.5万亿欧元增至9.5万亿欧元。[1] 同时，针对虽满足要求但由于公共住宅供应不足而被迫租房的低收入家庭建立租房基金，金额与家庭年收入挂钩——为年收入的14%—24%。租房基金与前述两种基金不同，受限于每年各大区所分得的财政资源，还远远称不上是一种主观权利。此外，政府还修订了个人所得税的征收级差和税率，减少家庭税收负担。不过，对原本就特别贫困的家庭而言，此举的作用微不足道。

1997年第285号法律（l. n. 285/1997）的出台，标志着幼儿照护在意大利真正受到了重视。虽然早在1971年意大利就推出了所谓的"五年资助计划"，但二十几年来，都是由地方政府承担幼儿照护服务的财政支出。1997年的法律建立了青少年和幼儿国家基金，资助那些有利于在国家、大区和地方层面推动权利、生活质量与个体发展，以及青少年和幼儿社会化的计划。同时修改了1971年出台的产假制度——维持母亲的产假时间5个月，收入替代率80%不变，但是延长了可选择的产假期的长度——父母双方可选择共同享受10个月产假（单方最高6个月），若父亲不能休产假，母亲可休11个月。产假延长期间的收入补偿相对较低，为双方收入的30%，最多可领取6个月，在低收入的状况下可申请延长。

1998年通过的第237号法律（l. n. 237/1998）也意义非凡，因为它引入了最低收入融入项目（Reddito Minimo di Inserimento，RMI）。最低收入融入项目打破了此前意大利社会救助以特殊群体，如老年

---

[1] Ilaria Madama, *La Politica Socioassistenziale*, in Mauizio Ferrera (eds.), *Le Politiche Sociali*, Il Mulino, 2012, p. 270.

人、残疾人为界限的救助体系。当时规定的试验期是 1999 年到 2000 年两年，在部分大区试行，后来在 2001 年后又在全国 306 个市试行了两年。这项措施的重大意义在于，如果能够真正得到普及，那么意大利社会救助制度将覆盖其大部分空白区域，而建立起一张普救式的对抗贫困的安全网。1998 年的第 109 号法令（d. lgs. n. 109/1998）所建立的经济状况指示系统（Indicatore della Situazione Economica，ISE）将成为针对社会救助申请者进行家计调查的参考标准。1997 年第 449 号法律（l. n. 449/1997）建立了国家社会政策基金，为社会救助领域分散且多元的经费赋予了有机性。

这一时期，意大利还对 20 世纪 70 年代社会服务放权于大区的法律框架进行了改革。在克里斯皮法（1890 年）颁布百余年后，意大利政府终于出台了整合社会干预与社会服务的新法律，对国家的社会救助干预作出了新的统一规划。第 328 号法律（l. n. 328/2000）规定，公共救助与慈善机构是私人的基金或协会，或者有公共资本参与的个人公司（ASP），在大区的法律框架内提供社会服务。[①] 同时，还对救助服务应该达到的水平和种类作出了比较详细的规定，并粗略地规定社会服务水平应与可支配的经济资源相适应。法律还规定，大区应在中央政府的法律框架内（包括原则、纲领、干预主体与服务等内容）立法，以达到后者提出的基本服务水平（Livelli Essenziali di Prestazioni）。

二 21 世纪的改革：未完成的现代化

（一）中右翼政府的倒退与中左翼政府的创新

21 世纪初期，意大利开始尝试对 2000 年提出的社会服务基本服务水平作出更具体的界定。贝卢斯科尼领导的中右翼政府规定，基本服务水平由内阁全体会议在国家社会政策基金以及大区和地方机构所拥有的可支配资源的基础上进行确定。为了应对大区和地方资源的不

[①] 早在 1988 年，意大利宪法法院作出判决，指出 1890 年克里斯皮法第 1 条违宪，不应将救助与慈善机构界定为公共机构，从而引入了更多主体，并催生了修改法律的需求。

确定性，中央政府一方面从 2004 年起对市级社会服务支出总量和服务类型进行监测，另一方面建立技术指导委员会——由中央、大区和地方机构成员构成。同年，中右翼政府的福利部长马罗尼提出了对社会服务关键问题的改革应对方案，以期成为各主体走向协调一致的基础，但遭到左翼执政的大区的反对，加之中央政府实施削减社会服务支出的措施，最终导致方案被搁置。中右翼政府针对所有 70 岁以上老年人引入了最低养老收入补贴——无论是领取社会养老金的群体还是养老保险的群体，只要符合一定的收入条件都有资格领取。由于社会津贴自 80 年代起就开始缩减，此举有助于缩小社会津贴领取者与养老保险群体之间的收入差距；而据统计，2005 年有三分之一领取养老保险的老人达到了领取最低养老收入补贴的标准，主要是半数以上的佃农、自耕农和分益佃农，甚至包括四分之一强的雇员养老基金会成员。① 此外，中右翼政府延续前任中左翼政府的政策，通过税收杠杆减轻家庭负担，并推出雄心勃勃的提高生育率计划。在 2004 年，意大利公民家庭和在意大利居住的欧盟成员国公民家庭每出生一个孩子，可获得 1000 欧元奖励，获得奖励的家庭在 2005 年和 2006 年若仍有孩子出生，依然可获得奖励。除了这些"小恩小惠"，中右翼政府在社会救助领域的作为谈不上创新，甚至是倒退的——因为 2002 年取消了中左翼政府试行了四年的最低收入融入项目，从而错失了在世纪初经济形势向好期间顺势建立最低收入保障制度的良好机遇。

第二次上台的普罗迪政府执政时间虽短（2006—2008 年），但在社会救助领域的作为可圈可点——减免家庭税收负担，制定幼儿照护服务发展计划，为生活不能自理人群建立基金。税收减免主要针对因收入过低而未能享受到个人所得税减免的家庭，如 2007 年实施的 150 欧元税收优惠，以及针对有四个及以上子女的家庭直接实施的 1200 欧元税收减免。此外，还为 20 岁至 30 岁（最低收入阶层）的年轻人提供房租（租住类为主）减免，每年最高为 992 欧元。

---

① Ilaria Madama, *La Politica Socioassistenziale*, in Mauizio Ferrera (eds.), *Le Politiche Sociali*, Il Mulino, 2012, p. 276.

2007年到2008年，中央政府和大区及自治省共同出资7.54亿欧元，制定了幼儿教育三年发展计划，即所谓"幼儿园计划"，以促进幼儿教育在各地区的发展。该计划的目标是，三年内将全国幼儿园的整体覆盖率从11.4%提升至15%，为两岁到三岁幼儿增加4万个学位。鉴于南北方之间的巨大差距，此次计划将南方地区作为重点，计划将南部各大区的幼儿园覆盖率提高至6%。最终的结果却是，该计划随着政府的提前垮台而不了了之。2007年为生活不能自理人群设立了专门的基金，2007年到2009年的三年间，共有8亿欧元可供各大区提供相关服务时进行支配。但实际上，这一改革对于生活不能自理人群的社会救助而言更多只具有象征性意义，因为在陪伴津贴未计入的情况下，需要的经费总规模高达30亿—40亿欧元，而个别北部大区自主筹集的基金远远高于可从国家获得的支持，如艾米利亚—罗马涅大区仅2007年一年就为此拨款达3.11亿欧元。

中左翼政府在此期间实施的更多的是参数性的修补措施，但因受制于有限的财政资源和短暂的执政期，没能对国家社会服务和救助产生实质性影响。而且，中左翼政府在基本服务水平上作出的参数改革也不尽如人意。此后，随着金融危机的到来，基本服务水平问题淡出了政策制定者们的视野。至今，意大利依然没有全国统一的社会服务标准。

（二）金融危机后的倒退

2008年之后上台的中右翼政府再次中断了中左翼政府的改革。在贝卢斯科尼第三次执政期间，社会救助改革开了倒车。贝卢斯科尼政府没有重新设计社会救助制度的"抱负"，回到了仅仅提供些许现金收入补贴的老路上，主要措施包括家庭税收红利，以及试验性的"购物卡"，又称"社会卡"计划。税收优惠主要针对成员众多的大家庭，实施每年200欧元（家庭年收入不超过1.5万欧元）至1000欧元（家庭年收入不超过2.2万欧元）的优惠。值得注意的是，税收减免仅限于雇员和领取养老金群体，将自雇者排除在外。2008年的"反危机法令"（d. l. n. 112/2008）中，针对贫困群体推出了"社会卡"计划，两个月发放一次，每人每月额度为40欧元，可用于购买食物、能源和医疗服务。

中右翼政府在危机中还缩减了中左翼政府设立的国家社会政策基金支出，从2008年的6.71亿欧元减少至2011年的1.79亿欧元。而此前为生活不能自理群体以及幼儿教育专设的基金不再获得各级政府的财政支持。2009年第42号法律（l. n. 42/2009）对意大利财税体制进行了联邦化改革，这大大收缩了国家进行财政转移支付，以及落实2000年第328号法令中以最高效的几个大区为基准而设定的社会救助基本服务水平的能力。

蒙蒂政府所实施的福尔内罗改革的重点始终在劳动力市场和养老金方面，伦奇政府则延续了此前历届政府的减税措施，在2014年推出了"80欧元税收奖励计划"。所有税前工资年收入在24000欧元以下（加上其他收入所得不超过26000欧元）的雇员，每月可获得80欧元的个人所得税减免，享受到此项福利的劳动者大约有1100万人。总之，社会救助改革在意大利福利制度的改革中，仅在90年代中后期普罗迪政府时期受到了重视，此后一直处于边缘性位置。

三 改革后的社会救助制度

普罗迪政府始于20世纪90年代中后期的、富于雄心的改革计划，仅有极少部分得到了实施。所实施的措施也未触及意大利社会救助模式之根本，并没有从结构上重塑意大利的社会救助制度——依然低能低效碎片化，覆盖面窄，无全国统一的最低收入保障，社会服务地域分化严重。虽然当时的中左翼政府野心勃勃地引入了诸多促使本国社会救助制度现代化的因素，如作为家计调查统一标准的经济状况指示系统，以及最重大的创新——最低收入融入计划，但却在政府轮替中被逐渐弃用。家计调查中，经济状况指示系统应用非常有限，仍以收入为参照点。最低收入融入计划试行四年后，随着2002年中右翼政府的上台而停止。意大利社会救助原有的双重二元性问题并未得到改观。

就中央政府负责的现金转移支付来看，紧缩趋势明显，且结构性失衡问题依然显著，即对老年群体的倾斜度和减贫力度远远大于青少年群体。2010年，意大利社会救助总支出为GDP的3.4%①，比1995年改革之前还减少了0.1个百分点，从占总社会支出的16.1%跌至11.7%。这与奥诺弗里委员会扩大社会救助改革的初衷完全背道而驰：其中约占GDP的0.8%和0.3%的支出分别用于老年群体的最低养老金收入补贴和社会津贴；1.2%用于伤残津贴和照护津贴；仅0.4%用于家庭津贴支出——尽管当年的儿童贫困率高达24%，比总贫困率还高出6个百分点；其他社会服务支出和津贴支出分别为0.6%和0.1%。从这一支出结构也可以看出，意大利福利制度的结构性失衡并未得到改观——近70%的社会救助支出投入到了老年和不同程度失去劳动能力的残疾人群体上（比90年代80%的投入略减）。除最低养老收入补贴、社会津贴和伤残津贴之外，其他社会救助转移支付的减贫率仅有5%，而欧盟二十七国的平均水平为9%。虽然用于社会服务的支出占社会救助总支出的比重从1995年改革的8%增至2010年的17%，但却依然不足。很多社会服务发展依然滞后，如0—2岁幼儿照护床位的覆盖率，到2009年仅增至16%。②

而由各大区自行管理的各项社会服务和救助呈现出了更大的地域性失衡，甚至各大区内部都存在天壤之别。也就是说，意大利公民获得社会救助"权利"的大小，取决于自身所工作和生活的地区。2008年，特兰托自治省的人均社会服务支出为280欧元，而卡拉布里亚大区仅为30欧元。③

虽如此，依然不应抹杀中左翼政府在意大利社会救助制度近二十几年来的改革中所付出的努力，以及所起到的奠基性作用。值得注意的是，中左翼政府提出的一系列具有现代化意义的改革方案有着明显的超国家层面讨论与学习的印记。欧盟的治理方式与决策方式一方面为各国技术专家提供了交流与切磋的平台，另一方面也为成员国官员提供了很多深度交流的机会。超国家层面就公共政策理念进行讨论，

---

① 对家庭的税收减免未计入内。
② 本段数据来源于意大利国家统计局，转引自 Ilaria Madama, *La Politica Socioassistenziale*, in Mauizio Ferrera (eds.), *Le Politiche Sociali*, Bologna: Il Mulino, 2012, pp. 280 – 286.
③ 参见意大利国家统计局2011年年度报告。

往往为意大利的社会救助改革提供了重要的制度学习机会。早在90年代初期，欧盟的公共讨论就为成员国在解决贫困问题方面提供了新的解释框架和解决路径。超国家层面的观念与国内的讨论，往往通过不同的专家委员会的沟通而得以贯通融合。其中值得一提的是八九十年代建立的"贫困委员会"，它出台了大量界定"问题"并"曝光"公共部门在社会救助领域干预活动低能与低效并存的报告。在意大利，为普罗迪政府改革战略奠定基础的奥诺弗里委员会就提前发挥了十分关键的作用——在改革的前一年，为决策者提供了对社会保护体制问题症结的解读，以及具有创新价值的解决方案。中左翼政府社会团结部长在设计改革方案时，充分吸收了众多专家的意见——对问题的界定以及所设计的方案，这也是中左翼政府推动社会服务与社会干预体制整合的法律得到广泛支持的重要原因。当然，改革最终没能得到落实的原因是多重的，除了财政紧缩压力的不利影响之外，意大利国内的政治结构及意识形态的右倾化也限制了改革的推行。我们将在下一章对此进行深入探讨。

第五节　医疗卫生体制改革

自1978年医疗卫生体制改革后，意大利中央政府对各大区在该领域的财政转移支付一直以前一年的历史支出记录为准。在地方不必承担控制支出责任的情况下，这种核算支出标准的方式弊端显著：地方医卫支出逐年膨胀，中央财政压力不断增大。因此，20世纪90年代以来，意大利中央政府在医疗体制领域进行的改革主要集中在两个方面：管理权限的下放与地方财政责任的强化。

意大利首先对国民医疗保健体系的管理结构进行了改革。90年代的改革主要集中在中央政府、大区政府和省市地方政府之间的权责重构，以及医疗卫生体制管理结构的重组领域。合理化医疗卫生体系的支出是意大利医疗卫生领域改革的另一大重点。90年代末期以来，中央政府改变了医疗卫生领域完全由中央实施财政转移支付的方式，进行了财政联邦化改革，设立了新的税种和共享税制度，同时也强化了地区层面控制支出的责任。

一 20世纪90年代管理结构的改革

90年代，意大利医疗卫生体系发生了两次重大改革：1992—1993年的改革和1999年的改革。1992年第502号法令（d. lgs. n. 502/1992）和1993年第517号法令（d. lgs. n. 517/1993）涉及医疗卫生计划、医疗救助水平个性化、资助与支出标准的更新、大区权能的强化、地方卫生公司和医院企业化、私营医疗机构认证、医疗服务价格体系的建立等内容。1992—1993年的改革中，意大利将市一级的医疗卫生领域权能转移到了大区，大区负责将国家层面的法律纲要转化成本区法律。同时，将地方卫生公司升格为大区级机构，改组为拥有独立的企业法人地位和广泛自主管理权的地方卫生公司，管理人风格由原来的政治—代表管理型转为企业—技术型，决策权从原来政治任命的委员会转移到总经理手中。

在加强了大区立法权能的同时，也赋予其一定的财政责任，即制定医疗服务收费标准。医疗资源的分配不再基于历史记录，而是在国家卫生基金的框架内，以各大区的常住人口和不同年龄段对医疗卫生的需求为依据。对公立和私营住院机构的财政支持不再以住院天数为准，而是以各大区自行确定的各项服务收费标准为依据。大区还承担对医疗卫生企业化立法的任务，即对"有管理的竞争"模式进行界定，以提升医疗卫生体系的服务质量和效果，并合理控制经费。在1992—1993年的改革之后，大区无论是在组织方面还是财政方面，都发挥了重要作用。这次改革被称为"对改革的改革"，即对1978年改革的改革，被视为医疗卫生地区化的第一阶段。但各大区落实改革的速度、方式，甚至在关键词的解读上都存在不小的差异。以伦巴第大区和艾米利亚—罗马涅大区为例——伦巴第采取医疗服务来源多样化的方式，患者可自由选择公立和私营医疗机构的服务。地方卫生公司成为第三方支付者，为患者选择的服务支付费用，在医疗机构之间分配资源。医院的院长被剥离出管理机构，归入医院序列。艾米利亚—罗马涅大区将区政府视为一个对医疗体制竞争的恰当管理者，该模式以紧缩开支为导向。在大区计划的范围内，将本地区的服务个性化并外加一定份额的得到认证的私营机构的供给。地方医疗管理机构依据具体需求选择服务供给者，与之协商并确定服务的数量、质量和价格。因此，艾米利亚—罗马涅大区患者选择余地小，只能在基层医生的引导下从管理机构预先选定的医疗机构中作出选择，同时，公司医疗机构竞争力度也小于伦巴第大区。

  1999 年的改革，自 1996 年就开始酝酿，前文提到的奥诺弗里委员会也在其中发挥了重要作用。在专家意见的基础上，来自意大利人民党的卫生部长罗西·宾迪（Rosy Bindi）推动了 1999 年的有机协调性强却也充满争议的改革方案的形成。如果说 1992—1993 年的改革推动了"有管理的竞争"，将更多的组织职能与财政职能赋予大区的话，那么，宾迪改革则是反其道而行之，实施"有管理的合作"，将重要的计划责任归于中央政府和次于大区的市政府。改革中对已经实施的法律规范中的概念进行了统一和清晰的界定，如自由选择、认证（accreditamento）、综合卫生基金、排他性卫生管理劳动关系等。所谓排他性卫生管理劳动关系，意味着医护人员在 2000 年 3 月中旬之前，须在公共与私营机构之间作出选择，且这种选择是不可撤销的，最终 85% 的人员都选择了与国家卫生机构签署排他性劳动合同。[①]

  宾迪改革并没有阻滞大区化的进程，维持了大区在组织和提供预防、治疗和康复等服务方面的重要责任，但大区在制定国家卫生计划、确定国民健康体系整体需求时，与中央政府产生了权能竞争关系。市政府在卫生服务的计划和评估方面获得了更显著的地位，主要体现在，市政府要对更低一级行政区在初级医疗救助的保障、基层医生活动的协调、急诊和专科活动，以及医院院长的协调（原属地方医疗管理机构）等方面的工作作出评估。意大利学者认为，宾迪改革有违"改革的改革"之逻辑，确立的一些基本方针与 1978 年的改革更接近。即一方面确立了国家卫生计划在中央政府统筹管理中的核心工

---

  ① 2002 年上台的中右翼政府意图对此作出大幅改动，将劳动合同大幅自由化，遭遇到医护人员两次大规模罢工后，最终改为医护人员每年都可在"体制内"与"体制外"之间作出选择。尽管如此，仍仅有很小一部分人在 2005 年 11 月选择了"体制外"。

具地位；另一方面在大区级卫生计划保持不变的同时，又赋予了市政府此前未有的一系列计划、引导和控制功能（却不必承担财政责任）。

二 21世纪的改革：大区获得财政自主权

实际上，前文所述的中央政府权力下放、权力分散化的改革并非意大利独创，是欧洲很多国家当时都在推动的改革。这其中，欧盟也发挥了重要作用。1997年在阿姆斯特丹峰会上通过的《稳定与增长公约》不仅对意大利中央财政有约束力，对已经获得财政自主权的大区和地方政府也同样具备法律效力。《稳定与增长公约》要求，各大区和地方政府须减少占GDP 0.1%的赤字，并相应地削减公共债务。该公约也明确规定了一些控制医疗卫生支出的措施——就意大利而言，医疗确实是当时占据各大区公共支出最多的项目，达到了三分之二。《稳定与增长公约》允许大区和市政府自行选择削减赤字和债务的工具，这被理解为明确承认了地方的财政自主权。自此，意大利的大区不仅获得了更多的资源，更确定了权力范围，还可以自行决定哪些支出可以省去，而中央政府仅保留了计划和协调的权力。

正是在90年代放权的基础上，意大利在21世纪进一步实施了财政权的去中心化，以使各级政府共同承担削减赤字的责任，共同承受削减赤字的不利后果——接受欧盟的惩罚。2000年颁布的第56号法令使意大利医疗卫生领域走向了财政的联邦化道路。在该法令的影响下，中央层面逐渐取消了对普通大区的财政转移。其中，国家卫生基金的补充转移支付将以其他措施进行替代；将大区的附加个人所得税提至0.4%，同时降低国库转移支付比率；提高汽油消费共享税税率；引入增值税共享税制，可达总增值税的25.7%；一次性取消了中央对各区自身税收资源使用的约束，同时建立起对各大区医疗服务的监督与考核体系。第56号法令还建立起一支具有大区团结性质的国家共享基金（Fondo Perequativo）。这支基金基于医疗经费的支出需求，建立在最富有的几个大区的增值税税收和打击逃税成果的基础上。2000年秋季，意大利中央政府与各大区第一份协议生效：中央政府追加财政拨款以填平此前的债务亏空，2001年后，各区应自筹资源应对今后的负债。协议生效后，各大区不得不提高税收，以应对可能增长的支出。

2001年8月，国家与大区签署第二份协议。一方面，三年内将国家医疗支出提高至GDP的6%，以推动意大利达到欧洲主要国家的医疗水平；另一方面，中央政府进一步放开医疗经费管理、劳动合同、人员流动和人事政策以及药品服务和医院设备方面的管理权。而大区须接受对药费支出的最高限制（约为总医药支出的13%），取消诊断处方费的规定须后延一年实施。2001年，被视为中央与大区关系"元年"。自此，大区自主选择监督医疗支出的工具并公布相关信息，在购买医疗物资与医疗服务以达到意大利中央政府所规定的基本救助水平（LEA）[1]的同时，还须控制医疗需求，必要时采取额外的财政手段以遵守2001年第405号法律（l. n. 405/2001）的规定，控制2002年至2004年的医疗支出，实现《稳定与增长公约》中所确立的公共财政目标。

2001年，意大利还对宪法第五编进行了改革，重新确立了各级政府之间的权力关系，尤其是中央政府与大区政府之间的关系。修订后的宪法将公共干预分为三类：中央政府的排他性立法权，中央与大区的竞争性立法，以及大区的排他性立法权。医疗卫生是中央与地方的竞争性立法领域。中央的权力是制定基本原则、确立并统一全国必要救助水平的标准。在财政方面，大区必须在医疗机构自身收入、大

---

[1] 2001年8月国家与大区签订的协议（2008年修订）提出，国民医疗保健体系在完全免费或公民共担费用的情况下，应该保障基本救助水平。大区在协议的基础上，根据自身的财政情况提供其他未包含在协议内的新增的服务，中央政府的作用是对各区的服务进行监督。从三个宏观层面对基本救助进行保障：生活与工作环境中的集体医疗救助——对集体和个体的预防，如污染防护、工作场所的事故风险、兽医卫生、食品保护、传染病的预防、疫苗、急症诊断和法医学等。地区医疗救助——从初级卫生保健到医药救助；从专科门诊诊断到残疾人救护；从居家老人照护服务到重症家庭咨询服务，如家庭服务中心、心理健康中心、残疾人康复中心；半居家和居家照护，如老年人和残疾人居家照护、日托中心、家庭之家和社区治疗中心等。医院救助——急诊、一般康复治疗、日间医院和日间手术、长期住院和康复治疗等。2010年，区域救助吸收了整个医疗支出的51%，其中药物救助专科门诊救助支出比例最高。

区一般税收和共享税收收入，以及共享基金（针对税收能力弱的大区）的基础上量入为出。

尽管有《稳定与增长公约》以及上述一系列协议的约束，大区依然无法控制开支。中央政府与大区在谁应承担增长的开支部分的责任上发生了分歧。一方面，大区获得了自主权，但在合理制定本区预算和实现财政的良性循环上仍有困难；另一方面，中央政府部分地接受了制度的变化，但没有"幻想"大区有充分维护公共财政健康的能力，因此并未放弃积极地发挥协调作用的角色。对此，中央政府推出了"回归计划"（Piani di Rientro）——为有结构性赤字的大区确立目标和战略行动内容，以消除结构性失衡因素，实现财政平衡。"回归计划"的创新之处在于再次调整了中央与大区的关系：设定大区自动覆盖部分赤字机制——费用源于地方税收和中央政府转移支付；中央政府对大区给予支持；在长期存在结构赤字且无力按照所签署"回归计划"进行纠正的情况下，将组建专门委员会以取代区政府的作用。

2007年，"回归计划"正式启动，意大利约有一半的大区——南部除巴西利卡塔之外的所有大区，以及罗马所在的拉齐奥大区、北方的利古里亚和皮埃蒙特大区与中央政府签署协议加入了该计划。"回归计划"虽在各地区遭到不同程度的修订，但总体运行良好。西西里地区不仅大幅降低了赤字水平——2010年甚至低于全国平均水平，还优化了本地区的干预制度。而拉齐奥和阿布鲁佐因为迟迟没有按约定采取措施，在2008年被迫实施了专门委员会制度。于是，中央与大区政府在大区医疗赤字问题上的关系，在21世纪初的制度改革后再度尖锐起来。除了"回归计划"，当时的财政部长朱利亚诺·特拉蒙蒂（Giuliano Tremonti）推出的削减医护人员、削减床位以及恢复赤字大区已经豁免的一些处方费等经济措施也加剧了这层关系的紧张程度，遭到了各大区的一致反对，包括"守规矩"的大区和中右翼执政的大区。最终，从2008年到2011年，国家卫生基金上调3%，并为医护人员和医务辅助人员合同展期、专项检查和诊断的处方补贴额外的费用。

这一时期，针对公共卫生服务的标准成本问题展开了广泛的讨论。2009年第42号法律（l. n. 42/2009）规定，标准成本取决于是否能够有效地在质和量上保证在全国范围内统一的必要医疗救助水平。这涉及两个问题：大区如何选择参照标准以及如何计算标准成本。2011年的新法令为国民医疗服务体系的成本和需求标准制定出量化计算的程序：首先，通过中央—大区会议确定服务的量、适当性和效率，并由总理发布国务院令；其次，从健康部（2001年后由卫生部更名而来）优选的五个大区中再选出三个——必须分别来自北部、中部和南部，且包含最优的和规模相对较小的大区——作为参照大区来确定需求和标准成本。

欧债危机后，医疗卫生体系组织管理方面的改革也有了新的进展。蒙蒂政府将地方卫生机构总经理的任命权由大区主席转至大区议会手中，同时改变家庭医生的组织结构。委托大区建立初级卫生保健单位，优先建立地区性综合医院网络，即便在节假日也向公众全天候开放。改变体制内医院职员的职业方式：可在院外行医，但服务活动费用须有上下限规定，且其中的5%用于减少医疗等待时间。关闭血液学地中海基金会研究所等被认为无用的机构，同时加强对推动移民健康的国家卫生机构的支持，并推动从其他基金中"释放"出资金，为生活不能自理人群建立基金。显然，蒙蒂政府的改革中有很多创新，其对意大利医疗卫生体系的影响程度与可持续性仍需继续观察。

三　二十年来改革的影响

历经二十多年的改革后，意大利国民医疗卫生体制主要发生了两大变化：首先，医疗卫生政策不仅受控于健康部，更受制于经济与财政部；其次，大区将在医疗卫生政策中发挥越来越直接且重要的作用——这也加剧了医疗供给的地区性差异。

第一个影响意大利医疗卫生政策变化的关键因素是钱袋子。这些年来，由于超国家层面"公共财政健康化"的影响越来越突出，紧缩财政始终是意大利进行各项福利改革的重要出发点和归宿。这使得控制财源的经济与财政部成为真正影响医疗卫生改革的设计与实施的部门。医疗卫生的财政紧缩主要以其支出占公共支出总量和GDP的比重为考察标准，这在一定程度上也能反映医疗卫生支出与本国经济发展水平相适应的程度。2012年议会的支出审查报告中指出，医疗支出增长幅度大，占公共开支的比重由1990年的32.3%增至2009年的37%①。不过，正如各大区所坚称的那样，意大利医疗支出比其他欧洲主要国家要低20%——2010年曾达到GDP的9%，此后降至8.8%，2014年后又达到9%以上，而除英国外的法国、德国、瑞典等主要国家的支出均在10%之上，甚至超过了11%②。因此，从横向比较的角度来看，意大利在医疗领域的支出水平并不是慷慨且过度的。在紧缩医疗开支的进程中，中央政府在2007年后推出的"回归计划"确实发挥了积极作用，但南方部分大区固有的低效并没有得到解决，南北差距也没有缩小。所以，从改善和统一意大利的医疗服务水平和效率来看，仅有"回归计划"还远远不够。

第二个影响意大利医疗服务体系质量的关键因素是中央与大区之间的责任关系。2000年以来，中央与大区达成了数个协议，大部分用于界定大区的医疗需求以及中央政府与大区政府的财政责任。在中央层面，除了提出基本救助水平的要求外，也加强了国家医疗服务管理署（Agenzia Nazionale per Servizi Sanitari）和药物管理署（Agenzia Italiana del Farmaco）等部门的监管职能，以推动医疗服务的均衡化发展。医疗卫生是中央与地方存在竞争性立法关系的领域，中央与大区在财政支出、服务标准方面的分歧时有发生，这使得共同决策的必要性逐年增大。为此而设立的中央—大区会议已经在二十多年的改革中发展为地区医疗卫生最主要的决策场所，以及大区表达诉求的最重要通道。在二十多年的管理权与财权下放的改革中，大区层面也发展出了具有高度独立性的技术监督机构，以加强本地区医疗卫生服务质量的控制。可以说，大区已经并将继续对意大利的医疗卫生体系改革发挥越来越直接的影响，而这恐怕并不利于缩小地区差异、促进医疗服务的均衡化发展。

---

① 转引自 Franca Maino, *La Politica Sanitaria*, in Mauizio Ferrera (eds.), *Le Politiche Sociali*, Bologna: Il Mulino, 2012, p. 235.

② 数据参见经合组织关于健康支出的在线数据库。

第六节 本章小结

本章主要从欧盟对意大利福利制度再校准改革影响的角度，对意大利自1992年以来各福利项目所进行的调整与改革进行了比较详尽的梳理。

福利国家在黄金时代扩张的前提包括：经济快速增长，工业在国民生产中占据主导，家庭稳定且分工明确——男主外女主内以及人口结构相对平衡。民族国家在福利制度构建的进程中稳稳地居于中心位置。进入20世纪八九十年代后，西欧各国经济、社会与人口结构都发生了巨大改变，福利国家扩张的前提不复存在。经济增长放缓，后工业社会来临，性别分工被重新界定，人口老龄化加剧，移民大量涌入，人们对福利的期望水涨船高，经济全球化和区域一体化，尤其是欧洲一体化的不断深入，严重削弱了成员国在经济社会政策领域的主权。

欧盟对成员国福利制度发挥影响的主要治理工具有法律规制、政策协调、结构基金和限制性条款，每一种工具都对应着一个或多个对社会政策的影响渠道。其中，法律规制中关于创造共同市场的内容、《稳定与增长公约》及其相关修订中的政策协调内容对福利国家产生了显著的适应性压力与改革压力。

对于意大利而言，欧盟最显著的影响和压力主要表现在所谓的"公共财政的健康化"方面，意大利的每一次福利制度改革几乎都要以削减支出为主要目标，而制度结构的变化和参量式调整往往成为实现这一目标的手段。在养老金改革领域，这一特征尤为突出。20世纪90年代以来，公共养老改革通过引入名义账户制、推动补充养老的转型和扩张、提高退休年龄和缴费水平、鼓励延退、收紧提前退休资格等手段，缩减了公共养老金支出，并推动了意大利养老制度由单支柱体系向多支柱体系过渡。意大利的劳动力市场模式形成于20世纪70年代，进入90年代后，在欧盟就业战略的影响下逐步开启了放宽固定期合同限制以及劳动力市场自由化和灵活化的改革。意大利在医疗体制领域进行的改革主要集中在两个方面：下放管理权责，强化地方财政责任。控制财源的财政部门成为真正影响医疗卫生改革政策的设计与落实的部门，同时，由于大区将在医疗卫生政策中发挥越来越直接且重要的作用，意大利医疗供给的地区性差异正在加剧。

当然，欧盟通过《稳定与增长公约》给意大利福利制度再校准进程带来实在且具体的财政紧缩压力的同时，超国家层面开放式协调法等工具在推动制度学习和社会团结观念转变，以及引导意大利社会救助制度走向"现代化"中也起到了积极作用。虽然社会救助的现代化改革最终在财政紧缩与政党政治的束缚下无疾而终，并没能从结构上重塑意大利的社会救助制度，原有的低能低效碎片化、覆盖面窄、无全国统一的最低收入保障、社会服务地域分化严重等问题未得到解决。但源自欧盟的、加强对幼儿以及青年群体投资以增强个人竞争力的理念，已经对意大利社会救助与劳动力市场改革的设计者们有了非常深入的影响。

第四章　政党政治与福利制度的结构二元性

除了前文所述的工业化理论，政党政治也是理解意大利福利资源分配失衡和福利制度的结构二元性不断固化的关键。第二次世界大战后，意大利第一共和时代的极化多党制，以及天主教民主党执政联盟和最大在野党意大利共产党的政治博弈，是导致黄金时代公共养老支出急速扩张、家庭津贴不断边缘化、失业保险发展滞后的重要原因。进入20世纪90年代后，左翼影响力的式微以及主流大党与工会组织对老年群体高度的政治依赖，都深刻制约了意大利推动实现代际公平和群体公平的福利制度结构改革的能力。

第一节　极化多党制与福利制度的结构二元性

在19世纪中叶领导意大利走向统一的萨沃伊王朝并没能消灭或征服地方利益集团，只是不断地通过议会交涉与之达成妥协。由于统治阶层内部存在深刻分歧，加之意大利资本主义发展的虚弱性，意大利的自由党和共和党始终未能发展成强大的资产阶级政党。20世纪20年代前后，在强大的社会主义运动传统的支持下，意大利形成了社会党和共产党两支左翼工人党；在教会的推动下，形成了以笃信天主教的农民群众为主体的人民党，即后来的天主教民主党。1922年法西斯上台之前，意大利的政治生活主要由上述政党把持。法西斯政权垮台后，它们迅速"复活"，重建组织，填补权力真空，并在战争结束后的共和时代顺理成章地成为意大利政治与社会生活的主体。恰如著名哲学家克罗齐所言，"法西斯统治是意大利政治史上的一段'插曲'，当人们移开历史的断壁残垣，意大利政治仿佛又重新回到了前法西斯时代"。①

一　第一共和时代的极化多党制

（一）极化多党制的碎片化与离心力

意大利著名的政治学学者萨托利（G. Sartori），将第一共和时代意大利的政党体制界定为极化多党制（extreme and polarized system）。极化多党制概念中的"极"，主要指意识形态上的"极端"，以及选民群体的固化之意。极化多党制的主要特征是：一国的政党体制中存在多个具备组成联合政府潜力的政党，其中一个或一组政党占据中央，意识形态截然不同且力量强大的反体制在野党以及不负责任的反对党分布在两端；政党竞争具有相互抬价或过度承诺的特征——争相用更大的吸引力和承诺来获得支持；政党体制离心力大于向心力，政权极度不稳定。②

意大利第一共和时代（1948—1994年）活跃在政坛的政党主要有7个，即天主教民主党（DC）、意大利共产党（PCI）、社会党（PSI）、社会民主党（PSDI）、共和党（PRI）、自由党（PLI）和新法西斯党意大利社会运动（MSI）等。各党之间存在巨大的意识形态差异：天主教民主党背后有教会的强大支持，意大利共产党坚持以马克思主义为指导探索社会主义道路，社会党和社会民主党持有社会民主主义意识形态，共和党和自由党的意识形态主要是自由主义。在布隆代尔（J. Blondel）看来，多党制还可以分为"有支配性政党的多党制"和"无支配性政党的多党制"③。第一共和时代的意大利逐步从

---

① Pietro Ignazi, *I Partiti Italiani*, Bologna: Il Mulino, 1997, p. 7.
② ［意］G. 萨托利：《政党与政党体制》，王明进译，商务印书馆2006年版，第184—207页。
③ "有支配性政党的多党制"存在三个以上的政党，其中一个大型党得票40%以上，其余多个党得票为10%—15%；"无支配性政党的多党制"存在三个以上的政党，每个政党得票在10%—15%。转引自景跃进、张小劲《政治学原理》，中国人民大学出版社2016年版，第248页。

"有支配"型向"无支配"型过渡。在萨托利看来，这意味着"离心驱动力超越了向心力"。1948年，天主教民主党得票率接近50%，而此后得票率一直不足40%。1948年的中间政党联盟——天主教民主党、社会民主党、共和党和自由党，总得票率达到了62%，1953年四党联盟得票率降至50%。天主教民主党不得不选择向左翼开放，但依然出现了离心倾向——1963年新中左翼联盟（社会党加入其中）得票率为60%，但到1968年已降至56%。意大利共产党的支持率从1946年的19%增至1972年的27%；新法西斯党意大利社会运动的支持率几乎翻番，从5%增至9%。[①] 这意味着，天主教民主党的（潜在）联合者的要价能力越来越高，而反体制的长期在野党——意大利共产党对天主教民主党的执政地位所构成的威胁也越来越大。这带来的后果和影响是显著的，即政党政治竞争缺乏公平且政局不稳——从1946年到1994年的49年间[②]，意大利共产党一直在野，天主教民主党一直牢牢把持中央政府，但内阁更换了50届。

此外，第二次世界大战后意大利的选举制度和议会制度也强化了本国多党制的极化与碎片化问题。战后获得重生的各主要政党吸取法西斯独裁的历史教训，设计出了限制一党独大的比例制代表选举制，限制中央政府集权的国家权力结构。比例制代表选举制促进了政党的迅猛发展，并使得大党很难取得绝对多数，不得不与小党联盟组阁，小党往往能获得比实际支持率更大的权力，并与其核心选民建立起稳定的联系。意大利共和国宪法创造了一个"对等"两院制，议会强大而政府弱小，且均被政党强力控制。政党能够不断地自我加强，政府常常因小党的不信任票而倒台，从而形成了"强政党而弱政府"的局面。

（二）天主教民主党与意大利左翼的"权力资源"

基于阶级的权力资源而进行的分配斗争以及政党政治，常被科

---

① [意] G. 萨托利：《政党与政党体制》，王明进译，商务印书馆2006年版，第193、194页。

② 1946—1948年，经历了三届联合政府，政府首脑均为来自天主教民主党的德·加斯佩里（De Gasperi）。

尔皮、埃斯平-安德森等用以解释福利国家结构差异背后的政治动因。① 在第一共和时代，天主教民主党与主要左翼力量基于权力资源的博弈，即基于社会基础和政治动员能力的较量，深刻影响了意大利福利制度结构的发展轨迹。冷战爆发后，国际势力范围界限明确，意大利属于西方阵营，乃是美国的势力范围。亲美的天主教民主党虽自认为是被"确定"的永久执政党，但极化多党制下各支小党的"权力资源"也常常损害天主教民主党政治联盟的稳定性。这迫使天主教民主党一方面着力扩展自身的权力资源或群众基础，另一方面极力拉拢社会党，将其纳入政治联盟，必要时甚至与意大利共产党达成所谓的"历史性妥协"。

天主教民主党的阶级基础历来是有争议的，也是多元的。它被称为"国家资产阶级"的党，即代表控制公共开支并从中获利的社会阶层的党；或"天主教徒的党"；或垄断资本的党，即代表菲亚特和皮雷利等垄断集团利益的党；或保守党；或社会民主党；或有广泛群众基础的保守民主党。② 很明显，这些概括清晰地反映出了天主教民主党的不同侧面，以及所拥有的多元化社会基础。作为"永久"的执政党，天主教民主党一方面须保证资本主义的私人积累能够得到发展，另一方面须保证社会的安定有序。因此，作为主要执政党的天主教民主党，在代表大资产阶级利益的同时，还得争取民众的支持，保证在与意大利共产党竞争中的优势，否则就不能维持并巩固本党的执政地位。1953年选举失利后，天主教民主党新任总书记范范尼（Amintore Fanfani）学习意大利共产党，开启"群众党"建设路线，到1955年党员人数骤增至134.1万。其中南方地区的党员人数大大多于北方，如在西西里的巴勒莫，1959年天主教民主党党员人数增至近4万；福贾（Foggia，意大利东南部）的党员人数是佛罗伦萨的

---

① 参见刘军《权力资源理论视野下的瑞典模式——瓦尔特·科尔皮教授访谈录》，载侯建新主编《经济—社会史评论》第5辑，生活·读书·新知三联书店2010年版，第175—183页；[丹麦]哥斯塔·埃斯平-安德森《福利资本主义的三个世界》，苗正民、滕玉英译，商务印书馆2010年版。

② [英]唐纳德·萨松：《当代意大利——1945年以来的政治、经济和社会》，王慧敏、胡康大、周弘译，中国社会科学出版社1988年版，第250—253页。

三倍；科森察（Cosenza，意大利南部城市）一地的党员人数几乎达到了热那亚、都灵和米兰三大城市党员人数之和。此外，天主教民主党在第一共和时代还深深地依赖意大利天主教会的"权力资源"，即教会的社会影响及其盘根错节的组织网络。[1]

虽然社会主义在工人阶级中的传播范围比在任何其他团体中都更广泛，每个政党都有其阶级起源，但意大利的左翼并没有将自身与天主教民主党的差异"化约为阶级差异"[2]。1946年，陶里亚蒂就在艾米利亚—罗马涅地区的一次著名演讲中向中间群体呼吁，指出工人阶级与社会中间阶层并不存在根本利益冲突。艾米利亚—罗马涅虽不是意大利工业和工人阶级的中心，社会结构极度多元化，但它在法西斯统治之前就是意大利共产主义运动的核心地带。在制定共和国宪法时，意大利共产党同意将《拉特兰条约》写入宪法，建议工人和企业主实现社会和解。在1956年意共八大报告中，陶里亚蒂希望"作为资本主义历史性对手的工人阶级"，能够与"包括中小独立农场主在内的广大农民群众、大量从事生产性工作的城市中间阶级"以及"众多的中小工业家"联合起来。[3] 也就是说，意大利共产党不仅要争取产业工人阶级的支持，同时也要向其他社会阶层敞开怀抱。在天主教民主党与意大利共产党博弈之外的空间生存的社会党，是除天主教民主党和意大利共产党之外的第三大党，也是其他小党中的最大党。在1956年之后放弃亲苏路线，同时将自身

---

[1] 据统计，1956年，有69%的意大利成年人每周至少做一次弥撒。教会拥有多个政治文化组织，如负责选举的吉达公民委员会（Comitati Civici di Gedda）、负责教化活动的天主教行动会（Azione Cattolica）以及意大利合作社联合会（Confederazione delle Cooperative Italiane）等。1954年，天主教行动会拥有会员265.6万，大部分位于北部威尼托大区（近24万）、伦巴第大区（近22万）、皮埃蒙特大区（10.4万），南部会员人数最多的西西里仅有近6.4万。合作社联合会在1962年拥有了200万会员，主要在伦巴第、威尼托、撒丁岛和艾米利亚—罗马涅大区，以及南部的西西里。就行业而言，主要分布在农业和建筑业。参见 Paul Ginsborg, *Storia d'Italia Dal Dopo Guerra a Oggi*, Torino: Einaudi Editore, 2006, p. 225 – 229.

[2] Pietro Ingrao, "Democrazia Socialista e Democrazia Interna di Partito", *Rinascita*, No. 17, 25 Aprlie 1964, in *Masse e potere*, Roma: Editori Riuniti, 1964, p. 183.

[3] P. Togliatti, "Rapporto all'VIII Congresso del Partito Comunista Itliano", in *Opere*, Vol. 6: 1956 – 1964, Roma: Editori Riuniti, 1984, p. 212.

的阶级基础由传统工人阶级转向公共部门雇员、小企业主、专业人员以及其他城市集团等中间阶层。社会党在第一共和时代的总体表现，更像一个利用大党矛盾左右逢源中间党，而非一般意义上的左翼党。

各主要政党还都拥有重要的工会力量的支持。1944年，天主教民主党、意大利共产党和社会党签署"罗马公约"，组建了意大利总工会。因此，在成立初期，总工会与三个政党保持联系，且领导成员与三大党的领袖是重叠的，党派政治对工会政治产生了直接影响。1947年，意大利联合政府分裂后，总工会相继分裂出两大工会——社会民主党支持者组建了"意大利劳工联盟"（UIL），天主教民主党集团组建了"意大利劳动人民工会联合会"（CISL）。意大利共产党领导下的总工会会员主要是机械工程部门的产业工人，"劳动人民工会联合会"和"劳工联盟"的会员自20世纪70年代后开始吸引第三产业部门劳动者。直到20世纪60年代中期之前，工会只有通过政党才能获得政治地位，才能动员普通会员。随着国家权力的分散化，工会开始谋求与政党保持一定距离，尽可能深入国家各级不同机构，尽可能"在社会和政治生活中确立其'存在'"[①]。但是在第一共和时代，工会无论如何都没能真正独立于政党而发挥作用。

由此可见，作为执政党的天主教民主党及其联盟的权力资源是丰富的，但其内部的异质性却也是非常显著的。天主教民主党既有本国垄断资产阶级的支持，又借助教会获得了南方大部分农民，东北部大部分工人、自雇者的支持，社会民主党、共和党、自由党等代表的是既不喜欢天主教民主党但也不同情意大利共产党的部分城市中间阶层。这就注定了作为主要执政力量的天主教民主党不得不"努力把利益分给所有人"，而其所主导下的福利国家扩张被社会党人朱利亚诺·阿玛托（G. Amato）斥为建立在"政党分赃"基础上的制度。[②]意大利共产党的权力资源主要源自全国的雇佣劳动者阶层，而非限于

---

① [英]唐纳德·萨松：《当代意大利——1945年以来的政治、经济和社会》，王慧敏、胡康大、周弘译，中国社会科学出版社1988年版，第146页。

② 同上书，第257页。

产业工人阶级①。从地域上来看，意大利共产党的票仓主要集中在意大利中部——艾米利亚—罗马涅、托斯卡纳和翁布里亚三个大区，而非北方工业区②。意大利共产党的权力资源异质化程度相对低于天主教民主党，其作为最大的"永久"在野党的政治动员能力也深刻影响了福利国家的走向。

二 政党政治对福利制度二元结构的塑造

如果按照 T. H. 马歇尔（T. H. Marshall）所谓的公民身份（citizenship）理论来衡量意大利民族福利国家的发展的话，意大利福利国家所体现的社会权（social rights）是不充分的。第二次世界大战后，意大利养老制度日趋完善，但失业救助、社会服务和家庭津贴等与社会权联系更为紧密的社保项目却"漏洞百出"。意大利福利制度二元结构的雏形虽最早出现于法西斯时期，但在第一共和时代并不乏适宜的矫正时机。然而，在意大利福利制度扩张的黄金时期，极化多党制下的利益碎片化以及主要政党之间的政治竞争完全固化甚至恶化了其结构二元性问题。

（一）边缘化的家庭津贴

第二次世界大战后，意大利家庭津贴的支出一度非常庞大，甚至超过了养老金的支出，这与家庭津贴非常含混不清的性质有关——具备就业关联型社会保险的性质，同时还是一种工资补贴，在南部地区还起到失业津贴的作用。但为何在意大利福利国家的扩张期，这样一个复合型的家庭津贴不仅没有发展成具有普救主义模式的津贴制度，反而在覆盖面和额度上都大幅萎缩了呢？在诸多探讨意大利家庭津贴

---

① 产业工人阶级（包含建筑工人）在 1951 年占总人口的 22.9%，1971 年增至 33%。参见［英］唐纳德·萨松《当代意大利——1945 年以来的政治、经济和社会》，王慧敏、胡康大、周弘译，中国社会科学出版社 1988 年版，第 106 页。

② 事实上，由于宗教和亚文化等因素的影响，意大利共产党在北部工业区的得票率常常低于全国水平。如 1976 年意大利共产党在全国获得 31.7% 的选票，而在工人最密集的 10 个地区得到 27%；1979 年和 1980 年这两组数据分别 26.8% 和 22.9%、25.4% 和 22.3%。参见［意］萨尔沃·莱奥纳尔迪《论阶级投票的趋势——以意大利的情况为例》，刘光毅、黄河译，《国外理论动态》2012 年第 3 期，第 41—49 页。

边缘化原因的观点中，至少有两点值得我们关注，即财政资源不足和受益者分散。意大利不具备将家庭津贴进行普救主义改造的充分的财政资源，这与其税费体系不完备及存在大量漏缴行为有关。受益者利益分散意味着尚未加入家庭津贴制度的劳动者组织分散，没能对工会和政党施加足够压力；而已经享受到家庭津贴的群体，因为同时还享有其他保障，所以对国家所采取的相关紧缩政策采取了"视而不见"的态度。

早在1948年，意大利政府就专门成立了一个社会保障改革委员会，即第二章提到的达拉高纳委员会。该委员会明确指出，家庭津贴应该被视为一种针对有固定薪资收入的人群而发放的收入补贴，而非针对贫困问题设立的津贴。虽然未来可将自雇者也纳入其中，实现全面覆盖，但需克服税收上的障碍。

不过，各主要政党和工会对建立全面覆盖的家庭津贴制度态度不一，分歧很大。天主教民主党并没有任何兴趣扩展家庭津贴的覆盖范围，因为它的核心选民群体要么已经享受到了相当慷慨的家庭津贴，要么就是认为不加入该制度比加入更有利。首先，天主教民主党为赢得公共部门雇员的"忠诚"，早在1952年就为他们单独设立了一个家庭津贴计划；其次，农场工人和小农场主在1967年也被纳入其中。自雇者①是天主教民主党最后一个关键的选民群体，一直未加入家庭津贴计划，但天主教民主党给他们的"好处"远远多于家庭津贴。战后初期，自雇者是不用纳税的，为公平起见，自雇者也就没有资格享受任何财政支出的津贴。如果要将自雇者纳入一种普救式的家庭津贴制度中，那么就要针对自雇者的收入制定相应的税收制度，且关键是要严加执行。而当时，无论是在公众眼中还是政策专家看来，意大利的自雇者群体从来就不是有效的税费来源，因此不应该被纳入家庭津贴制度中。自雇群体被挡在了家庭津贴制度的门外，但换来了天主

---

① 自雇者在意大利劳动力市场中占比很大，直到1977年依然高达28.63%，80年代甚至高达30%，截至2015年依然有24%。参见经合组织在线数据库（https://data.oecd.org/emp/self-employment-rate.htm），最后登录日期为2017年2月20日。

教民主党对他们逃税行为的"睁一只眼闭一只眼",[①] 以及比各种家庭津贴更有利的保护政策,如在与大零售商的竞争时为他们建立有利的保护壁垒。

20世纪60年代早期,天主教民主党向"左翼开放",社会党加入执政联盟,但这并没能改变天主教民主党在社会保障领域的庇护主义策略。自1963年起,家庭津贴逐步覆盖了左翼的传统支持者如失业工人、家庭工(多数为女性计件工人)等,兼职农场工人,小农场主(1967年),以及退休人员和伤残津贴领取者(1974年)。20世纪60年代,小农场主所形成的游说集团对天主教民主党产生了非常大的影响;而退休人员在20世纪70年代的骤然增多,也让天主教民主党和社会党不得不以实际行动"示好"。然而,这些新增群体的津贴支出并非源自雇主,而是源于国家的财政支出。于是,这就产生了一个非常具有讽刺意味的现象,原本应该用于负担青少年和幼儿生活教育成本的家庭津贴,在意大利强化其"工资补贴"特性的同时,还表现出了"老年导向性"——在1974年的扩张后,退休者占到了所有领取家庭津贴人群的55%。[②] 不仅如此,1963年到1974年的十年间是家庭津贴走向萎缩的转折期——工会在工资斗争中取得了胜利[③],于是同意了企业家联合会降低家庭津贴缴费的要求;工会在对政府将家庭津贴基金的结余用于失业和公共住房等要求妥协时,换来了养老金的上调(1969年最终改为收益确定型)。

[①] 在战后黄金时代,就税收水平而言,意大利在西欧国家中是最低的。从1960年到1975年,意大利总税收占国内生产总值的比重一直在16%—17%,西欧其他国家均在20%以上,瑞典、英国甚至一度达到了30%。低税收水平一方面与意大利低税率有关,另一方面也与该国泛滥的偷税漏税行为密不可分。无论如何,有限的总税收的确限制了政府的垂直再分配能力,也为此后的公共债务问题埋下了隐患。数据参见 Flora et al., *State, Economy and Society in Western Europe 1815-1975*, Vol. 1, p. 262. 转引自[英]唐纳德·萨松《欧洲社会主义百年史》,姜辉、于海青、庞晓明译,社会科学文献出版社2008年版,第328页。

[②] Giovanni Sgritta and Anna Zanatta, "La Politica Familiare in Italia: Crisi Economica, Immobilismo Politico e Ideologie", *Tutela*, Vol. 8, No. 4, 1993, pp. 5-18.

[③] 1954年到1961年,工资平均增长率为4.4%左右,1962年猛增至10.7%,1963年升为14.7%。参见[英]唐纳德·萨松《当代意大利——1945年以来的政治、经济和社会》,王慧敏、胡康大、周弘译,中国社会科学出版社1988年版,第60页。

以天主教民主党和社会党为首的中左翼联盟政府，因对家庭津贴的滥用和违规挪用——将家庭津贴"用于一堆庇护政策，资助那些根本不需要救助的人"[1] 而招致了强烈的批评。所有的政策制定者都意识到了进行根本性改革的必要，因为，在黄金时代，所有政党几乎都把推动就业作为减贫的最主要手段。1982年，沙尔佩隆（G. Sarpellon）在一份针对意大利贫困问题的研究报告中指出，失业和低质量就业确实是意大利贫困之源，但他特别提醒当政者注意那些生活在南部的成员众多的大家庭，而不要过度高估北部"贫困老人"的规模。1983年，三大政党领导下的工会与政府和企业界达成协议，建立一种新的需家计调查的补充家庭津贴，作为对再次降低工资上涨指数的补偿，经费源于国家一般税收。自此，家庭津贴在意大利终于具有了其在其他西欧国家的性质，不再仅仅是工薪阶层进行横向收入分配的手段，也成为一种垂直分配的减贫手段。但是，在20世纪80年代紧缩公共开支的改革中，政府再次向家庭津贴"开刀"，以新的"核心家庭成员津贴"取代之前的家庭津贴，经费依然源于雇主缴费，但津贴的额度取决于家庭规模和收入，且需要家计调查，具有领取资格的人群比之前缩小了。同时，家庭津贴的"老年导向性"更为明显——那些没有成员在正规劳动力市场里就业的家庭，即便是处于贫困状态，也没有资格领取家庭津贴；但孤寡老人却有资格申请核心家庭成员津贴，即使与后辈同住，家庭津贴也直接发放给其本人。

因此，从20世纪60年代到80年代，意大利家庭津贴的边缘化与意大利各主要政党以及三大工会的充分就业目标有很大关系，即都认为实现充分就业而非家庭津贴才是对年轻家庭的有效减贫手段。尽管天主教民主党与左翼政党在此期间竞相扩大家庭津贴的覆盖面，但同时也不断地压缩其实际价值，并转而将财政转移支付用于话语权和游说力愈来愈大的老年群体，进而恶化了本国福利制度的结构二元性问题。

---

[1] Ermanno Gorrieri, *La Giungla dei Bilanci Familiari*, Bologna：Il Mulino, 1979, p. 131.

(二) 碎片化的公共养老制度

意大利第一共和时代公共养老制度的设计者和建构者们，给后世留下了一个结构失衡、碎片化且支出庞大、改革起来困难重重的体系。所谓结构失衡，是指公共部门和私营部门的准入条件和受益水平存在失衡，以及正规劳动力市场内部与外部劳动者的公共养老金水平存在显著失衡。意大利政府在20世纪50年代后设计养老制度时，没有对法西斯时期留下的碎片化制度进行改革，反而变本加厉地为不同行业群体设立更加细碎的养老项目。在追寻其背后的政治动因时，极化多党制下的党争显然就是祸首。但必须指出的是，即便是20世纪70年代的"历史性妥协"[①]期间，意大利养老金体系的主要设计者仍是天主教民主党及其政治盟友们，最大在野党——意大利共产党的相关话语权相当有限。

极化多党竞争之下，天主教民主党及其主要盟友社会党，常常对自身的核心选民采取庇护主义策略，而意大利养老金的结构性失衡与碎片化就是这种策略的副产品之一。1948年，达拉高纳委员会指出，意大利要建立全面覆盖的国民基础养老金制度的最大难点在于无法恰当地评估和收取自雇者的养老金税捐，因此，建议继续沿用法西斯时期的就业关联型养老制度。[②] 自20世纪50年代起，工会组织和意大利共产党就呼吁建立起国民基础养老金体系，但又担心工人阶级将为此承担更多的税费，因此不断地向天主教民主党施压改革税收制度，尤其对自雇者的税费体系进行改革——这才是建立国民基础养老体系的前提。1964年，在工会和意大利共产党的压力下，天主教民主党政府同意为65岁以上老人建立专门的养老救助项

[①] 1976—1979年是第一共和时代著名的"历史性妥协"时期，即第二次团结政府时期，意大利共产党没有入阁，但是表示了对天主教民主党的支持。此举为意大利共产党80年代的衰落埋下了祸根。

[②] 达拉高纳委员会提出的具体方案如下：根据意大利的实际情况，应建立一个将公共、私营和自雇者都纳入其中的统一养老金项目，可由遗属继续领取，替代率为最后一年月薪的50%—60%；要设定最低限额和最高限额，养老金额度独立于缴费时长。雇员退休年龄为55岁（女）或60岁（男），自雇者为60岁（女性）或65岁（男性），都要设定最低缴费年限。参见 Matteo Jessoula, *La Politica Pensionistca*, Bologna: Il Mulino, 2009, p. 109.

目,即社会团结性质的社会养老金。在真正落实的时候,工会和企业家联合会发现,政府竟然挪用了当时有盈余的意大利职工退休金基金会的基金去填补社会养老金支出的不足部分,因为天主教民主党根本不会为了贫困老人的基本养老保障去推动税收体制改革。这使得意大利社会养老金水平要比其他西欧国家低很多,1969 年的社会养老金额度仅为当年全国平均工资的 9.4%,1973 年后纳入指数化体系,但到 1980 年才达到全国平均工资的 14.4%。[1] 这根本无法保证贫困老人"有尊严地"生活。而从正规劳动力市场退休的老年群体可以享受的养老金替代率达到 80% 甚至 100%。不仅如此,天主教民主党政府还"纵容"企业逃避社保税款。[2] 1978 年,工会曾建议将逃避社会税款界定为犯罪,但被天主教民主党政府严厉驳回。据国家社保局 1980 年针对 1 万多家企业的调查表明,约 42% 的员工都有被雇主漏缴社保的情况——劳动监察部门或社保局的监管部门的个别工作人员甚至还曾为此提供便利。[3]

20 世纪五六十年代,天主教民主党联盟继续以就业和行业为基础,推动老年养老金覆盖范围的扩张,而工会和意大利共产党的力量仍然比较弱小,不足以推动纲领性的变革,这使得公共养老制度的碎片化问题越发突出。1957 年、1959 年和 1966 年,意大利分别为其重要选民——"自耕农、分益佃农和佃农""手工艺人"和"小商人"建立了单独的养老金管理项目,同时,律师、记者、建筑师等也各自有了单独运行的养老金项目。到 20 世纪 70 年代末,以职业区分的养老金项目多达 120 种,每一种都经过特别设计,并有其特殊的准则、筹资方式和给付结构。[4] 其中天主教民主党重要社会基础——农民、手工艺人和小商人的养老金项目一直在赤字状态下运

---

[1] Maurizio Ferrara, *Il Welfare State in Italia: Sviluppo e Crisi in Prospettiva Comparata*, Bologna: Il Mulino, 1984, p. 415.

[2] "历史性妥协"时期,意大利共产党曾着力推动税制改革,但天主教民主党不愿得罪庞大的群体,最终使改革落空。

[3] Gloria Regonini, *Il Sistema Pensionistico: Risorse e Vincoli*, in U. Ascoli (eds.), *Welfare State All'Italiana*, Roma: La Terza, 1984, p. 160.

[4] D. Fausto, *Il Sistema Italiano di Sicurezza Sociale*, Bologna: Il Mulino, 1978.

行，需要国家补贴。究其原因：一方面，这些群体中常有逃避缴费的行为发生；另一方面，国家对他们的缴费费率和年限要求都很低——只要缴费满15年，就可直接享受1952年设立的"最低养老津贴"，津贴额度达到了全国平均工资的25%左右。① 但公共部门和准公共组织就业的人员才是天主教民主党和社会党养老金立法提案的最重要的庇护对象。虽然公共部门雇员享受的特权可以追溯至法西斯时代，不过战后天主教民主党政府提供的待遇有过之而无不及，不仅仅可享受替代率高达100%的老年养老金，还可以选择享受慷慨的年资养老金——缴费仅需20年即可领取全额养老金（女性若育有子女则15年即可）。

到20世纪60年代中后期，随着工人阶级的壮大、工会力量增强，意大利共产党的话语权也有所提升。1965年，在工会和左翼党的努力下，私营部门雇员和自雇者被纳入年资养老金体系，但条件是缴费要满35年。到20世纪60年代末，虽然意大利共产党和工会在养老金立法中的影响力大大增强，但它们却不再推动国民基础养老金制度的建立。意大利共产党担心天主教民主党和社会党最终将左翼的选民也纳入其庇护主义的轨迹，就像此前在农业工人中所发生的那样。于是，意大利共产党改变了斗争目标，采取了以公共部门雇员为标准，提高自身选民群体公共养老金水平的策略。1969年的改革是意大利公共养老制度的重大转折点，主要政党将公共养老金收益计算方式改为收益确定型——可谓皆大欢喜，但是"从政治上而言，改革的最新颖之处在于，意大利共产党和工会也被纳入了分赃制"②。自此，但凡天主教民主党和社会党选民得到的好处，意大利共产党也要"当仁不让"地为其选民争取到。可以说，20世纪70年代之后，意大利共产党也要为本国养老金支出的急剧扩张和不平衡发展承担一定的责任。

---

① Julia Lynch, *Age in the Welfare State, the Origins of Social Spending on Pensioners, Workers and Children*, Cambridge, New York: Cambridge University Press, 2006, p. 147.

② Maurizio Ferrera, *Modelli di Solidarietà: Politica e Riforme Sociali Nelle Democrazie*, Bologna: Il Mulino, 1993, p. 267.

(三) 畸形的失业救助制度

第一共和时代意大利失业救助的结构二元性非常突出——常规失业保险替代率很低、覆盖面窄，很多青年失业者得不到任何保障——初次寻找工作者和长期失业者均无收入支持，老年失业者保障充分。直到福利国家扩张末期的 1975 年，意大利的常规失业保险也仅覆盖了 51% 的劳动人口，而法国、英国、德国则分别达到了 61%、80% 和 93%。[1] 正如政党政治对家庭津贴的影响一样，意大利的政党政治也对失业救助的发展轨迹产生了深刻影响。

首先，政党政治限制了失业保险在意大利福利国家黄金时代的全面普及。在探寻常规失业保险发展不足的原因时，很多分析都指向了意大利的短期失业津贴制度，即停业收入补贴制度。一般停业收入补贴和特殊停业收入补贴提供了更为慷慨的救助，而且 1968 年设立的特殊停业收入补贴的经费几乎完全源于国家一般税收，并未增加企业的负担，这也正是工会、企业和主要政党所乐见的。但是，停业收入补贴仅仅覆盖了一部分短期失业者，而且企业家联合会一直反对滥用一般停业补贴，更反对提高失业保险的替代率，因为在意大利的出口导向型发展战略下，要始终通过维持高失业率、保证大量"过剩"劳动力的存在来控制劳动力成本。由于意大利的失业率在西欧国家中一直较高，即便在经济奇迹年代也从未实现过真正的充分就业，因而意大利共产党与工会的斗争焦点都是创造就业、提高工资、维护已就业产业工人的利益、加强正规劳动力市场保护，而非提高失业保险的替代率。此外，意大利共产党推动失业收入维持项目发展的纲领具有显著的就业关联特征。如在 20 世纪 60 年代中期，意大利共产党的"传送带"意大利总工会曾意图通过政治动员对政府施压，而为农业工人争取到工业工人已经享受到的失业救助。天主教民主党政府并没有意图通过调整一般税收和缴费的范围来扩大失业津贴的覆盖面——这会触及其重要选民自雇者群体的利益，但也不愿意得罪农业工人，

---

[1] Axel Mittelstädt (eds.), "Unemployment Benefits and Related Payments in Seven Major Countries", OECD *Economic Outlook Occasional Studies*, July 1975, p. 5.

更不愿意损害农场主的利益。最终，在意大利共产党的压力下，天主教民主党与社会党妥协——并非为农业工人建立真正的失业保险，而是从产业工人本就微不足道的失业保险中分出了"一杯羹"。这几乎与家庭津贴的改革如出一辙——其扩展路径始终以就业为中心，受益者覆盖范围虽然有所扩大，但是受益水平却被拉低了。

其次，主要政党都不主张为初次求职的青年和长期失业者建立收入维持项目。意大利的青年就业问题和长期失业问题的严重性是有目共睹的，意大利的主要政党始终没能为他们设计出相应的收入支持计划。天主教民主党对青年和长期失业者收入支持问题的基本态度是坚持辅助性原则，由家庭提供支持——当然，这一态度本身表面上看是对意大利社会的传统家庭观的坚守，其背后却有更为关键的财政资源，即税收问题。在将包袱卸给家庭的同时，意大利还对个体采取庇护主义策略——或吸收入公共部门就业，或发放特殊现金津贴。天主教民主党的手段对极少数个体而言是有效的，但明显缺乏战略性地解决青年失业问题的诚意。作为反建制派的意大利共产党及总工会明确表态："核心的问题是工作，是就业，不是救助。"[①] 显然，左翼对政府的庇护主义手段非常反感。意大利共产党一方面主张推行积极的劳动力市场政策，如在"历史性妥协"时期，推出了吸纳青年就业的企业可获得津贴补助或税费减免等政策，但意大利企业的配合度很低，1977年，官方登记的65万青年失业者中仅6000人获得了工作[②]；另一方面组织了大规模的失业者抗议活动，拒绝天主教民主党政府的"小恩小惠"，如20世纪70年代初期那不勒斯的"拒绝救助主义"的抗议。由此可见，在意大利共产党看来，牢牢控制了国家机器的天主教民主党不会放过任何为个人提供"小恩小惠"以赢得更多"民心"的机会，而左翼只能以扩大"就业"之不变应天主教民主党庇护手段之万变，宁愿选择效果甚微的积极的劳动力市场政策，也不去推动失业津贴制度的完善，即为初次求职者和长期失业者建立

---

① Salvatore Bonadonna（eds.），*Sindacato e Questione Giovanile*，Bari：Didonato，1977，p. 223.

② Elisabetta Gualmini，*La Politica del Lavoro*，Bologna：Il Mulino，1998，p. 129.

收入维持项目。

第二节　第二共和时代[①]政党政治对福利制度改革的影响

考察20世纪90年代以来政党政治对意大利福利制度改革的影响，不能忽视两大重要历史事件，即冷战结束和《马斯特里赫特条约》的签署。冷战结束，尤其是苏联解体、东欧剧变，深刻影响了意大利国内政党政治的走向；《马斯特里赫特条约》中提出的双重公共财政标准，迫使意大利走上了紧缩开支的福利改革之路。

在苏联解体、东欧剧变的历史背景下，意大利共产党陷入分裂，主要力量于1991年明确放弃了共产主义旗帜，更名为左翼民主党，后演变为现在的民主党。而因意大利共产党的存在才得以不断强化其执政合法性的天主教民主党似乎也失去了继续存在的意义，就在意大利共产党更名易帜的第二年，第一共和时代权倾一时的天主教民主党、社会党等在1992年"贿赂丑闻"（Tangentopoli）所引发的肃贪反腐运动，即著名的"净手运动"（Mani Pulite）中土崩瓦解。在旧的政党体系瓦解，新体系尚未形成的过渡期（1992—1994年），意大利将选举制度改为单选区比例并立制。单选区制意味着选民可直接给候选人投票，弱化候选人对政党的依赖；就席位分配的比例而言，新选举法规定参、众两院75%的席位通过多数制分配，余下25%的席位则通过比例制分配。[②] 这将迫使小党与大党结盟参加议会选举，在理论上有利于整合意大利政党政治的碎片化，促使其向两翼化发展。但小党的讨价还价能力依然较强，于是，新生的大党一方面要构建并夯实自身的社会基础，注重与工会、企业家联合会、各类行业协会的

[①] 在意大利学界，对第二共和时代的说法存在争议。反对者认为，意大利并没有修改宪法，而仅仅是修改了并不构成宪法内容的选举法。但是更多的人认为，旧党体系的瓦解本身就标志着一个旧时代的结束和新时代的开始。

[②] 2005年，意大利再度改革选举法，更改参与议会席位分配的得票门槛，且选民只能投票给政党。2005年的改革更有利于大党。

联系，另一方面还要加强与小党的联盟合作。因此，第二共和时代的新生大党不再拥有第一共和时代政党所具备的在福利扩张中的主导地位，或者说因为工会的相对独立，以及企业家联合会在经济形势欠佳时的优势地位，新生大党只能更多地去协调利益冲突以达到紧缩性改革的目的，当利益协调失败时，只能组建可以"超越"党争的技术内阁来推动改革。

一 第二共和时代多党政治的特点

（一）政党分裂重组不断，两翼化格局存在不确定性

1994年的议会选举中，意大利的新生政治力量粉墨登场，贝卢斯科尼领导的意大利力量党（Forza Italia）一鸣惊人，成立仅几个月便一跃成为政坛第一大党。[①] 不过，意大利力量党和中左翼民主党始终没能成长为具有支配性力量的大党。第二共和时代的政党更名、分裂和重组非常频繁，政治联盟的组建与破裂如同家常便饭。尽管如此，直到2013年之前，中左翼和中右翼对立的两翼化政治格局还算比较明朗。

中右翼阵营在2009年之前主要由贝卢斯科尼领导的意大利力量党、北方联盟（Lega Nord）和民族联盟（Lega Nazionale）组成；到2018年，经历几次合并与分裂重组后[②]，裂变为意大利力量党、联盟（前身为北方联盟）、兄弟党（新法西斯党）等。其中，力量党是近二十年来在意大利影响最大的中右翼党。在1994年旧政党体系崩溃后的第一次选举中，由意大利企业家贝卢斯科尼创建了仅3个月的意大利力量党成为政坛黑马，以21%的支持率一跃成为第一大党。意大利力量党的主要成员来自第一共和时代的天主教民主党、自由党和社会党，意识形态纷繁复杂，包括保守的自由主义、天主教的民主主

---

① 第一共和时代天主教民主党的盟友没有一个再出现在两院中，只有天主教民主党的部分坚守者更名为法西斯之前自由主义时期的"人民党"，获得了11.1%的支持率。

② 2009年，意大利力量党与民族联盟合并组成自由人民党（Popolo della Libertà）。2013年，自由人民党分裂为意大利力量党和新中右翼党；民族联盟的原党首菲尼并没有选择恢复民族联盟，而是加入了以原技术内阁总理蒙蒂为首的中间联盟。

义等。贝卢斯科尼宣称，创建意大利力量党的目的是为了防止前共产党人在选举中取得胜利。从选举结果看，意大利力量党确实在一定程度上达到了这一目的，短期内就迅速填补了天主教民主党及其盟友解散后所留下的政治真空，成为本国政坛最显赫的右翼力量。但是，意大利力量党始终没能达到甚至突破天主教民主党在第一共和时期曾拥有的几近支配性的地位——以其战绩最佳的2008年为例，中右翼联盟获得了46.31%支持率，其中意大利力量党为37.38%，并未突破40%；而到2013年，中右翼联盟仅获得了29.11%的支持率，其中2009年由意大利力量党和民族联盟合并而成的自由人民党仅获得了21.56%的支持率。2013年选举失利后，整个中右翼都陷入了分裂重组的阶段——自由人民党分裂为意大利力量党和新中右翼党，原民族联盟部分成员加入了以原技术内阁总理蒙蒂为首的中间联盟。总体而言，从意识形态主张、社会基础来看，中右翼阵营的同质化程度较高，从而形成了比较稳固的执政联盟，一度创造历史地完成了整个任期（2001—2006年）。不过，如果从福利制度现代化改革的角度来看，中右翼政府远不如中左翼政府的作用那么积极。

中左翼阵营碎片化程度更高，主要政党变化较大。1991年，从意大利共产党分离出来的主体部分成立了左翼民主党（Partito Democratico della Sinistra，1991—1998年），成为意大利中左翼的中流砥柱。1998年，重组为左翼民主人士党（Democratici di Sinistra），2007年与其他中间小党合并，成立了民主党（Partito Democratico）。当前，民主党的主流意识形态仍是比较含混的，自称坚持共和国宪法和抵抗运动所蕴含的价值观，坚持社会民主主义、社会自由主义（social liberalism）。民主党25年来的发展路线和纲领政策都是在不断地向中间靠拢，因此，无论是民主党本身，还是意大利国内的其他左翼党，都不认为民主党是意大利共产党的后继党，它已经完全没有了意大利共产党的基因。在左翼政治领域，真正承袭了意大利左翼传统的是意大利重建共产党（Partito della Rifondazione Comunista），在2008年之前，它一直是民主党的重要政治盟友。2008年之前，民主党所组建的政治联盟的碎片化程度要比中右翼高得多，如2006年选举中，共有13

个大大小小的政党——除两支共产党和绿党外，还有价值党、两支退休者党、社会主义者党等——加入了中左翼的选举阵营。高度碎片化的联盟大大限制了中左翼政府进行改革的决心与能力。

就在人们津津乐道意大利政治两翼化格局初步形成、政府实现左右轮坐时，2013年的全国议会选举中突然杀出了一匹黑马——意大利五星运动党，一举超越中右翼联盟，成为仅次于中左翼联盟的第二大政治力量。① 五星运动党的兴起不仅削弱了中右翼和激进左翼的政治影响力，也改变了中左翼与中右翼近二十年分庭抗礼的格局，甚至迫使民主党与中右翼力量组建联合政府。

(二) 中左翼与中右翼的"权力资源"

意大利主流大党进行的政治动员很少还以阶级和意识形态为基础，中左翼和中右翼的选民都是跨阶级的，内部结构也非常相似。中右翼阵营的支持者有垄断（金融）资本家、中小企业主、部分自雇者、部分雇佣劳动者、退休者以及家庭主妇；中左翼阵营的支持者中也有垄断资本家、企业主、自雇者、工薪阶层、退休人员等。不过，中左翼在20世纪90年代与工会的关系更为密切，中右翼则一直与企业家联合会关系紧密。就地域分布而言，中右翼的票仓主要在东北部，中左翼的支持者在意大利中北部最为集中。

1994年之后，意大利政党政治的另一大特征就是选民流动性增强，忠诚度下降。第二共和时代的政党很难维持第一共和时代天主教民主党和意大利共产党所获得的几乎固化的选民群体的支持。例如，无论是中左翼还是中右翼阵营中，都有摇摆党和摇摆选民——如退休者党在2006年加入了普罗迪的中左翼阵营，2013年则加入了贝卢斯科尼的中右翼阵营。意大利《自由日报》在2014年欧洲议会选举后，通过与2013年议会选举的结果对比，对各党的选民流失情况进行了调查。调查发现，59%的五星运动党支持者坚持了2013年的选择；而自由人民党支持者中有59%在欧洲议会选举中支持了分裂出去的

---

① 2018年3月初的议会选举中，五星运动党已经成为意大利第一大党，民主党退居次席，两党在参、众两院的支持率之差超过了10%。

意大利力量党，8%支持了新中右翼党，7%投给了民主党；54%的民主党支持者坚持了前一年的选择。① 就年龄分布而言，中右翼选民老龄化明显，在65岁及以上的选民群体中获得了27%的支持率，55—64岁的支持率为19%，在18—29岁和30—44岁的群体中，仅分别获得了12%和14%的支持率；但民主党在各年龄段的支持率相对均衡，都在30%以上，其中65岁及以上选民支持率高达37%。② 显然，老年群体构成了中左翼和中右翼主要大党共同的且影响力很大的"权力资源"，这深刻影响了1994年以来意大利历届政府在养老金领域的改革取向。

事实上，在中左翼与中右翼之外，还有大量未得到代表的选民群体，他们于2013年在"沉默中爆发"，将改变现状的希望寄托在了新兴的五星运动党身上。意大利《共和国报》对五星运动党选民的调查显示，该党9%的支持者属于中间派，22%来自中右翼阵营，30%来自中左翼阵营（其中12%来自激进左翼），39%否认自己曾属于任何阵营。此外，五星运动党的选民中约有77%的人——以失业者和青年居多——声称常常处于贫困状态，收入几乎都撑不到月底；约63%的人对欧盟的财政契约不满。但他们大都否认自己是疑欧主义者，仅仅是反对紧缩和财政契约罢了。③ 五星运动党声称自身不是政党而仅仅是一种运动，既不属于左翼也不属于右翼。从2013年选举的具体统计数据来看，五星运动党的"权力资源"，即选民整体呈年轻化，在18—19岁群体中的支持率为39%，30—44岁的支持率为30%，45—54岁的支持率为31%，65岁及以上老年群体支持率最低，仅为14%④。2018

---

① 参见《自由日报》新闻报道 *Sondaggio Pagnoncelli*：*ecco chi vota per Forza Italia e Ncd*，http：//www. liberoquotidiano. it/news/politica/11601280/Sondaggio-Pagnoncelli--ecco-chi-vota. html，最后登录日期为2017年2月26日。

② Matteo Margheri，*Pd*，*M5S*，*Forza Italia*：*Tracciamo I profili Dell'elettore*，http：//www. lenius. it/pd-m5s-forza-italia-tracciamo-profili-dellelettore/，最后登录日期为2017年2月22日。

③ Alessandro Gilioli，*Chi sono gli elettori del Movimento 5 Stelle e di Beppe Grillo*，http：//espresso. repubblica. it/palazzo/2014/01/30/news/chi-sono-gli-elettori-del-movimento – 5 – stelle – 1. 150530？refresh_ ce，最后登录日期为2017年1月18日。

④ Matteo Margheri，*Pd*，*M5S*，*Forza Italia*：*Tracciamo I profili Dell'elettore*，http：//www. lenius. it/pd-m5s-forza-italia-tracciamo-profili-dellelettore/，最后登录日期为2017年2月22日。

年3月议会选举中，五星运动党已经一跃成为意大利第一大党，其选民基础的广泛性可与第一共和时代的天民党比肩。在此背景下，五星运动党开始抛弃不合作政策，谋求与其他政党联合组阁，并意图推动对抗个人和家庭贫困的"公民收入计划"项目的实施。但当前，意大利政治经济形势异常复杂，且面临欧盟财政纪律的约束，未来结果难以预料。

二　两翼化格局中失衡的改革

（一）社会救助改革——被阻滞的现代化

自20世纪90年代以来，意大利的精英阶层从未像关注养老金与劳动力市场改革那般关注社会救助的改革。更具体地说，社会救助项目缺乏实施改革所必需的政治支持和财政资源——无论是来自左翼的还是右翼的。当然，总体而言，意大利中左翼对社会救助领域进行改革的诚意远在中右翼之上。历届中左翼政府更多地倾向于实施结构性改革，而中右翼政府更愿意采取甚至都称不上参数改革的措施，如减税政策。不仅如此，中右翼政府甚至还中断了中左翼推行的具有转折性意义的改革，如中左翼政府引入的试验性全国最低收入保障计划被2001年上台的中右翼政府取消。各区政府虽然在改革中获得了社会服务的排他性权力，但2008年后的中右翼政府不仅没能对全国统一的基本服务水平作出明确界定，反而将其抛之脑后。中左翼政府所推动的社会救助改革，为何总在政治联盟更为稳定的中右翼这里遭遇挫折？或许，意大利中左翼与中右翼政治联盟中大党的意识形态主张和权力资源中就隐藏了非常重要的线索。

20世纪80年代以来兴起的新自由主义深刻影响了西方资本主义国家政党的纲领与主张，意大利自然也不例外，无论民主党还是中右翼诸党，如前所述，都将自由主义奉为本党圭臬。具体表现在福利改革领域，就是力主紧缩福利开支。因此，尽管中左翼政府执政时期（1996—2001年，2006—2008年）对社会救助改革倾注了大量心血，也提出了不少雄心勃勃的计划，推动议会立法通过了具有象征性意义的干预措施，如针对各地区社会服务水平不一致问题作出了基本服务水平的立法，还设立生活不能自理人群基金，提出"幼儿园"计划，但是真正的资源投入是非常有限的，相关支出占 GDP 的比重以及占总的社会支出的比重自 20 世纪 90 年代以来呈缩减之势——如第三章所述，在 2010 年，意大利社会救助总支出为 GDP 的 3.4%[1]，比 1995 年改革之前减少了 0.1 个百分点，占总社会支出的比重从 16.1% 降至 11.7%。

除了新自由主义的影响，意大利中右翼还有其保守主义的一面，即对一些传统价值观极为推崇。具体表现在社会救助方面，就是坚持所谓的"辅助性原则"，突出家庭的作用。2003 年 2 月，中右翼政府在《福利白皮书：对一个充满活力与团结社会的建议》中明确提出：政府承认家庭在弥补代际赤字和构建社会团结网络中的根本作用。意大利的福利模式建立在加强对社会的干预和加强家庭间的交流协作的基础上。[2] 换言之，中右翼认为家庭是意大利最主要的社会减震器，即收入维持的最主要来源。此外，贝卢斯科尼第二次执政期内，中右翼阵营内还出现了强烈的地区主义情绪，拒绝在全国范围内实施横向再分配，拒绝继续实施中左翼政府最低收入保障计划。这主要是因为持有地区主义和右翼民粹主义主张的北方联盟成员出任劳动与社会政策部长，明确地在政治上拒绝了中左翼政府改革方案中所需的地域间资源横向再分配。这进一步导致了贫困在南方地区集中，国家层面对抗社会排斥的政策更难以出台了。在 2008—2011 年的任期内，中右翼将就业和扩大失业保障作为社会政策的重点，并在各种文件中重申了其偏爱传统社会政策观点的立场，即家庭才是应对新旧社会需求与风险的重要安全网。[3]

---

[1] 对家庭的税收减免未计入内。

[2] Ilaria Madama, *La Politica Socioassistenziale*, in Maurizio Ferrera (eds.), *Le Politiche Sociali*, Il Mulino, 2012, pp. 289 – 290.

[3] 2009 年 12 月，中右翼政府在一份关于劳动力市场平等进入与协调战略行动计划中指出：越来越多的老人，无论是否与子女同住，要么为其提供照护帮助，以保证妇女参与到劳动力市场中；要么将养老金用于安排家庭生活。于是，他们都在家庭中找到了对需求和恐惧的应对之策。这就是我们想要推动的代际协议。参见 Ilaria Madama, *La Politica Socioassistenziale*, in Maurizio Ferrera (eds.), *Le Politiche Sociali*, Il Mulino, 2012, p. 290.

虽然第一共和时代旧的政党体系已经崩溃，但政党政治的基本逻辑未变，即以执政为主要目标的政党依然必须聚集利益并表达利益，响应选民或利益主体的要求，构建相应的政策，以争取选民尤其是利益主体的支持。相对于养老金的受益者而言，社会救助的受益者过于分散和碎片化，不能形成有效的政治动员。在意大利，社会与政治动员的能力一直是大型利益主体的特权。如工会所保护的"内部人"的利益往往与"外部人"的利益是不同的，有时甚至是相互冲突的。无论是对民主党和意大利力量党而言，还是对工会而言，老年群体都是非常重要的支持力量。因此，在面对紧缩社会支出的压力时，政策制定者往往选择减少对贫困妇女和儿童的社会救助支出。此外，相对于北欧国家而言，意大利女权运动在20世纪70年代之后出现衰落，尤其是其地方化和碎片化，以及女性在政治决策中的弱势地位，非常不利于推动消除妇女与儿童贫困的社会救助在国家决策层面的扩张与改革。

2013年选举中杀出的民粹主义黑马——五星运动党似乎就是那些"利益受损害的"年轻选民群体的代表，在进入议会的当年就提出了建立"公民收入"机制，即最低收入保障计划。[1] 由于该党持有反对所有政党、坚决不合作的立场，以及该计划的成本达190亿欧元，至今在国家层面仍无任何进展。不过，五星运动党推动的"最低收入保障"计划在地区层面已取得了突破。2015年，在五星运动党的政治动员压力下，意大利东北部的弗留利—威尼斯—朱利亚大区的区议会通过了在全区范围内实施试验性最低收入保障项目的法案。如前所述，五星运动党虽在2018年的议会选举中，成为第一大党并有望组阁，但要推动全国层面的最低收入保障制度的构建，仍然面临重重困难。[2]

---

[1] Tito Boeri e Paola Monti, *Reddito minimo a 5 stelle: può funzionare?* 19 Novembre 2013, la voce info, http://www.lavoce.info/archives/14881/reddito-minimo-proposta-di-legge-movimento-5-stelle/，最后登录日期为2016年12月18日。

[2] 即便五星运动党与其他党联合组阁成功，进行触动自雇群体利益的税收改革并推动经济复苏以保证财政健康化，是意大利构建最低收入保障的重要前提，否则在欧盟严格的财政纪律约束下，恐怕仍难以真正付诸实现。

(二) 养老制度改革——失衡的天平

与社会救助的边缘性地位不同，公共养老改革二十多年来一直是意大利政党政治的中心议题之一。欧盟的适应性压力更多的是给意大利的养老体系改革指明了方向——收缩公共养老开支，建立多支柱体系，却并不能直接转化为具体的改革措施和改革成果。养老金体系改革所需克服的路径依赖问题，本质上是如何与拒绝改变现状的既得利益者达成一致，以获得改革所需的支持与资源。工会依然保有较大的动员能力，而代表资方利益的企业家联合会等的压力输入影响日趋增强，主流政党若要推动改革，必须与之达成一致。纵观二十多年来的改革进程，技术内阁在削减公共养老金支出、构建多支柱体系中的作用是关键性的；中左翼和中右翼的作用主要体现为，在技术内阁改革的基础上推动结构性改革，推动补充养老体系的建设。但这依然无法脱离政党政治中所蕴含的利益聚集与利益表达的逻辑。

1. 公共养老领域的较量

在金融危机爆发前的公共养老领域，可以说得工会者得改革。20世纪90年代，意大利经济衰退，就业率下降，企业家联合会话语权增强；而新生政党对"民意"的看重与依赖，使得本就具备强大影响力的工会组织在当时成为养老金改革者的优先对话对象，很好地制衡了企业家联合会的"攻击"。面对即将来临的紧缩性改革，分裂了近二十年的工会再度联合，给当时的政策制定者施加重压。1992—1993年的阿玛托组建半技术内阁，通过与工会达成一致而迈出了结构性改革的第一步。但是，1994年击败左翼民主党及其联盟上台的中右翼内阁，在企业家联合会的支持下实施激变式改革——对提前退休实施惩罚，降低部分养老金收益率，采取新的指数机制，遭到了中左翼党和工会的强烈抵制，中右翼内部分裂，任期未满便下野。1995年组建的迪尼技术内阁非常讽刺地得到了中左翼和右翼政党北方联盟的支持，进而做到了贝卢斯科尼想做却未能做到的事，尽管是以企业家联合会所批评的过于缓慢的过渡方式。

事实上，迪尼内阁所设计的过渡方案——1996年缴费满18年的老人老方式、未满18年的中人混合式、1996年后入职的新人新办法，很明显是将改革的代价完全转嫁给了中青年一代。这背后的政治根源就是，支持迪尼政府的中左翼与北方联盟的背后站着三大工会组织——总工会、劳动者工会联合会和意大利劳动联盟。三大工会的会员分布呈现出老龄化的特征，老年劳动者和退休者人多势众。贝卢斯科尼意在短期内快速缩减开支，却没有提出任何补偿方案，因此遭遇了失败。1995年，迪尼和劳动部长特雷乌充分考虑了工会组织的要求，从而使得中长期改革方案在三大工会的支持下得以通过全民公投。而工会得到的回报是：维持已退休群体的养老金水平，一定程度上延缓收紧年长劳动者的退休资格；取消不在工会保护势力范围内的自雇者在养老金方面的特权（分而治之），统一各行业的准入资格；超越有利于个别行业群体的消极分配方式。①

在企业家联合会的支持下，2001年再度上台的中右翼政府提出了削减新人公共养老缴费比例（减3%—5%），以及强制"终止劳动关系津贴"向补充养老基金转化的提案。这引发了工会与左翼政党的强烈抗议，中右翼联盟内部再度出现裂痕——北方联盟公开反对政府在养老金上的提议。工会抗议政府一方面减少新人缴费率，另一方面却提高"婴儿潮"时期出生的老年群体的养老金待遇。在第二次大规模总罢工的压力下，政府被迫撤回了削减费率的提案。但中右翼吸取了20世纪90年代的教训，在此后与工会的博弈中，采取了"走走停停"的策略，最终在企业家联合会的支持下以及工会的抗议声中通过了提高退休门槛的改革措施，包括延长缴费年限和退休年龄等。2006年，对工会立场更为敏感的中左翼政府上台后，立刻修改了中右翼政府的改革法案，采取降低退休年龄、提高最低养老金额度等迎合老龄化工会的扩张性手段。

金融危机后，显然源自外部，即欧盟和国际金融市场的压力，逼迫意大利打破了政党政治的逻辑，再度组建技术内阁去实施能够"超

---

① Matteo Jessoula, *La Politica Pensionistica*, in Mauizio Ferrera (eds.), *Le Politiche Sociali*, Bologna: Il Mulino, 2012, p. 115.

"然"于党争之上的改革。另外,这一时期的意大利工人抗争活动表现出了严重的碎片化现象:"草根"工会兴起,分裂了传统三大工会的力量;影响力下滑的各工会未能通力协作,进而无法对政府极为激进的紧缩改革形成如20世纪90年代那样的阻力。

2. 补充养老领域的利益博弈

意大利确实在第一支柱领域实现了预定的紧缩开支的目标。但是,低水平的公共养老金替代率对于中青年群体而言很可能意味着未来将陷入"晚景凄凉"的窘境。中左翼和中右翼都意识到了这一问题,于20世纪末开始推进第二支柱集体补充养老的建设。

2000年,中左翼执政时,采取了对各种补充养老实施税收优惠的措施,包括开放式基金和"个人养老项目",扩大养老金制度中第三支柱的供给,推动第二支柱与第三支柱养老基金之间的竞争,同时也激励劳动者将更多的资源投入到资本化运营的养老基金中。但是,中左翼政府慑于工会的压力,并没有将终止劳动关系津贴强制转化为集体补充养老基金,并委托金融机构管理。2002年,中右翼政府上台后便提出了强制"终止劳动关系津贴"向补充养老基金转化的提案。一石激起千层浪:左翼及工会对此的看法是,政府不负责任地将工人的养老金暴露于资本化运营的风险之中;企业家联合会表面上支持了政府的提案,但同时又提出了给企业发放补贴的要求。斗争的结果是,北方联盟的福利部长最终放弃了强制实施终止劳动关系津贴制度而采用了"默认"机制。

在"默认"机制下,集体补充养老基金和个人养老基金的管理权问题,引发了中右翼内部的两大党——意大利力量党和北方联盟之间的分歧。北方联盟支持建立稳固的、就业关联型的封闭型集体补充养老基金,而背后有保险公司、储蓄管理公司和基金机构支持的意大利力量党则主张建立开放式养老基金。工会和企业家联合会这次比较一致地认为,应该由企业和雇员自行作出决定和选择,倾向于保留已经管理终止劳动关系津贴的基金机构的优势地位。最终,工会和企业家联合会的意见得到了尊重(见图4-1)。

不难发现,补充养老领域,党争的焦点在于如何掌控和分割已有的利益，而非进一步扩大第二支柱的覆盖率。除了那些在大中型企业就业，或者有高度组织化工会保护的雇员外，那些在私营小型企业就业的劳动者的终止劳动关系津贴①将继续以原来的形式存在。而由于缺乏有组织工会的保护，劳动力市场新出现的非典型就业者甚至都没有获得终止劳动关系津贴的权利。这些被主流中左翼和中右翼政党所忽视的群体，渐渐地聚集在了五星运动党的周围。与此同时，工会和中左翼政党也开启了如何促进养老代际公平的讨论。因此，声称未来将跨越左右翼意识形态、超越传统政党利益且处于上升阶段的新生民粹主义政党——五星运动党，在与其他政党的竞争与合作中如何推动调整养老金领域的二元结构，以加强对核心支持者——就业不稳定的中青年群体的保护，值得关注。

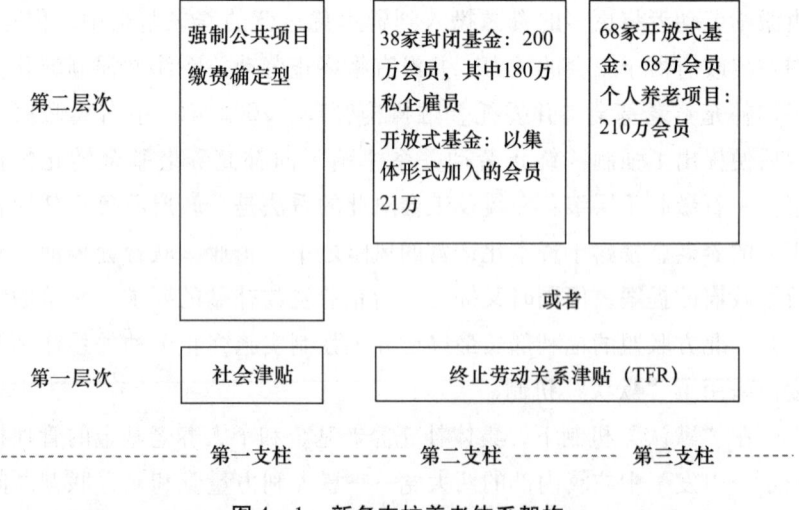

图 4-1　新多支柱养老体系架构

资料来源：Matteo Jessoula, *La Politica Pensionistica*, in Maurizio Ferrera, *Le Politiche Sociali*, Bologna: Il Mulino, 2012, p. 120.

---

① 终止劳动关系津贴的特性包括：缴存比例低（集体补充养老的缴费比例达到9%），回报率低；若职业不连续，将在更换工作时支付而非作为退休金支付；该津贴是一次性付清，而非以年金形式发放的。

第三节 本章小结

政党政治往往是理解福利国家内部差异的重要视角。著名学者萨托利将第二次世界大战后意大利第一共和时代的政党体制界定为极化的多党制。在这一政党体制下，离心力大于向心力，政权极度不稳定。天主教民主党执政联盟和最大在野党意大利共产党之间的政治博弈，以及小党日趋增强的"讹诈"能力，是导致黄金时代养老金疯狂扩张、家庭津贴不断边缘化、失业保险发展滞后的重要原因。

天主教民主党及其主要盟友社会党，常常对自己的核心选民采取庇护主义策略。而意大利养老金的结构性失衡与碎片化的恶化，就是这种策略的副产品之一。20世纪五六十年代，天主教民主党联盟以就业和行业为基础而推动的老年养老金覆盖范围的扩张，使得公共养老碎片化越发严重。到20世纪60年代末期以后，"抬价政治"激化，执政党和在野党都争相为自己的选民提高公共养老待遇，公共养老支出急剧扩张。各主要政党和工会对建立全面覆盖的家庭津贴制度态度不一，分歧很大。天主教民主党并没有任何兴趣扩展家庭津贴的覆盖范围，因为它的核心选民群体要么已经享受到了相当慷慨的家庭津贴，要么就是认为不加入该制度比加入更有利。而意大利共产党及主要工会则认为社会救助、家庭津贴很大程度上是天主教民主党拉拢人心的手段，失去了其原本的应对贫困问题的意义，进而坚持认为实现充分就业而非家庭津贴才是对年轻家庭的有效减贫手段。因此，在养老金价值不断提高的20世纪六七十年代，家庭津贴在政党博弈中被逐步边缘化。此外，由于意大利失业问题，尤其是青年失业问题一直比较突出，因此第一共和时代的主要大党都将实现充分就业作为主要目标，并不致力于完善常规失业保险制度，并构建最低收入保障制度。这些政党博弈的结果，最终使得意大利福利制度的结构失衡问题越发固化且突出。

进入20世纪90年代后，右强左弱的政党格局以及主流大党与工会组织对老年群体高度的政治依赖，深刻制约了意大利推动实现代际公平和群体公平的福利制度结构改革的能力。中右翼自 1994 年以来长期把持意大利政坛，其新自由主义观念以及所表现出的保守主义的一面，如坚持所谓的"辅助性原则"、突出家庭的作用，深刻限制了意大利社会救助制度的现代化转型，使得中左翼的多数努力都付诸东流。在公共养老改革领域，由于对老年选民群体的高度依赖，主流政党在以紧缩为目的的结构性改革和参数改革面前常常表现得畏首畏尾；而在补充养老领域，对分割现有利益的兴趣远大于进行制度创新的兴趣。

　　意大利主流政党在福利改革领域"逃避责难"的表现，以及改革后新分化的产生与旧失衡的固化，使得相当一部分选民，尤其是青年群体大为不满，这为民粹主义政党的兴起提供了政治机遇。五星运动党、联盟党等民粹主义政党的强势兴起使得意大利未来的政党博弈充满变数，福利制度改革也因此充满不确定性。

第五章　地域二元性背后的政治文化与国家权力结构因素

本章的主旨是探寻政治文化差异与国家权力结构变化对南北方社会救助发展失衡的影响。或者说，通过对南北方政治文化遗产的探讨，来回答这样一个问题——为什么在相同的行政管理制度下，或中央集权，或国家权力下放，地方获得"梦寐以求"自主管理权的情况下，北方总体而言始终比南方在社会福利制度的发展方面更有创新力，并更富于效率？而政治文化存在差异的背景下，中央与地方所推动的国家权力结构改革所带动的财政联邦化，也是地域二元性进一步深化不可忽视的因素。

第一节　地域二元性背后的政治文化模式差异

政治文化是一个相当复杂的概念，关于如何界定它的争论从未停止。本书中所指的政治文化不同于传统意义上的意识形态，与政府运作、社会活动和个体行为密切相关，是"宏观的政治结构、政治体制与微观的政治行为、政治观念和政治心理之间的中间地带。它通过对微观层面上人们有关外部政治系统运行的内心态度、导向的变化的研究，来发现由个体心理层面激发出的对政治的集体层面、对宏观政治运行的影响"。[①]

政治文化的研究历史和学术渊源非常久远，可以追溯至柏拉图时

[①] 景跃进、张小劲：《政治学原理》，中国人民大学出版社2016年版，第200页。

代。而现代政治文化研究在西方兴起时的主旨，在于找到能够维持西方式政治民主的文化条件或社会心理条件。美国学者帕特南（R. D. Putnam）就从这一视角追踪研究了意大利南北方民主制度绩效差异背后的政治文化因素，或者说社会心理因素。帕特南最终在使其声名大噪的《使民主运转起来》一书中，将意大利南北方民主制度的绩效差异归因于自中世纪以来所形成的两种完全不同的政治文化——垂直附庸剥削与横向互助合作。事实上，这两种政治文化的影响并不限于现代民主制度的运转，也在相当大的程度上影响了自国家统一以来意大利南北方福利制度的建设，甚至塑造了社会救助服务的发展路径。

一　横向互助合作与垂直附庸剥削模式下的社会救助

（一）南北方不同政治文化模式的形成

在深受暴力困扰的中世纪，重建社会秩序成为当时的意大利统治者要解决的首要问题。在1100年左右，亚平宁半岛出现了两种差异显著的政治制度——在南部，一个强大的诺曼王国在拜占庭和阿拉伯人的基础上逐渐形成；在北部，复兴帝国权力的企图全部归于失败，地方自治力量几乎大获全胜。[1]

诺曼王国在罗杰二世和腓特烈二世的治理下，成为当时欧洲最富裕、官僚制度最发达的国家。在社会和政治制度安排上，诺曼王国是一个十足的封建专制国家，任何自治的愿望都会被压制在只对国王负责的中央与地方官员的网络下。垂直的封建等级制并没有随着日后王室权力的衰微而解体，反而被牢牢地控制在封建土地贵族手中；社会的底层是挣扎在生命线上的贫苦大众；在以上两者之间蜷缩着由行政官员和专业人士构成的弱小的中间阶层。而在意大利的中北部，自治的城市共和制成为另一种选择，北方人更多地靠横向的合作来超越无政府状态。自治城市的行政领导通过一定程序选举产生，其统治有着法定的界限。人们能够参与决定他们生活的立法和决策，参与方式主

---

[1]　J. K. Hyde, *Society and Politics in Medieval Italy*, *the Evolution of the Civil Life*, 1000 – 1350, London: Macmillan 1973, p. 38.

要是说服。此外，与南部以土地为基础的财富不同，北方城市共和国的繁荣来源于商业和金融业——这两者的发展都有赖于人们的互信与横向合作，即超越亲属纽带的信用体系的建立。① 在城市工商业生活的发展进程中，手工艺者和商人组建了同业公会，为本行业从业者提供自助和互助。到13世纪上半叶，这些行会成为激进政治运动的核心，在自治城市中寻求更广泛的权力分配。在南方封建权威获得强化的同时，北方的政治权力开始扩散到传统封建土地贵族之外。除了同业公会，生活中的联合和交往蓬勃发展，使得各种地方组织如邻里组织、掌管地方教会财产并选举牧师的教区组织、实行互助的宗教团体、由庄重誓言维系的政治性和宗教性派别，以及提供共同安全的保护者协会等，都在地方事务中发挥了作用。②

虽然从14世纪到18世纪末，北方城市因黑死病、鼠疫、贸易中断，以及西班牙和法国的血腥侵略而遭到了严重创伤，传统社会结构解体，城市共和制衰落。北部出现了"再封建化"，与南方不再迥然相异。但是，当启蒙运动的光辉照进亚平宁半岛时，曾经的城市共和国文化复苏，经济逐步活跃，以往注重横向联合互助的公共生活模式开始复活，受到挑战的贵族特权走向衰落。而18世纪的那不勒斯，"以其分布于大陆和西西里岛的两片土地、500万居民，成为意大利有史以来最大的城市——可在相当长的时期里，它也或许是行政管理最差的、例行公事最多的、办事最为马虎的城市"③，且贵族权力至高无上，几乎没有"那种在北方社会中普遍存在的贵族与市民的交往"④。南方躲过了北方所遭遇的劫难，在封建专制政治制度下，横

---

① Frederic C. Lane, *Venice and History*, Baltimore: Johns Hopkins University Press, 1966, p. 535.

② [美] 罗伯特·D. 帕特南：《使民主运转起来——现代意大利的公民传统》，王列、赖海榕译，江西人民出版社2001年版，第146页。

③ Maurice Vaussard, *La Vita Quotidiana in Italia nel Settecento*, Milano: Rizzoli, 1990, p. 17.

④ William J. Bouwsma, "Italy in the Late Middle Ages and the Renaissance", in *The New Encyclopedia Britannica*: *Macropeadia*, Chicago: Encyclopedia Britannica, Vol. 9, 1978, p. 1139. 转引自 [美] 罗伯特·D. 帕特南《使民主运转起来——现代意大利的公民传统》，王列、赖海榕译，江西人民出版社2001年版，第158页。

向的社会团结纽带被摧毁，垂直庇护的政治文化模式得到了加强，"体现了权力的不对称，代表着剥削和依附，完全不同于北方传统的基本平等者在团结中相互联合的横向组织"。①

（二）不同政治文化模式下社会救助的形态

19世纪早期，在自由放任主义的影响下，意大利中北部的自由派政府一度效仿法国，取缔了行会，解散了类似的宗教组织。到后来的民族复兴运动期间，与支持统一的各种民族主义运动——马志尼派、新归尔甫派和加富尔温和派同时出现并发展的，还有各种要求进行重大的社会、经济和政治变革的科学和职业组织，以及应对社会和经济苦难的城市工匠和手工艺人组成的互助会。这些职业组织和互助会绝大部分都出现在北方，具备应对养老、工伤和失业等风险的功能，近似于现代意义上的福利国家，但因资金来源于会员而作用比较有限。互助会的核心是横向联合互助：你帮助我，我帮助你，集体合作应对近现代社会所特有的经济风险。就在这一时期，互助会还主办了大量且多样的合作社组织——农业合作社、劳工合作社、信用合作社、生产合作社和消费合作社等。1870年以后的30年里，自发但有组织的互助会成员增加了四倍，在20世纪初达到了顶峰，"无疑可以被刻画为互助会的黄金时代"②。意大利北部的互助会最初并不具有党派性质，早期仅仅是表现出了模糊的共和倾向，或自由主义倾向，或社会主义倾向，或天主教倾向。互助会还与后来的工会进行了多种合作，并为后者培养了许多领袖人物。意大利早期的群众性政党——社会党和人民党，就是借助工会、互助会和合作社等组织的力量组建起来的。

1863年，一份来自卡拉布里亚地区的报告显示，在南部封闭的专制主义统治下的荒芜土地上，一切都是孤立的，没有什么组织，没

---

① ［美］罗伯特·D. 帕特南：《使民主运转起来——现代意大利的公民传统》，王列、赖海榕译，江西人民出版社2001年版，第158页。

② Maurice F. Neufeld, *Italy: School for Awakening Countries, The Italian Labor Movement in Its Political, Social, and Economic Setting from 1800 to 1960*, Westport, Conn: Greenwood Press, 1961, p. 185.

第五章　地域二元性背后的政治文化与国家权力结构因素　　217

有互助。家庭之间或个人之间，没有任何的联合或合作。① 农民之间始终在不停地竞争，对他们来说，庇护人和附庸者之间具有垂直关系，巴结和奉承地主远比横向联合更为重要。② 在同样面临没有土地耕种的困境时，北部艾米利亚—罗马涅大区的农民选择组织起自愿合作社，共同为生计谋划。南部地区则相反，为了获得工作或一小块可耕种的土地，人们选择了激烈且痛苦的竞争，而非组织集体生活，进行合作。互不信任的文化传统、封建专制下形成的"消极顺从"，以及国家统一后政府权威的长期虚弱，促成了黑手党③组织在南方权力结构中的膨胀。黑手党有着根深蒂固的等级性和剥削性，它"给人们提供保护，以对付土匪、乡村窃贼以及敌对城镇的居民，尤其是对付黑手党本身"④，比政府更高效，更"公平"。⑤ 它还会"深谋远虑"地给南方社会继续注入猜疑，以免其客户摆脱它建立互信。贫困与互不信任阻碍了互助会和合作社等横向合作组织在南方的发展。

19世纪70年代，不仅世俗性互助会在南方发展极度不活跃，而且在天主教热忱并不输于北方的情况下，天主教的救助机构和活动组织也明显少于北方——北部慈善机构的不动产价值112.6亿里拉，中部为34.1亿里拉，南部为43亿里拉。⑥ 对于社会天主教运动在南方的失败，意大利共产党的创始人、早期西方马克思主义的重要代

---

① Piero Bevilacqua, "Uomini, Terre, Economie", in Piero Bevilacqua and Augusto Placanica, *La Calabria*, Torino: Einaudi, 1985, pp. 295 – 296.

② Piero Bevilacqua, Quadri Mentali, "Cultura e Rapporti Simbolici Nella Società Rurale del Mezzogiorno", *Italia Contemporanea*, No. 36, 1984, p. 69.

③ 黑手党的意大利文是"Mafia"。在巴勒莫方言中，"mafioso"是美丽、勇敢、自信之意。"mafioso"与有组织犯罪联系在一起，源于一部于1863年上演的、用西西里方言写成的、关于有组织犯罪的舞台剧——《维卡利卡的勇敢人群》（*I Mafiusi di la Vicarica*）。剧中用"mafioso"赞美了保护弱者、最后退出了犯罪团伙并加入了工人互助会的黑帮头目。随着该舞台剧的成功，"mafia"和"mafioso"开始用于指那些和剧中人物有着同样犯罪手段的罪犯，这个词的新含义从舞台渗透到了大街小巷。

④ Paul Ginsborg, *Storia d'Italia dal Dopoguerra a Oggi*, Torino: Einaudi, 2014, p. 40.

⑤ ［英］约翰·迪基：《意大利黑手党的历史》，王莉娜、杨晨、魏贝贝译，华东师范大学出版社2012年版，第29页。

⑥ Valeria Fargion, *Geografia Della Cittadinanza Sociale in Italia: Regioni e Politiche Assistenziali Dagli Anni Settanta Agli Anni Novanta*, Bologna: Il Mulino, 1997, p. 72.

表人物葛兰西（A. Gramsci）曾作出经典分析：如果说北方神父一般是手艺人或农民的儿子，对平民有同情感，同农民群众有更多的联系，能起到更大的精神作用，因而促进了互助组织在北方的大发展的话，那么南方的神父在农民眼中则威信全无——他们是与农民在地租问题上发生冲突的土地行政官，是索取最高利息并运用宗教手段确保收租或收息的高利贷者，是一群凡欲（女人和金钱）俱全的人。因此，虽然从不信异教的意义上说，南方农民常常是很忠诚的，但却并不相信神父能秉公处事，他们并不是神父的农民。[1]神父在南部社会生活中扮演的角色，在很大程度上说明了天主教救助组织为何没能在南部地区蓬勃发展，也说明了为什么20世纪初期诞生的人民党（除了西西里某些地区以外）在南方没能控制任何系统的机构和群众组织。

二 不同政治文化下社会救助管理制度的发展

统一后的意大利王国，对原有社会救助机构的管理态度很明确，即维持现状。同时，王国相关立法的协调性和行政管理的渗透性都是非常虚弱的，南北方各地区或保留了在外国统治者治理下所形成的高效的社会救助管理制度，或形成了具有自治特色的制度，或没能打破原有落后制度的桎梏。

（一）意大利王国统一之前的制度发展差异

1859年，统一之前的亚平宁半岛由7个文化和行政管理都存在颇大差异的小国组成。除了统一意大利的皮埃蒙特—撒丁王国外，还有北部在奥地利哈布斯堡王朝控制下的伦巴第和威尼托，南部波旁王朝支系控制下的两西西里王国，以及中北部的帕尔马公国、摩德纳公国、托斯卡纳公国和教皇国。奥地利哈布斯堡王朝为伦巴第大区打造了一个小巧能干的官僚体系，而拿破仑[2]则为其留下了统一的法典、

---

[1] 中共中央编译局国际共运史研究所编译：《葛兰西文选（1916—1935）》，人民出版社1992年版，第226—251页。

[2] 1802年，拿破仑在意大利北部的伦巴第成立了一个意大利共和国，自任总统。1805年，拿破仑将意大利共和国改组为王国，自任意大利国王。

第五章 地域二元性背后的政治文化与国家权力结构因素

规范和法律安排，以及从地方到中央的统一的指令和约束系统。这对伦巴第遍及城市和乡村的救助机构尤其是宗教救助组织的管理，以及现代化的转型，起到了非常积极的作用。与此同时，还兴起了一批新的行政管理阶层和地产资产阶级，他们支持将教会财产投入市场，取消封建主义，为自由贸易立法。伦巴第在国家统一之前就实现了对私人救助机构和服务的公共化管理——在19世纪后半叶，就为穷人、母婴、慢性病患者、传染病和老年人建立了医疗救助服务网络。伦巴第地区在社会救助的经费管理上也达到了最先进的水平——建立了所谓的"慈善基金"，市政府承担救助经费，而且在经费投入上是全国最高的，到法西斯时期（1928年），达到了全国总投入的1/4之多。[①]可以说，伦巴第地区对社会救助的管理，形成了欧洲大陆式的政府干预主义风格，且一直延续到了国家统一以后。值得一提的是，同一时期的皮埃蒙特地区的社会救助虽然也形成了比较有力的控制网络，但立法相对落后，且随着萨沃伊王朝完成统一，统治者所秉持的自由放任和推崇私人救助的理念被推向了整个半岛。

在中北部的艾米利亚—罗马涅地区和托斯卡纳地区则形成了另一种制度模式。历经18世纪洛伦纳家族统治和法国大革命的影响，到国家统一前夕，托斯卡纳地区在行政管理和制度方面已经实现了同质化；在社会救助领域，以伦巴第为模板，对教会经营的救助机构进行了公共化管控。而艾米利亚—罗马涅地区原属教皇国势力范围的城市——博洛尼亚、费拉拉和拉文纳等，与原本自治的帕尔马和摩德纳，并没有被纳入拿破仑的"势力范围"，法国大革命对这些地区行政管理与社会立法的影响是微弱的。因此，在国家统一前后，地方主义和自治原则依然在艾米利亚—罗马涅地区占据主导地位。

当北部的伦巴第等地在拿破仑的影响下迈向行政管理的现代化阶段时，同样在法国控制下的南部也在经济和行政领域进行了现代化的改革。

[①] Andrea Ciarini, *Le Politiche Sociali Nelle Regioni Italiane*, *Costanti Storiche e Traformazioni Recenti*, Bologna: Il Mulino, 2012, p. 69.

1806 年 8 月 2 日，朱塞佩·波拿巴（Giuseppe Bonaparte）①仅凭一条法律就取消了那不勒斯王国的封建制度。突然之间，实行了数个世纪且赋予了封建主对人、土地、城堡、城市、河流、道路、作坊以绝对所有权的整个司法体系被抹去了。法律的实质就是将拥有对人的私有权的封建主简单地变成他们领地的地主，同时，土地上的所有的其他一切都不再受制于特权，而是受新国家的普通法律约束。②

这些反封建法在 1808 年就得到了实施，并很快建立了新的官僚制度以及完全不同的中央和地方组织关系。在王国境内设立省级行政区，建立省会，每个省根据现代标准的选举组建委员会。每座城市都配备市长、市政委员会和市议会——从地主和专业人士中选出。这些措施的创新力度不可谓不大，但改革仅仅推行了 8 年，波旁王朝便卷土重来。旧的封建主和贵族们并没有在反封建改革中伤筋动骨，底层民众依然穷困潦倒，没有真正获得新的权利：

> 法国人的社会手术刀在一具被保守主义深深地麻醉了的躯体上挥舞。而保守主义使得任何具体的创新都困难重重，使得封建领主和传统贵族在政治、社会与文化上更容易故步自封。③

在法国对原波旁王朝治下的南意大利实施行政管理改革的同时，也对那不勒斯数量庞大的养老院、医院和私人救助机构进行了深刻的改组，统一由国有机构所控制的某个委员会监管。除了集中管理外，还启动了减少传统慈善救助规模的改革，强迫那些"不配"救助的穷人去工作。当然，后者这种带有强烈的耻辱印记的改革有其前

---

① 1806 年，拿破仑一世立其兄约瑟夫·波拿巴（Joseph Bonaparte）为那不勒斯国王（称朱塞佩二世，Giuseppe Ⅱ）。但在 1808 年，拿破仑一世又让约瑟夫·波拿巴退位，改立其部将兼妹夫约阿金·缪拉（Joachim Murat）为那不勒斯国王，约瑟夫·波拿巴则改任西班牙国王。

② P. Bevilacqua, *Breve Storia dell'Italia Meridionale, Dall'Ottocento a oggi*, Roma: Donzelli, 2005, p. 25.

③ S. Levati, "Notabili ed Élite Nell'Italia Napoleonica: Acquisizioni Storiografiche e Prospettive di Ricerca", *Società e Storia*, No. 100 – 101, 2003, p. 403.

例——从英国的维多利亚时代到19世纪中叶的法国，都做过类似的改革。波旁王朝卷土重来后，这股潮流没能得到有效的坚持，原有组织方式很快恢复。没收不动产的管理改革仅仅触动了一小部分慈善机构的利益。除了教会机构之外，那些私人救助机构依然保持着强大的自主性，成为国家管制和权力集团以及大的家族势力之间真正的独立王国。

同样的制度改革，在不同地区却产生了截然不同的效果。伦巴第等北方地区在外部压力下实现了行政管理系统的现代化，实现了行政权力与结构的转型——封建制度被取消，教会物资被征用或被投放市场，针对自由贸易的立法得以实现，原本被压抑的市民社会、文化和经济精英很快释放出了活力，一群新的行政管理阶层走上历史舞台，引领经济现代化，推动社会救助政策的现代化。[1] 南部最终没有对旧的社会救助体系进行合理化管理而建立起伦巴第那样高效的行政管理体系，究其原因，意大利南部的寄生性经济关系的影响不可忽视——两西西里王国财政收入虽高居统一前的意大利各邦国之首，但其主要基础却不是税收而是利息——地租、高利贷收入等。寄生性的经济剥削关系与南部垂直附庸的政治文化相互强化，深刻限制了南部知识分子和权贵接受新制度的意愿和能力，也降低了底层民众横向联合改造自身生存的社会环境的能力。

(二) 国家统一后的多元化趋向

1862年，意大利王国象征性地出资成立了极少量的公共救助机构，但相对于从前资本主义社会继承下来的大量私人互助会、合作社以及教会下辖的类似组织而言，起到的作用实在微不足道。在中央政府的"无为而治"策略下，意大利伦巴第地区的高效干预体系得到了进一步发展，南部保守庇护的特色也继续存在。

中北部地区则发生了较大的变化。19世纪末，蓬勃的工会运动及其所造就的一批社会主义运动和民主运动的领导者，将社会主义文

---

[1] S. Levati, "Notabili ed élite Nell'Italia Napoleonica: Acquisizioni Storiografiche e Prospettive di Ricerca", *Società e Storia*, No. 100 – 101, 2003, pp. 387 – 405.

化在这一地区推向了霸权地位。在意大利中北部城市与乡村中，社会主义原则下所形成的互助组织、工会、合作社、联盟、工作社、人民之家等互助网络的密集度，唯有东北部威尼托地区的宗教救助组织可与之比肩。社会主义者和民主运动者还吸纳了自由主义精英，以新的政治文化方式扩大自身对市政地方权力中心的影响，形成了一种带有社会主义色彩的地方自治（comunalismo）管理风格：

> 总之，（这是）一种新的能够凝聚大众共识的意识形态，赋予了在寻求行政主导权时表现落后的、枯萎的城市文化以新的活力；同时，还在维护属于复兴运动者的地方自治与团结和保障劳动者的机制之间建立起一种连续性。社会主义通过市政府的协调或压力行动，将对劳动者的团结与保障机制纳入了传统城市所提供的工具库。[1]

艾米利亚—罗马涅的地方自治中，除了占据主导的社会主义运动，还有天主教民主运动，共同吸收了民主人士、各阶层民众，以及温和派牧师的力量，推动了新阶层的合作，以及更多互助会和储蓄合作社的产生，进而推动了社会的进步和旧权力集团的转型。艾米利亚—罗马涅大区的地方自治主义，在20世纪初期的焦利蒂时代成为一种经济与社会救助领域的干预主义经验。

不过，到19世纪末20世纪初，中央政府立法的重点依然是如何对业已存在的私营救助机构进行管理，而非建立新的公共性质的救助机构。在克里斯皮时代，中央政府曾立法赋予私人救助机构以公共法人的地位，将之命名为"公共慈善机构"，并对其组建、功能和解散进行了规范；财政上任命公共管理委员会控制其预算，还以强制私人救助机构投资国债和不动产的方式对之进行资产控制。第一次世界大战后，即自由主义末期，中央政府曾出资建立了两类照护机构——主

---

[1] R. Balzani, *Le Tradizioni Amministrative Locali*, in R. Finzi (eds.), *Storia d'Italia. Le Regioni dall'Unita' a Oggi. L'Emilia-Romagna*, Torino: Einaudi, 1997, p. 614.

要为战争中激增的孤儿和战场归来的军人提供照护；而对原有的私人救助组织，则继续采取克里斯皮时代的管理方式。中央政府的这些集权措施始终与各地区复杂且多样的社会现实相冲突，各地的社会救助无论在制度创新还是改革传统路径时，都依然按照自身的历史逻辑继续发展。

尽管社会保险机制在第一次世界大战前后就完成了建构，但意大利的学者依然将法西斯时期视为本国福利制度现代化的起飞阶段[①]，因为本国福利制度的构建原则，即就业关联原则就是在此期间确立的，并进入了保守合作主义轨道。墨索里尼政府一方面缩小强制保险的覆盖面，创建社保管理机构，差异化行业待遇以维持公共雇员和工人阶级的政治忠诚；另一方面继续将社会救助的主要责任留给私人救助机构，尤其是宗教救助组织，在经营管理上赋予它们极大的自主权。医疗救助机构除了拥有自主权外，还可获得市政当局的财政支持。虽然法西斯政权也进行了加强中央集权的制度改革，创建了由民族法西斯党和准国有机构经营的社保机构和救助机构。但是，这种集权并没有进一步削弱宗教慈善机构的救助功能，它们对于处于边缘地位的贫困人口而言，依然发挥着雪中送炭的作用。法西斯政权对世俗性的公民自发性互助组织则采取了截然不同的态度，几乎摧毁了在中北部，尤其是在艾米利亚—罗马涅地区达到了一定规模的社会主义模式的互助合作网。

总之，在进入共和时代前，中央政府始终缺乏相关的整体性改革或创新安排，使得意大利的社会救助制度在不同经济与政治文化结构下形成的地域发展差异持续扩大。

第二节　国家权力结构联邦化对
地域二元性的强化

在国家统一之前的1000多年里，亚平宁半岛不仅南北方形成了

[①] 参见E. Bartocci, "Il Modello Italiano di Protezione Sociale. Da Crispi a De Gasperi", *Economia e Lavoro*, Vol. 39, No. 3, 2005, pp. 65–98; M. Ferrera, *Welfare State in Italia. Sviluppo e Crisi in Prospettiva Comparata*, Bologna: Il Mulino, 1984.

两种截然不同的政治文化,而且各地还形成了强烈的地区意识和地区差异,它们的影响至今仍清晰可见——作为国家的意大利,虽已统一150余年,但民族认同感依然不强。在强烈的地区意识驱动下,第二次世界大战后成立的意大利共和国于1970年开启了国家权力结构的联邦化进程,建立了大区,并赋予了后者自国家统一以来地方所能获得的最大权力。这在社会救助领域尤甚。四十多年来,各大区带着各自在漫长的历史中形成的政治文化遗产,在各自不同的资源禀赋与人口条件下进行了社会福利制度的新探索:北方各区几乎总是走在规制与制度改革的前沿,南方则依然在保守的特殊主义模式与创新之间挣扎。

一 共和时代国家权力结构改革

拥有一座主导性城市、经济发展和语言都存在差别且政治独立的地区实体,构成了意大利在国家统一之前的1000多年里最重要的历史发展线索和历史遗产。强烈的地区意识和地区差别,对于在19世纪六七十年代统一亚平宁半岛的萨沃伊王朝君主而言,是治理国家的主要障碍。作为国家的意大利已然建立,但是作为民族共同体的意大利还没有形成。在拿破仑的影响遍及欧洲的时代,高度集权的法国模式成为意大利建国者们心目中理想的强化民族国家认同的工具。于是,意大利模仿法国建立了中央集权体制,中央政府任命地方行政长官,省长控制地方所有的人事任免和政策,以及法规条例、预算等,公共政策的多数领域则由中央政府派驻的官员来管理。但是,法国式的中央集权在意大利的政治生态中被温和化了——国家层面构成意大利统治阶级的社会集团也和意大利的地方一样,内部分裂,为获得国会的多数席位,不得不采取"加官晋爵、贿赂哄骗、秘密协商等手段来拼凑"[①]。中央政府为保持政治权力发展出了所谓的"trasformismo"实践,即占统治地位的政治力量改变和联合不同政见者的过程,本质

---

① [英]唐纳德·萨松:《当代意大利——1945年以来的政治、经济和社会》,王慧敏、胡康大、周弘译,中国社会科学出版社1988年版,第7页。

第五章 地域二元性背后的政治文化与国家权力结构因素 225

上是中央层面通过调整国家政策以适应地方情况或至少适合地方权贵，以此换取他们对中央执政联盟的支持。这使得中央权威尽失，而地方精英的讨价还价能力增强。这种区别对待、讨价还价的中央集权方式，在此后的法西斯时期也保留了下来。因此，意大利只是在制度上高度集权，但实际的治理中，地方精英拥有相当大的自由度。

第二次世界大战后，随着大众民主在意大利的复兴以及地方对极端集权的激烈反对，地区意识被激活。新生的政党——天主教民主党、意大利共产党和社会党，也都支持更普遍的分权，于是，在他们主持下制定的1948年意大利共和国宪法中，写入了建立大区并赋予其充分自主权的内容。但除了在边境线上的西西里、撒丁岛等5个地区因受到了分离主义威胁而立即建立了大区以外，普通大区的创立时间则被天主教民主党所把持的中央政府拖延了。

随着20世纪50年代以来经济与社会的深刻转型，有着历史基础的地区利益规划逐渐形成，日益挑战着僵化无能、落后的中央集权行政体系。大区制度的支持者列举了诸多分权的益处：北方人认为，地区政府将提高民主水平，提高民众的政治参与；南方人认为，获得自主权的地区政府能够加快社会经济发展，缩减地域发展不平衡；技术官僚认为，地区制度将实现政治运作的新方式，超越传统的、意识形态化的政治模式。[①] 被阻滞了二十多年的大区改革，终于在20世纪60年代末70年代初开始启动。中央权力下放的博弈主要集中在两点——规制和钱袋子，其中富有且雄心勃勃的北方地区领导人比较关心规制，南方则更关心钱袋子。地区与中央的权力博弈均以宪法为准则，尤其是根据《意大利共和国宪法》第五编对国家权力结构进行了规定。

（一）逐步扩展的大区立法权

《意大利共和国宪法》第五编中的"市省大区"（第114条至第133条），本质上是对意大利共和国国家权力结构的规定。1947年版

[①] ［美］罗伯特·D. 帕特南：《使民主运转起来——现代意大利的公民传统》，王列、赖海榕译，江西人民出版社2001年版，第22页。

的宪法第五编成为20世纪70年代地区制度改革的依据，而1999年和2001年的两次修订，既是对地区制度改革的深化，也是对20世纪70年代以来地区改革成果的反映。

20世纪70年代之后到世纪末，虽然中央权力机关对地方立法还保有否决权，但大区立法机构获得的权力超越了国家统一以来任何时期的地方政府。大区的立法范围除区辖行政机关和行政单位的组成，城镇乡村警察，地方公共服务——市政建设、公路建设、公共工程、港口航运、农林牧渔、矿业和手工业等之外，还纳入了"公共慈善事业和卫生医疗救护、手艺和职业的教育及对（经济困难的）学生的救济"①。大区和大区管辖下的市政当局可组建自己的专门机构来处理福利问题，设计本地的农民和手工业者补贴计划，组建本地的合作机构和幼儿照护机构。

1999年，意大利对宪法的第121—123条以及第126条进行了修订。这次改革强化了大区的立法权，区议会在制定大区章程方面拥有了自主权，引入了大区主席直接选举制，并赋予了区主席前所未有的权能。在2001年的修订之前，大区仅在宪法明确赋权的事项上享有立法权。修订后的第117条，在列出国家享有专属立法权的事项以及大区与国家的竞争性立法题材后，将那些国家立法未予明确保留的内容都划归大区的立法权范围。具体而言，大区在社会救助领域明确获得了排他立法权，在医疗服务领域获得了与国家的竞争性立法权。

大区行政权的变革主要体现在宪法第118条的修改上。大区的行政权建立在"相称性"原则上，即与立法权相适应。立法权的变革带来了行政权的变革，大区仅仅享有那些影响地区利益的行政权，其余所有的行政权都属于地方实体，并引入了"辅助性原则"——"行政职能在辅助性、区别性和适当性原则基础上被授予市，除了为保证其执行的统一性而授予给省、特大城市、大区和国家的行政职能之外"。②

---

① 参见《意大利共和国宪法》（1947年）第五编（http://www.quirinale.it/qrnw/costituzione/pdf/costituzione.pdf）。

② 参见《意大利共和国宪法》第118条（http://www.quirinale.it/qrnw/costituzione/pdf/costituzione.pdf）。

因此，此次权力结构改革的结果表现为由国家和大区制定原则，而地方实体负责执行以及日常的行政工作。此外，第118条第4款也是一大创新之处，规定"国家、区、特大城市、省和市在辅助性原则的基础上，对公民不论是以个体还是以团体的形式自发提出的开展有利于公共利益的活动的创议予以支持"[1]，将公民及其自发组织正式引入公共行政的范畴。这在某种意义上是对几十年来主要政党在中北部各区治理经验的有益总结，最终将其提升到了国家根本大法的层次，对于地区自治制度下的南方各区福利制度的现代化改革而言具有积极的引导作用。

（二）雏形初具的财政联邦制

在财政方面，根据1947年宪法第119条规定，20世纪70年代新设的大区在国家法律所规定的范围内享有财政自治权。共和国法律协调大区的财政自治权与国家财政、省和市（镇）财政之间的关系；各区税收和部分国库税收，根据各区行使其日常职能的必要开支的需要拨给各区支配；为了实现特定的目标，特别是为了开发南部地区和岛屿，国家根据法律拨给个别区以特别基金。在实际运作中，意大利实行的是高度集中的财政体制，普通大区基本上没有自己组织税收的权力，除中央拨款外，只能从汽车流通税中分享一部分。中央拨款往往以历史支出数据为准，而且地方收支差额基本由中央填补。这使得地方支出不断膨胀，北方富裕地区不满情绪日益滋长。20世纪70年代到80年代，地区从中央政府获得了巨额的财政转移支付，拥有的资金呈几何级数增长，从1973年的10亿美元上升到1976年的90亿美元，1979年到1989年的十年间，从220亿美元增至650亿美元。[2] 迫于地方支出的过度膨胀与公共财政赤字的巨大压力，意大利开始考虑对财政制度进行改革，扩大地方政府的财政自主权，以增强其责任心。意大利财税体制真正的联邦化进程，于20世纪90年代初在《马

---

[1] 参见《意大利共和国宪法》第118条（http://www.quirinale.it/qrnw/costituzione/pdf/costituzione.pdf）。

[2] ［美］罗伯特·D.帕特南：《使民主运转起来——现代意大利的公民传统》，王列、赖海榕译，江西人民出版社2001年版，第25—27页。

斯特里赫特条约》和本国经济金融危机的双重压力下开启，一方面将部分税种的征收权直接下放给大区①，另一方面提高地方的税收留成并根据经济发展水平给予相应的补贴②。这一时期，中央仍握有地方税收的税种设置和税率调整权，但地方有权决定是否开征。

经过2001年的宪法改革，意大利的财税体制呈现出了更多的联邦制色彩。原第119条规定，大区财政自治权只能在国家规定的范围内行使；修订后规定市、省、特大城市和大区拥有自主的财政收支权，但必须与公共财政原则相协调，遵守欧盟条例中的经济与财政约束；在与宪法相协调且保证公共财政与税收体系相一致的原则下，可规定并执行其税收和收入。对国家发展援助作出了更具体的规定：针对税收能力弱的大区，建立一个不限制用途的共享基金；为促进经济发展、社会聚合和团结，推动经济与社会发展平衡，保障个体权利的实际行使，或为了达到与它们（各级行政机构）正常职能不同的目标，国家对特定的市、省、特大城市和大区实施对其有利的补充资助和特殊干预。可以说，在财政上，既赋予了大区前所未有的自主权，也赋予了其前所未有的公共财政责任。③

2009年通过的第42号法律（l. n. 42/2009）的主旨，是真正落实2001年宪法修订后第119条的内容。意大利的国家根本大法已经为财税联邦制做好了准备，但在实践中还处于过渡期。虽然大区获得了高度的税收自治权，包括税率调整权和税收减免权，甚至可以对国家未征税的事项设置新的税种；但是，在包括医疗卫生、教育、社会福利和公共交通等内容的基本公共服务领域并没有实现预算和收支的完全自主，其经费依然主要源于中央的财政转移支付④。2011年的第68

---

① 1992年起，城市房地产税和市政服务税从中央下放给大区，由大区直接组织征收。
② 对于经济发达的地区，随着地方税收的增多，中央拨款或者补助开始逐步减少。
③ 参见《意大利共和国宪法》第119条（http://www.quirinale.it/qrnw/costituzione/pdf/costituzione.pdf）。
④ 基本公共服务的经费源自大区在国家法律规定范畴内设置的新税种、大区产出税、个人所得税附加税、共享增值税、专项共享基金。意大利税收收入的征收由中央政府统一负责，中央政府根据财税体制的规定，将征收到的税收收入拨付给地方。因此，中央转移支付中包含了原本就应属于地方的收入，并不完全是中央对地方的财政转移支付。

号法令（d. lgs. n. 68/2011）进一步明确了普通大区和省在医疗卫生成本上的决定权，大幅削减了国家的财政转移支付（2013年起），通过大区产出税、个人所得税和共享增值税等税收资源为医疗、社会救助等基本公共服务提供保障。针对医疗保健的支出标准需求，提出了"标准成本"（costi standard）的概念，不再采用原来以"历史成本"计算新支出需求的方式，而是以管理水平中上的地区为测算对象，将这些地区医疗保健基本支出设定为全国统一的支出需求标准。中央对各区医疗卫生体系转移支付实行的原则是"少不补，多不退"，即对于高于标准支出需求的花费，中央不再像过去那样补足；对于低于标准财政支出需求的地方，仍然按照标准支出需求予以支付；而对于中央政府转移支付不能足额保障的支出，则需要地方政府通过增税或节支自行解决。但是，在社会救助领域，意大利政府放弃了在医疗卫生领域通过技术标准制定标准成本的做法——因为这需要对每项服务的具体内容有高度统一的界定、对服务的质量和成本有一定程度的了解。所以，预算仍主要以历史成本作为参考。基本公共服务中未涉及的救助服务，由各市根据自身情况决定是否提供——这显然不利于缩小社会救助服务的地域差距。虽然国家针对税收能力弱的大区设立了不限用途的共享基金[①]，但其分配以基本公共服务的覆盖水平和需求为标准，且规模很有限。

二 地区自治下发展失衡的社会救助

共和时代的制度安排并没有从本质上改变社会救助在国家层面的立法与相关政策中的边缘地位。《意大利共和国宪法》中突出了对工薪者的社会保护，但社会救助是一种居于次要地位的对贫困群体的干预。从该宪法第38条的内容来看，其延续了过去以私人救助为主，公共救助组织碎片化、边缘化的格局。直到20世纪70年代，实施国家权力结构的联邦化改革，大区从宪法中的"名词"成为一种实体，

---

① 以2015年为例，国家—城市会议拨付使用的共享基金额度为5.3亿欧元。参见 http://www.anci.lombardia.it/dettaglio-news/2015720100 - via-libera-a-riparto-fondo-perequativo - 2015 - resta-nodo-comuni-montani/，最后登录日期为2017年3月15日。

一定程度上获得了规制和财政的自主性后，社会救助制度的改革和创新才得以在地区开启。四十多年来，意大利南北方带着各自在漫长的历史中形成的政治文化遗产，在各自不同的资源禀赋与人口条件下进行了发展社会福利制度的新探索：北方各区几乎总是走在规制与制度改革的前沿，基本延续了各自的历史特色，即中北部市一级承上启下的作用突出，北部则注重区级的统筹与市场作用的发挥；南方依然在保守的特殊主义模式与创新之间挣扎。

（一）地区自治下的"变"与"不变"

1. 中北部：托斯卡纳与艾米利亚—罗马涅的"城市主义"

中北部的托斯卡纳和艾米利亚—罗马涅大区曾经是意大利著名的"红区"，在相当长的历史时期内一直有着比较浓郁的社会主义文化传统。中北部在社会救助和医疗服务领域的探索，既重视各类公民组织的参与，又重视总体规划与市级机构作用的发挥。

托斯卡纳和艾米利亚—罗马涅大区历次立法改革，几乎都以城市或城市联合体为中心，重点是建立统一的医疗与社会救助网络。但是，意大利中北部制度化的"城市主义"不是完整意义上的城市自治，而是指市一级始终在福利体系中发挥承上启下的作用，在国家和大区对基层服务治理的法律设计框架内，利用大区的资金实现预定目标。早在1978年建立全民医疗保健制度之前，艾米利亚—罗马涅大区在1972年就立法建立了社会与医疗服务康采恩，并交由城市、城市联合体和省来管理；托斯卡纳大区在1973年就颁布了两项大区法令，赋予地区医疗卫生机构在构建统一的社会服务和医疗网络中更大的权能——促进市与山区社区合作，以利于居家救助的发展，加强城市、城市联合体和山间社区的干预能力，以利于母婴和青少年的医疗与社会救助的发展。托斯卡纳大区还在1974年和1976年两度立法，整顿并统一基层医疗救助和社会救助，并将公共救助机构（Ipab）的行政管理职能从省转移至市。从这一时期北部、中部和南部对创新社会救助形式的财政投入也可看出北方对社会救助领域创新的重视程度（见图5-1）。2004年，托斯卡纳大区立法将公共救助机构改组为个人服务企业（Asp），即身份由公法人变更为私法人，但市或城市联合体对个人服务企业的管理与监督职能并未发生实质变化。在医疗领域也是如此，尽管1992年国家对医疗卫生体系进行"企业化"改革——将地方卫生单位改组为企业法人，不再是市属机构而是区级机构，其技术管理由企业自身负责，表面看来大区和医疗机构本身的权能得到提升，但市长会议被赋予了"政治管理职能"①。

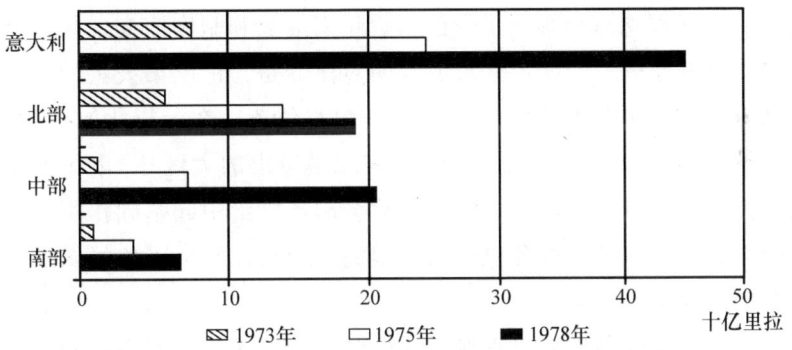

图5-1　意大利普通大区对新型社会救助的财政投入
（1975年现价里拉）

资料来源：Valeria Fargion, *Geografia Della Cittadinanza Sociale in Italia. Regioni e Politiche Assistenziali Dagli Anni Settanta Agli Anni Novanta*, Bologna: Il Mulino, 1997, p. 183.

托斯卡纳大区的地方服务机构（包括1979年区议会立法建立的地方卫生局），将自身定位为提供医疗与社会服务的主体和公民民主监控、参与和咨询的机构。事实上，托斯卡纳地区的公民参与的确比较活跃，只是工会、公民个人以及家庭的代表组织一般在地方机构，尤其是市长会议的引导下发挥作用。艾米利亚—罗马涅大区的不同之处在于，其充分利用了互助组织发达的历史遗产，在20世纪80年代从法律层面上认可了公民的自发性联合会或合作社在实现大区制定的社会救助目标时的重要作用，同时也认可了工会、专业组织和传统私

---

① Andrea Ciarini, *Le Politiche Sociali Nelle Regioni Italiane*, *Costanti Storiche e Trasformazioni Recenti*, Contemporary Italian Politics, July 2014, p. 107.

人互助组织等所提的建议在制定本区医疗与社会服务领域的纲领计划时的重要参考价值。这远远领先于国家层面的立法。直到 2000 年，中左翼政府执政时，意大利才通过了对社会救助制度进行改革的著名的第 328 号法律（l. n. 328/2000），提出了行为主体多样化的框架，肯定了第三方合作组织的价值。

2. 北部：伦巴第的市场中心主义与干预主义

与中北部不同，中右翼政党一直在北部的伦巴第大区占据上风，其自由主义理念深刻影响了伦巴第近年来的福利制度演变。与托斯卡纳和艾米利亚—罗马涅大区形成鲜明对比的是，伦巴第大区的公共部门从未在立法中获得救助供给方面的中心位置。在分权化的改革中，伦巴第成为"市场中心主义倾向"表现最突出的大区[①]。市场中心主义是指市场在资源分配与用户选择社会服务供给中起基础作用。在伦巴第大区，私人社会服务供给占比很高，个人在社会服务的供给上有充分的选择权。

伦巴第大区多年来一直在试图协调两种立场：一方面推动营利机构和非营利机构之间的竞争，丰富用户拥有社会服务选择权的市场；另一方面推动在"积极的自由"观念——超越公共救助，寻求作为福利生产主体的家庭和一般意义上的公民社会的自主解决方案——中衰落的多元救助。在 20 世纪 90 年代，市场竞争与市场中的选择影响了医疗和社会医疗服务，后来渐渐影响了整个大区的福利制度格局。伦巴第的体系中，报酬支付、服务提供与家庭社区辅助的功能是完全分离的。在 1999 年区议会通过的法律中，正式承认了家庭作为福利生产者的作用，但是家庭依然可以自行决定是否向可信的外部服务提供者求助。到 2008 年，正式立法将家庭定义为真正的服务提供者，通过领取代金券（voucher）的方式获得非正式照护的报酬。如学者维拉（F. Villa）所强调的，家庭辅助的概念是对传统公共干预的批判，但也是反个人主义的——肯定了家庭和自发的小型自助和互助组织在

[①] Andrea Ciarini, *Le Politiche Sociali Nelle Regioni Italiane*, *Costanti Storiche e Trasformazioni Recenti*, Contemporary Italian Politics, July 2014, p. 124.

第五章　地域二元性背后的政治文化与国家权力结构因素　233

应对社会风险时的价值。①

在伦巴第大区，市场处于中心位置，且作为一种管理各种服务的机制而存在。对于从私人的、新的和旧的组织那里购买服务的活动而言，市场发挥着核心作用。2003年，伦巴第大区立法将公共救助机构改组为所谓个人服务企业（但依然承担着公共救助的责任）时，将之与其他私人救助机构放在一起，共同享有大区的专项拨款资格。

在伦巴第，大区通过市场或地方卫生公司对医疗和社会服务进行直接经营和控制，市一级的自主性很低。虽然2000年国家通过的第328号法令规定，由市来负责制订地区计划（piani di zona），对服务提供机构进行授权和资质考核，但伦巴第在大区层面，于社会救助和医疗领域保留了比第328号法律（l. n. 328/2000）所规定的，以及托斯卡纳等中北部大区更大的干预空间。在医疗领域，伦巴第的区属地方卫生企业成为地区计划的落实主体，控制着各市对医疗机构的选择；大区对资源经费的去向，即发展某些特定服务作出了明确规定。例如，2002—2004年的社会—医疗服务三年计划中，大区规定各市必须将至少70%的社会支出用于服务代金券。2010—2014年的社会—医疗计划进一步强化了地方卫生公司的作用，使之成为本区医疗与社会服务发展大纲的起草者。此外，在伦巴第，互助组织、工会或专业委员会并不像在托斯卡纳和艾米利亚—罗马涅大区那样具备参加市长会议并提供建议或进行咨询的资格。

3. 南部：在传统与创新之间彷徨

法尔吉翁在评估20世纪70年代中后期地区制度改革以来，南北方在社会救助领域的表现时指出：北方和中北各大区都在国家的法律框架内，极尽可能地进行制度创新，其中中北部的艾米利亚—罗马涅和托斯卡纳常常走在国家的前沿；而南部的多数大区创新意愿低下，转化国家的法律时也常常打折扣，并没有打破原来大型救助机构居绝

---

① F. Villa, *La Comunità come Soggetto Attivo Nella Costruzione Delle Politiche Sociali*: *Il Caso Della Regione Lombardia*, in P. Guidicini and C. Landuzzi（eds.）, *I Territori del Welfare. Servizi Sociali*, *Regionalizzazione e Garanzie*, Milano: Franco Angeli, 2006.

对主导地位的格局。①

20世纪70年代，坎帕尼亚大区没有对从中央政府接手的边缘化且低效的救助机构②进行重组，没有改变中央政府以现金津贴为主的救助手段。将现金津贴作为主要救助手段与南部的垂直的庇护主义政治文化有紧密的联系。而且，那一时期南部的庇护具有突出的个人化特色，即救助机构的负责人往往是某个党的成员，通过直接给个人发放诸如伤残津贴之类的现金津贴，就可赢得相应的支持。恰如萨雷斯（I. Sales）所言，在意大利南部，城市（救助机构）是提供收入的机器，而没有必须提供服务的义务③，无论国家还是市场，都是非常虚弱的存在。④此外，坎帕尼亚对不同群体的社会救助采取了不同的态度。例如，对自耕农的医疗救助支出，大区财政不承担责任，依然从医疗互助保险⑤基金支出；而对贫困工人的救助，大区专门设立了补助金，经由城市救济署支出。这种守旧的、畏于创新的风格，与中部形成鲜明对比，这从20世纪70年代意大利各区对传统社会救助的财政投入规模中亦可见端倪（见图5-2）。

在老年与婴幼儿照护方面，南方比北方更依赖家庭尤其是妇女的作用，但并不像伦巴第大区那样将其作为市场中的一个福利供给主体来发放报酬。

在医疗救助领域，坎帕尼亚在医疗领域对国家层面立法的转化始终比较缓慢且滞后，这种"慢慢吞吞"的跟随与托斯卡纳引领风向的创新形成了鲜明对比。1978年，意大利通过全民公投废止了原来的医疗互助保险制度，建立了国民医疗保健体系，但坎帕尼亚在此后至少两年的时间里，依然保留着旧的医保制度，到1987年才针对医

---

① V. Fargion, *Geografia Della Cittadinanza Sociale in Italia: Regioni e Politiche Assistenziali Dagli Anni Settanta Agli Anni Novanta*, Bologna: Il Mulino, 1997, pp. 135-165.

② 如市级救助署（Eca）、国家母婴（幼儿）救助署（Omni）、国家劳动者孤儿救助署（Enaoli）、公共慈善机构（Ipab）等。

③ Isaia Sales, *Leghisti E Sudisti*, Roma-Bari: Laterza, 1993, pp. 91-94.

④ Pietro Fantozzi, *Il welfare nel Mezzogiorno*, in Ugo Ascoli (eds.), *Il Welfare in Italia*, Bologna: Il Mulino, 2012, p. 288.

⑤ 在1978年之前，意大利实施的是医疗互助保险制度。

第五章 地域二元性背后的政治文化与国家权力结构因素 235

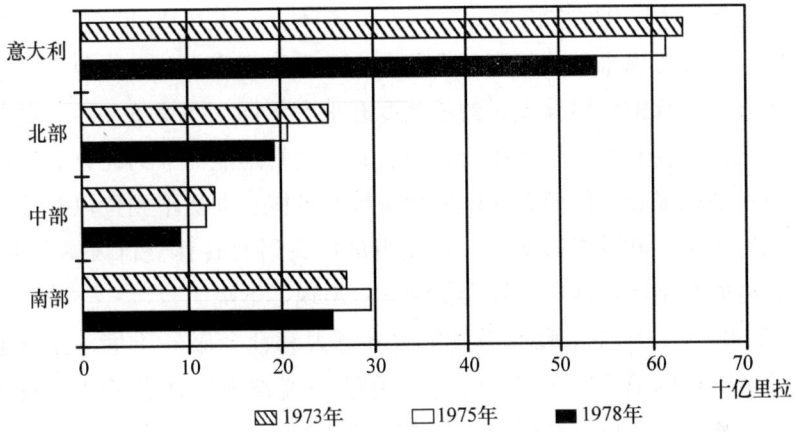

图 5-2 意大利普通大区对传统社会救助的财政投入
(1975 年现价里拉)

资料来源：Valeria Fargion, *Geografia Della Cittadinanza Sociale in Italia. Regioni e Politiche Assistenziali Dagli Anni Settanta Agli Anni Novanta*, Bologna：Il Mulino, 1997, p. 181.

疗经费支出合理化、医疗供给水平立法，到 1994 年，在国家相关立法出台两年后，才开始医疗卫生企业化的进程。

当然，坎帕尼亚在少数开明派的推动下，也进行过创新的尝试。在中左翼中央政府推行的最低收入保障实验被停止三年后，坎帕尼亚于 2004 年至 2006 年实施了名为"公民收入"的保障项目。虽然该计划基于普救主义原则设计，但由于可调动资源的有限性，最终演化为选择性的最低收入保障，大批有资格的人被排除在外。最低收入保障计划实施的时间虽然短暂，争议性也较大，但是在一定程度上改善了政府的公信力，"增强了人们对机构的信心，使得贫困家庭的社会网络更加多样，不再受限于家庭和血亲的团结"[1]。

(二) 财政联邦制下南方社会支出的萎缩与地域二元性的加剧

意大利的社会救助体系，在第二次世界大战后黄金时代形成了双重支出结构——现金津贴由中央统一通过国家社保局管理发放，其他

---

[1] E. Amaturo, D. Gambardella and E. Morlicchio (eds.), *Ultima istanza, Rifelssioni sul Reddito di Cittadinanza a Napoli*, Napoli：Libreria Dante & Descartes, 2007, p. 112.

社会救助服务①由地方负责。事实上，各区、各市在20世纪70年代地区制度改革以来就获得了社会服务支出方面相当大的自主权，只是南北方对外部财政转移支付的依赖度有很大不同（见表5-1）。财政联邦化无疑会有利于税收能力强、公共财政管理能力强的北方大区的服务水平的提高，而南部在国家相关规制模糊、立法不到位以及经济危机的多重不利因素影响下，可获得的中央财政转移支付大幅萎缩，税收能力受到严重削弱，社会救助支付出现了下降。

2000年，中左翼政府通过了改善意大利社会服务质量、促进地域发展平衡的第328号法令。这次立法一度被视为开启了社会救助的新纪元——其目标是通过必要的向落后地区的转移支付、扩大社会服务支出来推动南北方均衡发展。这一时期，中左翼政府在社会服务领域的发展理念是，地方政府自我管理、自我规划，中央政府承担更多的财政支出。由此，一支源于一般税收的、新的共享性的、按人口拨付的国家社会政策基金（FNPS）被组建起来。在2000年立法所意欲建立的机制下，大区和国家所应提供的财政支持取决于各区的社会人口数量以及全国基本公共服务水平的标准。然而，中右翼联盟上台后，推动了宪法改革，大区在社会服务领域获得了排他性立法权，使得国家层面对基本公共服务水平内容的界定渐渐被"搁置"了。尽管2009年财政联邦化改革中所规定的对社会救助的财政投入以基本公共服务水平为标准——基本公共服务应该得到完整的财政支持，对于标准需求不能被自身财税所满足的大区，将通过共享基金予以解决，但却未明确该共享基金是由大区出资还是由市级财政负担。② 这意味着，在对基本服务水平进行具体界定的法律出台之前，是没有专门的基金去为南方发展社会服务提供支持的。

---

① 市或联合市是社会服务的具体提供者，也是本区域内社会干预与社会服务网的管理者。它满足家庭的需求，如婴幼儿照护、老人与残疾成员的照护，以及其他性质的风险，如贫困和移民问题。参见意大利国家统计局2011年年度报告（http://www3.istat.it/dati/catalogo/20110523_00/rapporto_2011.pdf），第199页。

② Costanzo Ranci and Mara Popolazio, *L'impatto del Federalismo Fiscale Sull'assetto del Sistema Integrato dei Servizi Sociali*, in Yuri Kazepov and Eduardo Berberis（eds.）, *Il Welfare Frammentato, Le Articolazioni Regionali Delle Politiche Sociali Italiane*, Roma：Carocci Editore, 2013, p. 236.

第五章 地域二元性背后的政治文化与国家权力结构因素　　237

对于中部和北部大区而言，财政联邦制下国家的转移支付虽大规模减少，但也获得了税收上的更多自主权；而对于南方贫困地区而言，如表5-1所示，国家的财政转移支付占比之大，对维持已有服务水平而言是至关重要的。

表5-1　意大利各大区市级社会服务财政来源结构（2008年）　　单位：%

地区①	无限制的社会政策基金（国家、大区）	有限制的大区级社会政策基金	有限制的国家或欧盟社会政策基金	其他公共机构的转移支付	私人基金的转移支付	市级自有财源	联合救助机构自有财源	总计
西北	12.2	10.5	1.4	1.8	1.5	70.8	1.8	100
东北	15.2	15.9	1.3	2.0	1.7	61.3	2.6	100
中部	14.5	12.2	2.2	1.4	1.5	65.5	2.7	100
南部	18.1	20.9	4.5	1.6	0.4	47.7	6.8	100
岛屿	24.5	29.3	2.4	2.0	0.6	41.2	0	100
意大利	15.0	14.9	1.9	1.8	1.4	62.5	2.5	100

资料来源：意大利国家统计局2011年年度报告（http：//www3.istat.it/dati/catalogo/20110523_00/rapporto_2011.pdf），第205页。

2008年爆发的全球金融危机对意大利经济造成了严重冲击，同时，各级财政的支付能力也受到不同程度的影响。国家社会政策基金在中左翼执政期间没能获得持续可靠的公共财政制度基础，在中右翼上台后成为财政紧缩的对象，从而呈现出了大规模萎缩趋势（见表5-2）。从2009年到2011年，国家社会政策基金对大区和自治省的财政转移力度萎缩了接近2/3，这对财政联邦化后南方地区社会救助服务的发展而言是一种损伤；或者如意大利国家统计局在2014年年度报告中所言——"削减国家对地方福利的财政转移支付，对南方地

---

① 西北地区包括皮埃蒙特、利古里亚、瓦莱达奥斯塔和伦巴第4个大区；东北地区包括特伦迪诺—阿尔多—阿迪杰、弗留利—威尼斯—朱利亚、威尼托、艾米利亚—罗马涅4个大区或自治省；中部包括托斯卡纳、翁布里亚、马尔凯和拉齐奥4个大区；南部包括坎帕尼亚、卡拉布里亚、普利亚、巴西利卡塔、莫里塞和阿布鲁佐6个大区；岛屿指西西里岛和撒丁岛。

238　意大利福利制度的双重二元性

区更为不利"①。

在国家转移支付萎缩、地方经济衰退的影响下，2009年之后的南方社会救助支出甚至出现了负增长。意大利国家统计局2014年年度报告显示，从2003年到2009年，意大利各市总社会支出以年均6%的幅度增长，2010年仅微增了0.7%；2011年意大利各市社会支出——主要用于社会救助服务和其他干预——资源总额为70.027亿欧元，相较于前一年减少了1%。2011年的下降，被意大利国家统计局视为一种趋势的逆转。2010年到2011年，西北部和东北部人均社会支出分别减少了3%和1%，南部减少了5%——南部人均每年社会支出仅有50欧元，东北部达到了160欧元；南部卡拉布里亚人均支出仅为26欧元，东北部特伦迪诺自治省则达到了282欧元。幼儿园覆盖率（特指市办或市财政资助的幼儿园），南方为3.5%，东北部为17.1%；且南部仅有24.3%的市提供了此项服务，东北部达到了82.6%。② 2012年，市级社会总支出不足70亿欧元，比2011年减少了0.6%；全国人均社会支出为117.1欧元，东北部特伦迪诺减至277.1欧元，南部卡拉布里亚降至24.6欧元。2013年，社会救助和医疗照护的床位供给南北差距显著，特伦迪诺省和皮埃蒙特大区分别为每千人12.8张和11.4张，卡拉布里亚大区仅为每千人1.7张。③

表5-2　　　金融危机后国家社会政策基金对各大区的
财政转移规模变化　　　　　　单位：百万欧元

大区	2009年	2011年	缩减额度（%）
阿布鲁佐	12.7	4.4	-8.3
巴西利卡塔	6.4	2.2	-4.2

---

① Tendenze Demografiche e Trasformazioni Sociali, *Nouve Sfide Per il Sistema di Welfare*, Istat: Rapporto Annuale 2014, http://www.istat.it/it/files/2014/05/cap4.pdf, p.183.

② Tendenze Demografiche e Trasformazioni Sociali, *Nouve Sfide Per il Sistema di Welfare*, Istat: Rapporto Annuale 2014, http://www.istat.it/it/files/2014/05/cap4.pdf, p.183.

③ *Protezione Sociale*, Istat: Rapporto Annuale 2016, http://www.istat.it/it/files/2016/12/C05.pdf, p.161.

第五章 地域二元性背后的政治文化与国家权力结构因素　239

续表

大区	2009 年	2011 年	缩减额度（%）
卡拉布里亚	21.3	7.3	-14.0
坎帕尼亚	51.7	17.8	-33.9
艾米利亚—罗马涅	36.6	12.6	-24.0
弗留利—威尼斯—朱利亚	11.4	3.9	-7.5
拉齐奥	44.6	15.4	-29.2
利古里亚	15.6	5.4	-10.2
伦巴第	73.3	25.3	-48.0
马尔凯	13.9	4.7	-9.2
莫里塞	4.1	1.4	-2.7
波尔扎诺	4.3	1.5	-2.8
特兰托	4.4	1.5	-2.9
皮埃蒙特	37.2	12.8	-24.4
普利亚	36.2	12.5	-23.7
撒丁岛	15.3	5.3	-10.0
西西里岛	47.6	16.4	-31.2
托斯卡纳	34	11.7	-22.3
翁布里亚	8.5	2.9	-5.6
瓦莱达奥斯塔	1.5	0.5	-1.0
威尼托	37.7	13.0	-24.7
总计	518.3	178.5	-339.8

资料来源：Costanzo Ranci and Mara Popolazio, *L'impatto del Federalismo Fiscale Sull'assetto del Sistema Integrato dei Servizi Sociali*, in Yuri Kazepov and Eduardo Berberis（eds.）, *Il Welfare Frammentato, Le Articolazioni Regionali Delle Politiche Sociali Italiane*, p. 228.

正如意大利学者兰奇（C. Ranzi）和勃勃里奇奥（M. Popolizio）所言，当前国家小规模的共享基金仅仅能够勉强控制当前地域发展差距不再扩大。在未来财政联邦制机制逐步走向成熟的情况下，要缩小南北方社会救助服务的发展差距，则需要从国家层面进行大规模垂直分配，为南方社会救助服务建立专门的社会基金。① 但是，基于意大利各地长期以来存在的强烈的地区自主意识和虚弱的民族认同感，原本就具有分离主义倾向的北方富裕地区很难接受对南方进行更大规模的转移支付。意大利福利制度的地域二元性问题恐将在国家权力下放和财政联邦制下持续存在，甚至恶化。

第三节　本章小结

本章主要从政治文化差异与国家权力结构变化的视角，探讨了意大利社会救助产生地域性失衡的历史原因。帕特南在《使民主运转起来——现代意大利的公民传统》一书中，将意大利南北方民主制度的绩效差异归因于自中世纪以来所形成的两种完全不同的政治文化——垂直附庸剥削与横向互助合作。事实上，这两种政治文化的影响并不仅限于现代民主制度的运转领域，它们也在相当大的程度上影响了自国家统一以来意大利南北方福利制度的建设，甚至塑造了社会救助服务的发展路径。

1861年，意大利王国成立，但当时中央政府相关立法的协调性和行政管理的渗透性都是非常虚弱的，南北方各地区或保留了在外国统治者治理下所形成的高效的社会救助管理制度，或形成了具有自治特色的制度，或没能打破原有落后制度的桎梏。在中央政府的"无为而治"策略下，伦巴第地区的高效的干预体系得到了进一步发展，南部保守庇护的特色也继续存在。

在第二次世界大战后的黄金时代，意大利的社会救助体系形成了双重支出结构——大部分现金津贴由中央发放，其他社会救助服务主要由地方负责。意大利于1970年开启的国家权力结构的联邦化进程赋予了大区相当大的自治权，此后，各大区带着各自在漫长的历史中形成的政治文化遗产，在迥然相异的资源禀赋与人口条件下进行了福

---

① Costanzo Ranci and Mara Popolazio, *L'impatto del Federalismo Fiscale Sull'assetto del Sistema Integrato dei Servizi Sociali*, in Yuri Kazepov and Eduardo Berberis (eds.), *Il Welfare Frammentato, Le Articolazioni Regionali Delle Politiche Sociali Italiane*, Roma: Carocci Editore, 2013, p. 238.

利制度的新探索：北方各区几乎总是走在规制与制度改革的前沿，南方依然在保守的特殊主义模式与创新之间挣扎。

国家权力结构与财政的联邦化改革也使得意大利社会救助支出的地域失衡问题进一步恶化。各大区、各市自20世纪70年代以来，在社会服务支出方面获得了相当大的自主权，只是南北方对外部财政转移支付的依赖度有很大不同。金融危机前后加速推进的财政联邦化，无疑会有利于税收能力强、公共财政管理能力强的北方大区的服务水平的提高，而南方各大区在国家相关规制模糊、立法不到位以及经济危机等不利因素的影响下，可获得的中央财政转移支付大幅萎缩，税收能力受到严重削弱，社会救助与社会服务支出出现了下降。

第六章　难以破解的双重二元困局
——基于马克思主义政治经济学视角的分析

前文着重回答了三个问题：意大利福利制度的主要特征是什么？如何形成的？欧洲化的改革在其中起到了什么作用？通过常用于分析福利国家的工业化理论、政党政治和权力资源理论、政治文化等视角，对意大利自19世纪中叶到20世纪80年代福利制度的初建、奠基、巩固、扩张与危机的历程进行了展现和分析。

本章将通过马克思主义政治经济学中经济基础与上层建筑的基本关系原理，对意大利工业资本主义扩张进程中的福利制度的发展、完善、扩张、危机及其制度失衡进行探讨，对其再校准改革的必要性、改革目标与结果之间的巨大差异进行分析，并对未来的发展轨迹进行预测。

第一节　工业资本主义的"跛足式"发展与福利制度的双重二元性

恰如恩格斯所说，马克思主义"经济学研究的不是物，而是人和人之间的关系，归根到底是阶级和阶级之间的关系；可是这些关系总是同物结合着，并且作为物出现"[1]。这意味着，马克思主义政治经济学研究的是物质的生产、分配、交换和消费中的人与人之间的关系，是与物相连的、表现为物的关系，即生产关系。但是，对生产关

---

[1]《马克思恩格斯选集》第2卷，人民出版社2012年版，第14—15页。

系的研究不宜脱离对生产力、生产方式与上层建筑的研究及与其的联系。在生产过程中形成的人与人之间的经济关系构成了一个社会的经济基础，而这个经济基础又决定了这个社会的上层建筑，决定了后者的性质与变革。

福利国家的出现无疑是资本主义生产力的进步、生产关系演变的结果，但是，上层建筑对经济基础也具有反作用。"国家权力对于经济发展的反作用可以有三种：它可以沿着同一方向起作用，在这种情况下就会发展得比较快；它可以沿着相反方向起作用，在这种情况下，像现在每个大民族的情况那样，它经过一定的时期都要崩溃；或者是它可以阻止经济发展沿着某些方向走，而给它规定另外的方向——这种情况归根到底还是归结为前两种情况中的一种。但是很明显，在第二和第三种情况下，政治权力会给经济发展带来巨大的损害，并造成大量人力和物力的浪费。"① 福利制度本身也是一种不断扩张的权力，只是这种权力披着"福利"的外衣。福利制度的扩张与生产力、生产关系之间的辩证关系，直至今日也未偏离恩格斯的精辟分析。

工业资本主义的发展给人类带来了新的社会风险，同时也创造了应对风险的财富。福利国家的扩张总是与工业资本主义的扩张、财富的增长，以及生产关系的变化、工人运动的兴起相伴而行；福利国家"瘦身"的背后往往也隐藏着工业生产萎缩或产业转移、工人运动衰落等重要动因。

因此，从马克思主义政治经济学的视角来看，意大利福利国家的结构失衡与地域失衡，本质上是由意大利资本主义生产领域的不平衡造成的。无论是自由资本主义时代的发展滞后与"先天"失衡，法西斯时代的保守与停滞，还是第二次世界大战后黄金时代的飞速工业化与城镇化，都给意大利福利制度的发展轨迹打上了各个时代的烙印，有的甚至至今难以磨灭。与生产力和生产关系发展水平的失衡相对应，意大利在政治文化和意识形态方面，也存在非常突出的地域性差异，这也对福利制度结构和地域的失衡起到了不容低估

---

① 《马克思恩格斯文集》第 10 卷，人民出版社 2009 年版，第 597 页。

的影响与催化作用。

一　自由主义时代意大利工业资本主义的起步与福利制度的雏形

对整个资本主义世界而言，自由竞争资本主义阶段是指从资本主义制度确立到19世纪70年代这一时期，尤其是19世纪60年代和70年代，这是资本主义经济史上的一个极为重要的时期。在这一时期，德国和美国完成了工业革命，自由资本主义达到了顶点，并开始走向资本和生产的集中，向垄断资本主义过渡。英国的霸权地位是毋庸置疑的，而意大利经济"不少方面仍保持着贫穷落后的典型特征"。[①]

在这一时期，刚刚完成国家统一的意大利也开始进行工业革命。此后的五十年，即到法西斯时代之前，习惯上被称为意大利的自由主义时代。意大利在自由主义时代完成了从手工业向机器大工业的转变，但其工业资本的一些特征——带有移植的特点，发展的阶段性不鲜明，本国资本实力薄弱，自由竞争阶段发展不充分，垄断程度低、规模小，相较于西北欧和美国还相当落后——正是在这个时期形成的。[②]

（一）统一初期：发展滞后与原生性失衡并存的意大利资本主义

虽然早在1848年马克思、恩格斯就在《共产党宣言》中描绘了资本主义在全球扩张的情景："不断扩大产品销路的需要，驱使资产阶级奔走于全球各地。它必须到处落户，到处开发，到处建立联系"，使得"一切国家的生产和消费都成为世界性的了"，"过去那种地方的和民族的自给自足和闭关自守状态，被各民族的各方面的互相往来和各方面的互相依赖所代替"。[③] 然而在西北欧资本主义向全球扩张的进程中，19世纪中叶的意大利所扮演的是为英、荷等提供农产品和原材料的附属性角色。直到19世纪后半叶，意大利依然属于后发的"新生国家"。如何摆脱不发达经济处境、发展工业资本主义，主要取决于其与其他西欧工业化国家间技术、财政和市场方面的复杂

[①] ［意］瓦莱里奥·卡斯特罗诺沃：《意大利经济史——从统一到今天》，沈珩译，商务印书馆2000年版，第1页。
[②] 戎殿新、罗红波：《意大利工业化之路》，经济日报出版社1991年版，第116页。
[③] 《马克思恩格斯文集》第2卷，人民出版社2009年版，第35页。

关系。

当西北欧加速走向工业化，铁路网络建设与新能源的应用推动欧陆国家实现机械化生产时，意大利工业资本主义发展仍处于起步阶段，受困于缺乏原料和燃料、技术革新和资本高度依赖外部等条件，工业装备零星、分散且具有半工半农性质，仅仅在皮埃蒙特大区和伦巴第大区建立了最初的工业型设施。严格意义上的产业工人阶级远远未形成——在最发达的伦巴第地区，在不能下田劳作的冬天和雨季，棉纺织工就在织布机前忙碌，春天，他们就放下梭子，拿起锄头，和其他农民一样经营祖传下来的农田。①

意大利统一时与西北欧国家的差距是非常显著的：国民收入还不到法国的三分之一，仅为英国的四分之一；工业在国民收入中的占比微乎其微，农业占比57.8%，但农业的生产率远低于西北欧。据粗略计算，1861年意大利每公顷收益勉强达到80里拉，法国平均为120里拉，英国为213里拉；意大利每公顷单位面积产量大约平均为900公升，阿尔卑斯山以北平均为1500公升，英国为3200公升。19世纪上半叶，没有一个意大利城市像西欧其他城市那样存在资产阶级和工人阶级，也看不到预示着工业时代到来的那种城市景象。1861年，只有不到五分之一的意大利人居住在2万人以上的城市中，且大部分城市居民仍聚集在著名的老城中，除米兰和少数几个城市外，其他城市的发展前景并非依赖于经济活动，而是取决于各级官僚的行政职能。②

当"解放"农村剩余劳动力在其他西欧国家已然成为对资本主义制度起源和发展而言意义非凡且不断深入的方式时，意大利却仍是另一番景象——虽然农民也出现了无产阶级化现象，却与资本主义发展无关，而是农村人口激增、粗放的耕作制度、落后的生产力、无法提供充足的就业机会造成的。③ 意大利学者认为，这一时期本国北部分

---

① Annali Universali di Statistica, Vol. 93, Milano: 1847, p. 152.
② [意] 瓦莱里奥·卡斯特罗诺沃：《意大利经济史——从统一到今天》，沈珩译，商务印书馆2000年版，第4—6页。
③ 同上书，第31页。

散的小农所有制、分散式的生产方式仅能解决温饱，阻碍了社会劳动分工和农业商业化的发展，南部落后的、保守的、封闭的封建庄园经济也限制了农业生产率的提高。

除了资本主义经济发展滞后这一突出特征，意大利还存在严重的失衡问题。统一前的意大利，形式上分割为多个各自为政的王国，工业水平、货币制度、财政制度有相当大差异，这导致新生的王国发展经济面临着诸多的挑战，原生性的经济发展失衡就是其中之一。"意大利经济发展的第一个基本特点是 19 世纪中叶就已（存在）十分明显的南北不平衡。"① 虽然这在今天看来似乎是个难以辩驳的事实，但在一百多年前的 19 世纪末，意大利思想界和政界才承认亚平宁半岛实实在在地存在"南方问题"。

在国家统一初期，南北方人均收入差距约为 15%—20%，且南方与北方先进地区的不平衡更为突出，皮埃蒙特、伦巴第等北方四区仅占全国人口的三分之一强，但国民收入却达到了全国的四分之三，工业和第三产业收入达到了全国的六分之五。此外，还有一些数据也可以说明南北方在生产力上存在的差距——南北方的农村劳动者毛产值相差 30% 以上。② 与资本主义生产发展的失衡相对应，统一初期的南北方公共生活、政治文明体制的发展也存在差距。在北部皮埃蒙特、伦巴第和托斯卡纳等经济较为发达的大区，改良派贵族与推动经济与文明体制转型进步的农工商资产阶级站在一起，推动政府取消特权阶层的古老特权，推动与时代、新的生产力、生产关系相适应的上层建筑的发展。而在南部，两西西里王国和教皇国由于封闭与保守，旧绅士、小资产阶级与平民之间存在巨大的鸿沟，公共生活的变化不似北部那般如火如荼。恰如前文第五章中葛兰西对南北部教士阶层所发挥的不同作用的分析那样。

---

① ［意］瓦莱里奥·卡斯特罗诺沃：《意大利经济史——从统一到今天》，沈珩译，商务印书馆 2000 年版，第 47 页。

② 本段数据参见［意］瓦莱里奥·卡斯特罗诺沃《意大利经济史——从统一到今天》，沈珩译，商务印书馆 2000 年版，第 47 页。

（二）工业资本主义的起步与南北失衡的加剧

在王国统一初期，对于是否要走工业化的道路，意大利各方的认识并不一致。在当政者中居于主导的观点是，意大利只有保持农业国的地位，才能和其他欧洲国家友好往来；工业化不仅破坏乡村传统文化，而且随着工业化的发展、工业无产者的出现，种种社会灾难将不可避免，如火如荼的工人运动也将危及政权稳定。加之受当时西北欧工业化国家追捧的自由贸易的影响，意大利当政者和经济界人士对大卫·李嘉图等所秉持的贸易"比较优势"理念笃信不疑，这使得意大利原本就落后的工业，尤其是南部的工业，几乎遭受了灭顶之灾。由于缺乏关税保护，冶炼业、起步阶段的机械工业、棉纺织业和毛纺织业都陷入了生存困境。恰如恩格斯所言，意大利"资产阶级在争取民族解放时期和那以后取得了政权，但是没有能够而且也没有想要彻底实现它的胜利。它既没有消灭封建制度的残余，也没有按照现代资本主义模式重组国民生产。它没有能力让本国分享资产阶级制度的相对的和暂时的利益，反而把这种制度的一切累赘、一切弊害都加在它身上"[①]。

然而，在历史潮流的驱动下，无论是当政者还是经济界都逐渐清醒地认识到，意大利必须实行工业化，否则，经济上将永远作为西北欧发达资本主义国家的附庸而存在，政治上也难以维持其独立的地位。19世纪80年代，意大利在北部工业主义者的推动下，终于掀起了工业化浪潮。但是，意大利工业化的进程曲折缓慢，直到19世纪末才出现了较快的发展，1881年到1891年，意大利的工业生产仅增长了13个百分点，1891年到1900年增长了9个百分点，1900年到1910年增长了69个百分点。其间，工业结构和经济运行机制得到了改造，为日后的发展奠定了基础。[②] 自此之后，北方工业资产阶级的影响力开始逐渐超越保守的地主阶级，国家的发展纲领越来越有利于北方的工业经济发展。

[①] 《马克思恩格斯文集》第4卷，人民出版社2009年版，第468页。
[②] 戎殿新、罗红波：《意大利工业化之路》，经济日报出版社1991年版，第126页。

19世纪末20世纪初，意大利掀起了股份公司创建的热潮，与此同时，工业资本和工业生产的集中趋势加剧，垄断组织出现，金融资本开始形成。在意大利，国家干预在资本积累和改造经济结构的历史长河中起着决定性的作用，[①] 军工、造船、钢铁和海运行业对国家干预的依赖尤为突出。第一次世界大战中，在国家大量订货的刺激下，意大利各类工业部门，尤其是钢铁业、飞机制造业、汽车工业、化学工业和毛纺织业等与战争和军需相关的产业"突飞猛进"。

然而，工业化的成就集中在意大利北部，而在北部取得重大的工业化成就的同时，意大利南部却遭受了严重的农业危机的冲击。意大利南方长期处于保守的地主阶级的控制下，频繁遭遇农业危机，大批破产农民和贫困雇农移民美洲和意大利北部。这里直到法西斯时期都是一片充满了贫困与绝望的土地，是连"基督（都）不到的地方"[②]。

（三）阶级矛盾的激化与福利制度雏形的出现

工业劳动者遭受的剥削是非常残酷的。1871年，购买一公担小麦需要183个工时，1880年下降到149个工时，1893年需要86个工时。这一时期，意大利棉纺织工人的贫困生活与半个世纪前的英国相比相差无几，工人要求增加工资、改善待遇的斗争此起彼伏。1860年到1878年发生了362起产业工人罢工，1890年一年就发生了139起。

为缓和阶级矛盾，意大利议会在19世纪末通过了一系列保护工人权益的法案。如第二章所提到的，1883年立法，建立工伤险，明确了企业的责任，同时劳动者个人也需缴费。此后，随着因工伤和年老而引发的贫困等社会问题的增多，意大利在1898年将工伤险改为强制性的，覆盖面有所扩大，国家也承担一定的财政责任，但以产业

---

① ［意］瓦莱里奥·卡斯特罗诺沃：《意大利经济史——从统一到今天》，沈珩译，商务印书馆2000年版，第125页。
② "基督不到的地方"是意大利现当代作家卡尔洛·莱维在监狱中（1943—1944年）所著回忆录之名。他描写了20世纪30年代意大利南部的山村，那是一片被抛弃的、落后的土地，"基督从来没到过这么远的地方，时间、个人、希望、理智、因果关系和历史也都没有来过"。

工人为主要对象。同年，意大利又建立了针对残疾人和老年群体的社会保险国家基金会，但国家并不承担财政责任，资金源于雇主和工人的自愿性缴费。

1886年，基于政治目的，意大利还出台了一项针对9—13岁童工的法案。然而在当时，这项法律根本无法得到实施，因为意大利在当时欧美资本主义世界激烈的竞争中处于弱势，即便是在部分地区男纺织工的工资只及其他西北欧童工的水平的情况下，童工依然是意大利资本家提高工厂设备和资源的利用率，以获得更多剩余价值和市场占有率的不二之选。

随着工业化的不断深入，意大利出现了第一批工业无产阶级的核心力量，工会组织力量壮大，工人阶级的政党——意大利社会党——成立了。工业无产阶级与资产阶级一起，从不同的方向推动了意大利现代化进程的开启以及福利制度建设的起步。第一次世界大战期间，意大利工业化的突飞猛进也推动了工人力量的急剧增长，从而推动了意大利社会保障制度的"大跃进"。第一次世界大战爆发后，出于军需和社会控制的双重目的考量，当政者将农林业劳动人口、军需物资工业的劳动者都纳入强制性的工伤与养老险。战争结束后，意大利经济陷入危机，军需产业面临转产，失业率激增，工人斗争声势浩大，社会矛盾激化，社会党在1919年的选举中成为议会第一大党。在这样的背景下，意大利"大跃进"式地突击建立了具有普救主义雏形的社会保障制度——将产业工人、各类农民、雇员和自雇者（自愿）都纳入了强制工伤与养老险中。与此同时，失业险也成为强制险，覆盖面大大扩展。

自此，意大利基本具备了现代福利制度的雏形。可以说，在社会保障建设方面，意大利走在了欧洲前列，甚至在某些项目领域超越了其他西欧资本主义发达国家。但在自由主义时代的竞争逻辑下，这对其薄弱且发展畸形的工业资本主义所产生的挑战与压力是相当大的，甚至产生了负面的影响，以就业为基础的社保制度的建立并不能消除或缓解意大利国内南方保守的地主阶级、北方工业资产阶级、小资产阶级和社会主义者之间的矛盾。战争结束后，许多与战争军需相关的企业停产，陷入困境，阶级矛盾恶化，各阶层都对意大利政府的软弱无能失望至极，期盼着新血液的注入以及强有力政府的出现，这为此后意大利进入法西斯时代提供了历史机遇。

二　法西斯时代意大利资本主义的停滞与福利制度的收缩

法西斯在意大利的上台，并非完全是民意使然，而是当时的自由党、人民党和社会党的分裂，以及它们缺乏政治远见的结果。左派未能适时地为刚刚从工业化中成长起来的小资产阶级提供适当的保护，未能对法西斯的暴动给予有力回击；自由派也没能与大资产阶级达成一致，没能提出稳健的推进国家有序现代化的替代方案。法西斯党在其中"浑水摸鱼"，利用各派矛盾，成功进军罗马。萧条与停滞成为法西斯时期意大利资本主义经济的代名词；福利制度也在法西斯政权的主导下全面收缩，为此后意大利福利国家的建设奠定了保守合作主义的基础。

法西斯时代的意大利由没落的前资本主义农业集团与深度依赖国家的寄生性工业巨头所统治。法西斯党为稳固政权，避免工业化带来的社会矛盾与危机，采取了反城市化政策，田园诗歌般地高度美化了前资本主义生活，并抑制人口流动。工会组织也遭到改造，沦为法西斯政权控制民众的工具。

一直到第二次世界大战结束前，意大利资本主义的发展都是非常缓慢且不均衡的。工业在个人总收入中的比重增长缓慢，从1921年到1940年的20年，仅仅增长了不到9个百分点。与此同时，南北方发展差距进一步扩大：北部工业三角洲有一半以上人口为工业劳动者，而南部最落后的三个大区，每百人中仅有2—4.5人从事工业活动；农业雇工的工资差距也扩大了近1.5倍。[①]

虽然意大利工业资本主义在法西斯时期发展缓慢，但是，意大利工业无产阶级的核心力量已经形成。而且，在社会党和意大利共产党的长期引领下，他们的阶级意识已经觉醒，斗争精神没有因工会的

---

① 详见本书第二章第二节"法西斯时期的制度巩固"。

"改组"而泯灭，依然是法西斯政权和资本世界无法忽视的一股力量。因此，墨索里尼政权在资方压力下收缩福利制度的覆盖范围时，并未剥夺产业工人已经获得的保障，反而为了赢得他们的忠诚，提高了养老、失业和家庭津贴的支出。法西斯政权对产业工人采取了"分而治之"的策略，不同行业，社会保险待遇是不一样的。而政治上分散的分益佃农、普通佃农和自耕农被排除在了养老、失业等社会保障的范畴之外，依然需要依赖于前资本主义的家长制和互助模式对抗社会风险。

从马克思主义经济基础与上层建筑的辩证关系来看，墨索里尼政权在福利制度上的收缩，一定意义上是与当时意大利工业资本主义较落后的生产力水平和生产关系相适应的结果。但是，法西斯政权对福利制度所进行的特殊主义化收缩和巩固，为此后意大利福利国家的碎片化、结构失衡埋下了隐患。

三 第二次世界大战后的"跛足式"发展模式与福利国家建设的完成

（一）黄金时代意大利资本主义的"跛足式"发展模式

第二次世界大战后，意大利从马歇尔计划中获得了美国资本的支持，同时赶上了国际贸易复苏的大好机会，在20世纪50年代初（如第二章所述）便进入了所谓的"经济奇迹"年代。工业从业劳动者数量十年间增加了近200万人，达到了近765万人，为总就业人口的37.4%；工业增加值几乎为第一次世界大战前的7倍；"意大利制造"在西欧的市场占有率达到了12.3%，大大缩短了与英、德、法的距离。但是这些卓越的工业化成就主要是由北方地区实现的。意大利的"跛足式"发展模式，即是指北方地区实现了工业化，而南部很多地区的生产力水平和生产方式几乎还停留在前资本主义时代。

此时的意大利南部，农业依然是主要的收入来源。为了加快南部的工业化，意大利中央政府专门设立了南方开发局，并在地主与雇农矛盾激化、暴乱不断的20世纪50年代初期，进行过一场轰轰烈烈的土改。但是，农民分到的大部分是不适宜耕种的贫瘠土地，加之国家的水利工程等基础设施建设缓慢，且欧共体的农业基金非常明确地主要用于对大型农场的支持。因此，大批南部农民破产，出售土地，土地再度集中到了大农场主手中。在此情况下，一如半个世纪前，长期处于贫困中的意大利南部农民再度选择了出走，前往意大利北部、西德、北欧等经济繁荣地区，为这些地区的资本主义发展源源不断地输入廉价劳动力。

南方开发局主要推动了基础设施改善和公共工程的建设，并未能制定出吸引工业投资，或对南方进行中长期工业布局的战略。1960年，在北部正轰轰烈烈地快速工业化的同时，南部依然有一半未能找到工作的失业者，工业发展处于绝对次要的地位。

进入20世纪60年代后，意大利在南方的工业投资基本是资本密集型的，脱离了南部的经济需求与工业化实际情况。在70年代的石油危机爆发后，北部自顾不暇，收紧了对南部的投资。南部的工业始终停留在公共工程、建筑相关的领域，缺乏活力和创造就业的能力。但是，这并未能阻碍南部迈向后工业化社会的步伐，第三产业逐步超越农业，居于主导地位。

（二）阶级冲突的失衡与福利制度双重二元性的形成

意大利"跛足式"资本主义的发展，以及北方的高度工业化的现代化与南方的无工业化的现代化，使得阶级冲突也发生了失衡。南部从第一产业占据主导直接过渡到第三产业占主导，致使工业无产阶级和资产阶级发育不足，不能在经济上和政治上推动意大利南部实现真正的现代化——城镇化虽然取得了成就，农业就业人口萎缩，但因为没有经历工业化的淬炼，使得前资本主义的内核在南部依然影响深远，缺乏福利国家建设所应经历的阶级冲突与阶级博弈。

意大利资本主义的"跛足式"发展，使得即便在近千万人规模移民海外的情况下，意大利相对人口过剩问题依然比西欧其他国家突出，其中南部比北部更为严峻。相对过剩人口的大量存在，对意大利产业工人的就业、工资水平和福利待遇形成了巨大压力。也正是因为这种压力的存在，意大利共产党和工会的话语权一直比较弱。相较于提高劳动者的失业保险，意大利共产党更关注推动充分就业的实现。

一直到20世纪60年代初，意大利资本主义都是长期依赖低工资在欧共体和全球资本主义市场中立足，以获得必要的资本积累。但是，随着北部地区工业化的深入、熟练工的增多，意大利共产党和工会的政治博弈能力大大增强，马克思主义影响深入到了意大利政治与社会生活的方方面面。迫于左翼党与工会的压力，意大利通过了著名的《劳动者宪章》，赋予了工人终身不被解雇的权利（须正规就业，企业规模不少于15人或农业企业不少于5人）。同时，雇主提高了工人的工资水平，以及养老、家庭津贴和失业保障的待遇水平。但是，政府、雇主和工会三方推动的工人阶级社会保障权利的扩张主要发生在实现了工业化的北方地区，尤其集中在熟练工等"内部人"群体，对于非正规就业、地下经济，以及组织化程度很低的初次求职的青年和长期失业者，工会都"爱莫能助"。

工业资本主义发展与工人阶级发育程度的失衡，也进一步表现在南北方的公共生活与政治文化领域。这些领域的差异对福利制度建设的影响，比较突出地体现在了社会救助与医疗卫生方面，这两者都是中央政府放权到地方的管理项目。社会救助制度在南部地区发展得异常不充分，手段非常单一，通常以现金与实物救助为主，甚至长期沦为天主教民主党拉拢选民的手段。医疗卫生方面，南部的创新能力与充分利用中央拨付资源的能力大大弱于中北部地区。

第二节　意大利福利制度二元困境下的危机与改革

毋庸置疑，第二次世界大战后，福利国家作为西方资本主义世界社会矛盾的政治解决方式，作为阶级妥协的机制，一度受到较为广泛的赞誉。直到20世纪70年代石油危机爆发，福利国家开始受到西方右派和左派越来越多的攻击。

右派批判福利国家增加了税收负担，抑制了资本投资；过高的福利抑制了工人工作的动力。总之，抑制了资本主义的生产效率。西方马克思主义"法兰克福学派"的著名代表人物之一——克劳斯·奥菲指出，上述分析的基本谬误在于：即便福利国家对资本主义积累所产生的影响如保守自由主义分析所强调的那样，很可能是破坏性的，但是，废除福利国家的后果也将是毁灭性的，将使得整个资本主义社会陷入"一种毁灭性的冲突和无政府状态"。①

左派则对福利国家的无效力、无效率、压制性和对工人阶级意识形态的误导进行了批判。无效力主要体现在福利国家的分配机制上。福利国家的分配不是在纵向层面，而仅仅是在横向上发挥作用，即在雇佣阶层内部再分配。福利国家面对个体的需要和不幸，更多采取的是结果补偿的方式，而非预防性战略。此外，在发生经济危机的时刻，也是个体需要应对风险的时刻，社会开支和社会服务常常遭遇被削减的威胁。而福利国家的各种专业形式和臃肿的机构是其无效率的根源。福利国家制造了工人阶级的两大生活领域，即"作为经济、生产和初级收入分配而存在的工作领域"与"作为国家、再生产和次级分配而存在的公民身份领域"相互分离的假象。这种划分模糊了两者的因果关系——"福利国家所承担的不幸和需要是工作和生产领域以直接或间接的方式生产出来的，不论在物质上还是制度上，福利国家都为生产领域的发展动力所制约"。②

左派和右派的上述批判与攻击，所体现的都是福利国家资本积累与合法性之双重功能之间的矛盾。对于"跛足式"的意大利资本主义而言，其福利制度的双重二元困境就是对资本积累与合法性之间矛盾的最好体现。而且自20世纪八九十年代以来，意大利福利制度的矛盾与危机已表现得愈来愈突出。

一　意大利福利制度的矛盾与危机

对于资本主义发展而言，福利国家兼具资本积累，以及使之具备合法性的双重功能。马克思对资本积累的一般规律做过这样的表述，资本的规模越大，其增长的规模和能力越大。这将导致工人阶级的绝

---

① 详见本书第二章第二节"法西斯时期的制度巩固"。
② [德] 克劳斯·奥菲：《福利国家的矛盾》，郭忠华译，吉林人民出版社2011年版，第9、10页。

对数量与其生产力的扩大,产业后备军也将同时膨胀起来。"产业后备军的相对量和财富的力量一同增长。但是同现役劳动军相比,这种后备军越大,常备的过剩人口也就越多,他们的贫困同他们所受的劳动折磨成反比。最后,工人阶级中贫苦阶层和产业后备军越大,官方认为需要救济的贫民也就越多。"① 在资本积累的这一规律的作用下,所有的福利国家都以"公民身份"和"合法居留身份"为界限树立起了边界。而建立在"跛足式"工业化基础上的意大利福利制度所提供保障的边界,对外以"公民身份"为界,对内则以群体和地域为界。

意大利劳动力市场存在三重二元特征,即地域二元性、性别二元性以及青年与非青年群体二元性。在南部和非正规劳动力市场中,依然存在大量靠延长工人劳动时间获取剩余价值的现象。资本家延长劳动时间的行为不仅"具有内在的冲动,也有自己的客观依据"②。劳动力是其购买的产品,他们有权利充分消费商品的使用价值。而作为劳动力的所有者,工人也有权反对过度延长劳动时间,因为这会损害他们的健康。这就出现了马克思所说的"权利同权利相对抗,而这两种权利都同样是商品交换规律所承认的"③。这种对抗的结果取决于双方力量的对比。虽然早在1970年,意大利就通过了《劳动者宪章》,为劳动者的权利提供了完善的保障,但这仅仅对有工会组织保护的、在正规劳动力市场就业的劳动者有实际意义。在正规劳动力市场之外的南部劳动者、青年和妇女,政治上一直是一种碎片化的存在,并不能得到意大利福利资本主义的工伤、养老、失业救助和家庭津贴等社会保障。

此外,在完全依赖税收的社会救助领域,意大利还停留在前资本主义的状态——主要依赖家庭对抗现代社会中出现的贫困风险。意大利一直以来没能建立最低收入保障制度,也未能为初次求职未果的青年群体建立收入支持制度。因为,从自由主义右派的观点来看,过多

---

① 《马克思恩格斯文集》第5卷,人民出版社2009年版,第742页。
② 本书编写组:《马克思主义政治经济学概论》,人民出版社、高等教育出版社2016年版,第113页。
③ 《马克思恩格斯文集》第5卷,人民出版社2009年版,第272页。

的税收负担会损害资本积累的效率，会挫伤劳动者的积极性。但是，建立在正规就业基础上的意大利福利国家的现代性与合法性却也因此大打折扣，备受批评。欧美学者对意大利福利制度的指摘——"未完成的现代化""发育不完全的福利国家"，即是此意。

当福利国家的资本积累与合法性功能之间的矛盾激化到一定程度仍得不到妥善解决时，就会表现为一场深重的危机。在意大利，这场冲突最终演化为福利制度的财政可持续危机与合法性危机。在自由主义者看来，意大利福利制度的财政可持续性危机是福利国家抑制了资本投资和积累所带来的后果，需要通过削减支出来解决。事实上，意大利福利支出的总体水平在欧洲国家处于中等水平，与其经济发展程度基本一致。福利支出问题的症结在于支出结构的不合理，即养老金支出的过度膨胀与其他支出的不足。合法性危机更加显著，除原有的制度漏洞外，还缺乏应对新风险的措施。随着后工业社会的来临，意大利劳动力市场的就业形态已经发生了巨大变化——灵活就业、妇女就业增多，原来建立在长期稳定就业基础上的福利国家制度已经不能再应对新的社会风险。

对于这一点，有必要再次引用奥菲的犀利论述："福利国家所承担的不幸和需要是工作和生产领域以直接或间接的方式生产出来的，不论在物质还是制度上，福利国家都为生产领域的发展动力所制约。"[①] 福利国家存在的合法性源于生产领域，可支配的资源与制度调整也都受制于生产领域。当生产领域发生了重大变化时，作为上层建筑之一的福利制度依然裹足不前，自然就会促使制度中潜藏的危机暴露出来并逐渐深化。

二 意大利福利制度再校准改革的悖论及其政治经济根源

（一）再校准改革的悖论

再校准改革是欧美学术界对二十多年来福利国家改革进程的一种

---

① ［德］克劳斯·奥菲：《福利国家的矛盾》，郭忠华译，吉林人民出版社2011年版，第10页。

界定。再校准不仅仅包含着"削减福利"或"紧缩支出"之意，还意味着重新调整福利制度的功能与分配结构、相关的规制以及构建福利制度的观念，以适应经济与社会结构的新变化。①

所谓再校准改革的悖论，是指改革目标、改革结果与问题之间存在错位。尽管对意大利而言，欧洲化的再校准改革往往不仅意味着削减福利支出以实现财政"健康化"，还意味着社会救助与常规失业救助制度的现代化以及社会团结观念的更新，但事实上，如第三章所述，意大利技术官僚借助欧洲化力量所推动的再校准改革，最终主要实现了财政紧缩的目标——也因此使意大利被视为民族福利国家欧洲化的典型②，却并未触动青年儿童收入支持项目发育不足，以及福利资源在老年与非老年群体间分配失衡的问题。

（二）再校准改革悖论产生的经济与政治根源

从马克思主义政治经济学基本原理的角度来看，福利国家的演变势必要被生产力的发展趋势所制约。与此同时，阶级关系和各利益主体博弈格局的变化也会塑造福利国家的改革路径。再校准改革之所以在意大利主要实现了所谓的财政"健康化"目标，而未能实现更为公平、公正的福利制度改革，经济上的根源是其近二十多年的生产力发展水平的停滞，政治上的根源则是工会组织老龄化、斗争能力的退化以及左翼党的分裂与碎片化。

1. 意大利近二十年生产力发展的停滞

恰如奥菲所言，福利国家在物质和制度上的演变都牢牢受制于生产领域的动力。意大利近二十年来紧缩福利支出的改革，相当大程度上是其工业资本主义发展陷入困境的体现。

事实上，西北欧和北美主要发达国家的产业重心近些年来已经由传统制造业转移到了高新技术产业、金融服务业等领域。这些产业属

---

① Maurizio Ferrera, *L'analisi Delle Politiche Sociali e del Welfare State*, in Maurizio Ferrera (eds.), *Le Politiche Sociali*, Bologna: Il Mulino, 2012, p. 30.

② Chiara Agostini, David Natali and Stefano Sacchi, *The Europeanisation of the Italian Welfare State: Channels of Influence and Trends*, in Ugo Ascoli and Emmanuele Pavolini, *The Italian Welfare State In a European Perspective: A Comparative Analysis*, Policy Press, 2015, p. 259.

于资本技术密集型产业,在世界分工体系的顶端。意大利虽然拥有较为完整的工业体系,但在这两个领域一直缺乏比较优势,在资本主义国际分工体系中处于次中心地带。尤其自21世纪初期欧盟东扩以来,意大利的经济也陷入了20世纪70年代本国南部所面临的"腹背受敌"的危险处境:一方面受到生产率很高、垄断高附加值产品的国家——西北欧、日本和北美的压制,另一方面面临劳动力成本相对较低的国家——中东欧和"金砖国家"的挑战。

意大利国家统计局的统计数据表明,从1995年到2015年,意大利年均劳动生产率的增长率仅为0.3%,远低于德国的1.5%、法国的1.6%、英国的1.5%,以及欧盟的1.6%。甚至,2015年意大利劳动生产率为负增长,即-0.3%。①

在意大利经济学家看来,意大利劳动生产率停滞不前的因素主要集中在产业转移和劳动者素质两个方面。近些年,意大利专注于旅游和时尚业的发展,传统优势产业——纺织、制鞋业等外迁至中东欧、中国、巴西、越南等地,同时机械、化工和制造业等领域的技术设备更新滞后,革新能力和引入新技术的能力不足,致使高附加值产品比例过低。此外,意大利25—64岁的劳动者中,拥有大学学历的比例在经合组织国家中也是最低的,即劳动者相对较低的素质限制了意大利生产力的提高。生产率的停滞不前大大限制了意大利资本主义进行资本积累的能力,进而限制了意大利进行福利制度改革的路径,即以紧缩财政支出为出发点和归宿,忽视了福利国家功能的完善与结构的均衡化。

2. 激进左翼的碎片化与工人运动的衰落

苏东剧变后,西欧地区的社会主义运动陷入了低潮。这一地区最强大的共产党——意大利共产党于1991年在里米尼召开了意共最后一次代表大会,正式更名为左翼民主党(即今天的民主党),从而结束了其70年的光荣历史。以意大利共产党元老科苏塔为首的少数派,

---

① 参见 http://www.repubblica.it/economia/2016/11/02/news/istat_in_20_anni_italia_ultima_per_produttivita_-151141252/,最后登录日期为2017年9月23日。

以复兴社会主义运动为己任，组建了重建共产主义运动，即后来的重建共产党（以下简称重建共）。重建共在 20 世纪 90 年代以来参加过两次中左翼的联合政府，在福利制度改革中阻止了右派过于极端和市场化的改革，切实发挥了"护民官"的作用。

然而，重建共在参加中左翼政府与做坚定反对派之间的反复摇摆招致了诸多批评。英国左翼学者卢克·马奇（Luke March）批评重建共是前后不一致的"两面派"，一方面参加政府，另一方面又动员民众反对它们所不喜欢的政府的措施，进而遭遇了信任危机，引发了内部思想上的混乱。[①] 自 2008 年议会选举遭遇滑铁卢后，陷入了不间断的内耗与分裂中。如今，重建共已经走到了意大利政治舞台的边缘，丧失了影响中央政府决策的话语权。

除了左翼党的边缘化，工会组织的老龄化与青年会员的减少也是意大利福利改革失衡、支出遭遇大幅削减的重要因素。意大利一度是欧洲工会参会率最高的国家之一，在 20 世纪 60 年代，工会参会率为 25%，到 1975 年增至 50%，20 世纪 80 年代开始下降，到 1990 年降至 38.8%，到 2010 年约为 33.8%。但是，意大利工会会员的老龄化非常严重。据统计，2010 年，意大利劳工总会（CGIL）的已退休会员的比例高达 52%、意大利劳动者联合会（CISL）为 48.5%，意大利工会联盟（UIL）高达 30%。2003 年欧洲晴雨表的统计也表明，意大利中年群体参加工会的比例远高于欧洲的平均水平。[②] 此外，公共部门参会率接近 39%，私营部门的参会率为 28% 左右。[③] 意大利国家统计局的数据显示，2013 年，在 2240 万意大利就业者中，有 53.7% 为非典型就业者，即灵活就业者、学徒或短期合同者；在 15—29 岁的就业者中，三分之一签署的是非典型劳动合同，占总就业比例的 12.3%。[④] 2014

[①] ［英］卢克·马奇：《欧洲激进左翼政党》，于海青、王静译，社会科学文献出版社 2014 年版，第 323 页。

[②] Federico Nascimben, *Ma Il Sindacato, Chi Rappresenta*? http：//www.europinione.it/sindacato-rappresenta/，最后登录日期为 2017 年 9 月 24 日。

[③] 参见 http：//www.confsaluniversita.it/files/all_1_not_24_con_tabelle.pdf，第 4 页。

[④] Federico Nascimben, *Ma Il Sindacato, Chi Rappresenta*? http：//www.europinione.it/sindacato-rappresenta/，最后登录日期为 2017 年 9 月 24 日。

年，意大利第一大工会劳工总会的500余万会员中，仅有1.5万失业者。[①] 上述数据充分说明了，意大利工会在老年劳动者中的代表性是很高的，能够很好地维护老年群体的利益。这在20世纪90年代以来的历次养老金改革中已经得到了证实。但是，意大利工会对35岁以下的青年群体的关注度和联系紧密度非常低。由此也就不难理解，意大利青年群体为何会发出这样的疑问：工会代表谁的利益？工会组织在新型就业群体中代表性的不足，也是意大利福利制度改革不均衡、未能在福利资源分配上向该群体倾斜的重要原因。

第三节 本章小结

本章主要从马克思主义政治经济学经济基础与上层建筑基本关系的理论视角，对意大利福利国家双重二元性形成的根本原因进行了分析。相较于西北欧其他国家，意大利工业资本主义起步晚，且在发展的进程中恶化了原本存在的地域失衡问题。在完成国家统一后的150多年里，南北方鸿沟不断扩大，意大利的"跛足式"资本主义已然完全固化。在这样一种失衡的工业资本主义模式下，意大利形成了一种存在双重二元特性的福利制度。

意大利福利国家的早期设计者，以德国的社会保险制度为榜样，建立了以正规就业为基础的福利制度，并对其覆盖面和功能都作出了明确的界限规定。这样的制度构建逻辑有制度学习的痕迹，亦有保守主义和自由主义理念的影响，更重要的是，它体现了意大利在激烈的资本主义世界竞争体系中所处的位置、生产领域的动力以及资本积累能力对福利建设的制约作用。

在资本主义积累的周期性和不连续性面前，相较于其他西北欧国家和美国等处于中心位置的资本主义国家，意大利在近二十多年来表现

[①] Matteo Pucciarelli, *Cgil, Perse 700 Mila Tessere: Sindacato Abbandonato da Giovani E Precari*, http://www.repubblica.it/politica/2015/08/19/news/cgil_perse_700_mila_tessere_sindacato_abbandonato_da_giovani_e_precari-121211783/，最后登录日期为2017年9月24日。

得尤为脆弱。这使得意大利的财政危机频发,社会支出常常面临紧缩的威胁与压力——"与其说福利国家是提供各种收入、服务等福利措施……不如说它本身就高度依赖于经济的繁荣和持续的利润"。[①] 换言之,利润从未让位于工人的生计安全,当工人的去商品化权利对利润的增长构成威胁时,黄金时代构建福利国家的哲学与理念就会被新自由主义精英毫不犹豫地抛弃。

意大利资本主义进入 21 世纪以来,尤其是金融经济爆发后的近十年间,经济一直处于萧条中。虽然意大利福利制度漏洞百出,形形色色的新社会风险亟待严加应对,但削减福利支出、扩大资本积累,依然成为当政者坚定的选择。意大利福利国家的"危机正好出现在这样一种情况之下:一方面,年暮之人已行将就木;另一方面,新时代却迟迟不能降生。在这一间隙,各种各样的病态征兆大量涌现"[②]。双重二元问题的恶化,是身处核心资本主义国家与新兴国家"两面夹击"中的意大利福利国家资本积累与合法性双重功能矛盾的深刻体现。削减福利支出,或许能暂时性地扩大资本积累,但其一方面削弱了福利制度对人的投资和保护,制约生产力的提高,另一方面也会恶化福利制度的合法性危机。

事实上,在欧洲一体化和全球化如此深入的今天,欧洲民族福利国家命运的自主权在相当程度上已不再掌握在自己手中了。意大利自然也不例外。在可见的未来,意大利双重二元性的困局仍难以得到缓解,更不会被破解。

---

① [德] 克劳斯·奥菲:《福利国家的矛盾》,郭忠华译,吉林人民出版社 2011 年版,第 4 页。

② Antonio Gramsci, *Selections from the Prison Notebooks*, New York: International Publishers, 1971, p. 276.

结　语
——兼论对我国转型时期社会保障体系构建的启示

本研究着重回答了三个问题：意大利福利制度的主要特征是什么？经济与政治根源是什么？欧洲化的改革又对这些特征的演变起到了什么作用？

意大利学者在分析本国福利制度时，常常使用"二元性""失衡"等概念，但不同学者的侧重点有所不同。此外，他们探讨二元性成因的论述也比较分散。但他们的研究为我们提供了非常丰富且至关重要的制度发展细节。本研究的主要贡献就在于，在前人分析的基础上，将意大利福利制度的特征提炼为"双重二元性"，并从工业化、政党政治、政治文化等视角，通过对大量的历史细节进行抽丝剥茧，呈现双重二元性形成的历史过程。最后运用马克思主义政治经济学，对意大利本国资本主义发展的各个阶段的福利制度构建的动因、双重二元性形成的必然性与偶然性进行了更为深入的理论分析。

为不辜负本书中众多之于福利制度建设具有重要价值的历史细节，除对前文内容进行概括和提炼之外，本研究最后还将尝试总结出具有一定借鉴性的经验。当然，意大利福利制度构建与改革是在其特有的政治经济与社会文化环境中进行的，具体措施未必对我们这样一个国情更为复杂多样的国家具有借鉴意义。但从历史发展的角度看，意大利公共养老、失业保险与社会救助方面的制度构建与改革的教训，对我国建设可持续的多层次社会保障体系或将具有一定的启示意义。

一 意大利福利制度双重二元性的本质、根源与前景

（一）双重二元性的含义与本质

近年来意大利学者在考察本国福利制度时，提出了"二元性"的概念，这一概念基本涵盖了对南欧福利模式复合的制度构建逻辑、庇护主义和家庭主义等特征的讨论。根据意大利学者的界定，二元性是"失调""扭曲"和"不平衡"的同义语，且含义也是双重的。费雷拉等笔下的二元性，主要指不同群体间社会保护水平的失衡。如所谓"内部人"与"外部人"所享受的社会保护水平的失衡，抑或福利资源分配在老年群体与非老年群体之间的不平衡。后者一定程度上涵盖了"内部人"与"外部人"的问题，因此受到了更多的关注。阿斯科利等笔下的二元性，往往强调的是社会保护水平的地域性差异。

在意大利学者研究的基础上，本研究将意大利福利制度的突出特征界定为"双重二元性"，即结构二元性与地域二元性。结构二元性指意大利成熟完备的养老保障与发展落后的失业和社会救助制度并存，使得社会保护水平在"老年"和"非老年"群体之间产生了极度不平衡的现象。地域二元性主要指意大利的国民医疗体系与社会服务体系在南北方的发展差距。

（二）双重二元性产生的经济与政治根源

南北方发展的失衡一直到资本主义发展的黄金时代都没有得到改观——"在蓬勃发展的战后工业化进程中南方没有掉队，但与北方的差距令人瞠目"。[①] 意大利是西欧的后发工业国，经济类型属于出口导向型，但出口企业基本在北方，南方的作用主要在于提供廉价劳动力。北方企业在国际市场激烈的竞争中不断优化技术，淘汰落后产能，而南方的工业化更多是北方工业化扩散的结果。在遭遇 70 年代的石油危机后，国家对南方的投入力度减弱，南方在还没能克服"工业化不足"的问题时，便陷入了"过时工业化"。

[①] 戎殿新、罗红波：《意大利工业化之路》，经济日报出版社 1991 年版，第 491 页。

意大利南北方资本主义的"不发展与发展",给劳动力市场和福利国家的构建带来了深远的负面影响。20世纪意大利整体工业化的不足,导致国内长期存在大量失业人口。同时,劳动力市场二元结构明显——稳定性高、收入高的劳动者与稳定性差、收入低的劳动者并存,提供良好劳动保护的正规劳动力市场与大规模的地下就业并存。正如凯恩斯在其《通论》的结语中所说:"我们生存其中的经济社会的突出缺陷,在于它不能提供充分就业,以及财富和收入的任意不平等分配。"[①] 只是在意大利,工业化的失衡使得这些缺陷表现得更为突出,即失业率更高,劳动力市场、福利制度的结构与地域发展更为扭曲。

工业化理论能够很好地解释包括意大利在内的民族福利国家的线性扩张,但却不能解释为何意大利公共养老之慷慨可居欧洲福利国家之最,而针对非老年群体的收入支持却长期发展不足——家庭津贴从经济奇迹年代开始大幅萎缩,直到金融危机爆发前都没能像法国、德国等一样建立起真正具有收入维持意义的常规失业保障。福利国家的结构差异往往是政治角力的结果。意大利第一共和时代极化多党制下的利益碎片化以及主要政党和工会等利益集团之间的博弈,在福利国家扩张的黄金时期,完全固化了法西斯时代遗留的二元性问题。

第二次世界大战后意大利失衡的阶级冲突,以及极化的多党竞争,是意大利养老金支出不断膨胀的重要因素。20世纪50年代中后期和60年代,天主教民主党执政联盟继续以就业和行业为基准,推动老年养老金覆盖范围的扩张——为其重要选民"自耕农、分益佃农和佃农""手工艺人"和"小商人"建立了单独的养老金管理项目,并默许这些项目长期在赤字状态下运行;为公共部门雇员建立了非常慷慨的养老金制度。到60年代末,意大利共产党在养老金立法中的影响力大大提升,但由于担心天主教民主党和社会党最终将左翼的选民也纳入其庇护主义的轨迹,从而采取了以公共部门雇员为标准,提

[①] John Maynard Keynes, *The General Theory of Employment, Interest and Money*, in *Collectted Writings*, Vol. VII, London: Macmillan, 1972, p. 372. 转引自 [英] 唐纳德·萨松《欧洲社会主义百年史》,姜辉、于海青、庞晓明译,社会科学文献出版社2008年版,第897页。

高自身选民群体养老金水平的斗争策略，与天主教民主党执政联盟共同推动了养老金收益计算方式由缴费确定型向收益确定型的转变。"从政治上而言，改革的最新颖之处在于，意大利共产党和工会也被纳入了分赃制。"①

家庭津贴的支出，在极化的多党竞争中不断萎缩。第二次世界大战后，意大利家庭津贴的支出一度非常庞大，甚至超过了养老金的支出，但到60年代却沦为政党在社保领域利益博弈的牺牲品。战后初期，家庭津贴性质含混不清，主要表现为一种以缴费为前提的工资补贴，但在南部地区还起到失业救助的作用。意大利共产党和工会为获得工资和养老金水平的提高，作出了降低家庭津贴实际价值的妥协；而天主教民主党不断推动家庭津贴覆盖范围的扩展——将其"用于一系列庇护政策，资助那些根本不需要救助的人"②。当家庭津贴的价值被压缩得所剩无几时，也就退出了政党博弈的舞台——在80年代成为财政紧缩的对象时，几乎没有遭遇到反对的声音。

意大利常规失业保险制度的发展滞后，也与政党政治密切相关。第一共和时代的主要政党都坚持认为实现充分就业才是保证本党核心政治利益的关键，因而并不关注失业保险制度的完善。天主教民主党还常常采取个体化的庇护策略，或吸收待业者进入公共部门就业，或发放特殊现金津贴。意大利共产党和总工会对天主教民主党的"小恩小惠"式救助非常反感，同时，深恐失业制度再沦为天主教民主党拉拢人心的庇护手段，因此，更注重扩大就业，维护已就业产业工人的利益，加强正规劳动力市场保护。意大利常规失业保险的替代率，通过金融危机爆发后的系列改革，才提升到了欧洲福利国家的平均水平。

政治文化的差异是意大利社会救助服务南北方发展失衡的重要原因之一。在国家统一之前的一千多年里，意大利南北方走上了不同的社会治理道路，形成了风格迥异的政治文化。南方的政治与社会生活

---

① Maurizio Ferrera, *Modelli di Solidarieta': Politica e Riforme Sociali Nelle Democrazie*, p. 267.

② Ermanno Gorrieri, *La Giungla dei Bilanci Familiari*, Bologna: Il Mulino, 1979, p. 131.

打上了垂直附庸剥削的烙印，北方则呈现出了横向联合互助的特色。这两种政治文化对从拿破仑时代至21世纪的意大利南北方各地在社会救助服务领域的创新能力与管理模式产生了截然相反的影响。在意大利北方，要么管理精巧高效，市场作用突出，如伦巴第大区；要么城市充分发挥自治作用，引领社会医疗与救助服务立法的潮流，如托斯卡纳和艾米利亚—罗马涅大区。在意大利南部，落实和转化国家层面的立法总要比北方迟缓，创新往往是天方夜谭。南方的政治文化并非没有发生演化，只是相对于制度的变化和新时代所需要的观念革新而言过于缓慢。

伴随着冷战的结束，意大利的政治生活也进入了新时期。具有地区分离主义倾向的右翼民粹主义政党在意大利北部的兴起，再度提醒人们作为国家的意大利与作为民族共同体的意大利之间的距离。在缺乏民族认同感的国度中，中左翼一次次充满"家国情怀"的横向财政转移支付的制度化努力，都在政党博弈与国家权力结构变更中化为了泡影——金融危机爆发后，南方急剧萎缩的社会支出便是明证。

百余年前，恩格斯在分析意大利的状况时，曾引用了马克思的这段话——"除了现代的灾难而外，压迫着我们的还有许多遗留下来的灾难，这些灾难的产生，是由于古老的、陈旧的生产方式以及伴随着它们的过时的社会关系和政治关系还在苟延残喘。"[①] 这用在今天的意大利，依然是适宜的。

（三）欧洲化的福利改革无益于双重二元性的消弭

所谓欧洲化，即成员国对欧洲区域一体化的适应过程。欧洲化的压力既表现为对法律规制的转化，也表现为对政策理念的接受与实践。虽然欧洲化为意大利提供了进行福利改革的重要外部推动力，且近年来意大利也被追捧为民族福利国家欧洲化的典型，但必须注意到，意大利的精英阶层不过是借助欧洲化的力量去改变了他们所愿意改变的，而他们所不愿触碰或短期内难以改变的——福利制度所固有的、内在的结构性失衡与地域性失衡问题，丝毫没有得到改观，甚至

---

① 《马克思恩格斯文集》第5卷，人民出版社2009年版，第9页。

还在恶化。

1992年,欧共体成员国签署《马斯特里赫特条约》,明确了建立欧洲经济与货币联盟目标和步骤。在国家政治与经济的重重危机中,意大利的精英阶层看到了使自己的国家"涅槃重生"的机遇——借助加入货币联盟的契机,在政党政治重构阶段,通过对养老、医疗等社保支出大项实施参数改革和结构改革的方式,实现公共财政的"健康化"。

从公共财政健康化的角度,或者从财政紧缩的角度来看,意大利公共养老金的支出确实比改革之前有了大幅下降,到2025年将降至GDP的14%以下,远低于历次改革所预计最低可能达到的21%的比例[1]。医疗卫生的发展也越来越取决于可支配资源的多寡,具体地说,即不是受制于健康部,而是受制于经济与财政部。社会救助领域的支出也在财政紧缩的压力下逐年缩水——2011年,意大利国家社会政策基金对大区和自治省的财政转移力度萎缩了接近2/3。唯一得到提升的是常规失业保险的替代率,提高至75%。

如果从支出结构的角度来看,经历了二十多年的改革后,意大利福利制度的结构失衡问题并没有得到任何改善。90年代到金融危机前的养老金改革,几乎未触及老年群体的利益,紧缩的压力主要由未来的退休者,即中青年群体来承受;金融危机后,蒙蒂政府的福尔内罗改革改善了公共养老金的制度碎片化问题,统一了公私营部门雇员以及自雇者的退休资格,但依然未能改变补充养老发育不足的局面——公共部门和大企业雇员在公共养老金领域的"损失"从补充养老那里得到了补偿,而小企业雇员和灵活就业者却得不到这样的制度保障。家庭津贴和社会救助在意大利的社会保障体系中依然处于几乎无人问津的边缘地位。虽然失业津贴替代率有所提高,但不可能从根本上改变意大利长久以来存在的福利制度结构失衡的问题——对老年人的保护过多,对家庭和青年人的支持不足。

---

[1] Matteo Jessoula, *La Politica Pensionistica*, in Mauizio Ferrera (eds.), *Le Politiche Sociali*, Bologna: Il Mulino, 2012, p. 117.

总之，在南北方工业化失衡问题得不到实质性改善的情况下，意大利福利制度的双重二元性问题在中短期内是不可能得到解决的。未来将继续进行的欧洲化改革，以及基于其财政健康化的目标，都很难起到推动意大利福利制度朝更公平、公正的方向发展的作用。意大利传统左右翼大党和工会的支持者往往以老年群体居多，不利于推动福利支出的平衡化改革。此外，传统主流政党在社会救助服务领域所秉持的辅助性原则——地方和家庭承担主要责任，在财政联邦化和经济复苏乏力的背景下，将使地域失衡问题进一步恶化。2013年议会选举中异军突起的民粹主义五星运动党，一直持有激进的福利改革主张，虽然一度成功地在个别大区推动了最低收入保障实验计划的实施，且在2018年的议会选举中赢得了近三分之一的选票，并有意推动国家层面的最低收入保障制度的构建。但是，历史经验已经充分表明，福利制度的构建与改革始终受制于复杂的政治、经济与社会结构，意大利早已根深蒂固的双重二元困局，是绝非一支声称"超越了左与右"的民粹主义新兴反建制党可以在一朝一夕间打破的。

二　意大利福利制度构建与改革的经验与教训

笔者的专业基础主要是"意大利研究"，因此而得出的几点经验教训难免存在偏颇之处，但仍希望能对转型时期我国多层次社会保障体系的构建与调整产生一定的启示意义。

（一）社会保障体系的构建与改革应兼顾财政可持续和社会公平

首先，以养老制度为例。20世纪五六十年代是意大利经济飞速发展的时期。在这一时期，意大利先后四次（1958年、1962年、1963年和1965年）大规模上调了公共养老给付水平，公共部门雇员缴费满20年就可享受全额年资养老金。在1969年，又将养老金计算方式由缴费确定型转换为收益确定型。70年代，还引入了复合的指数化机制，将养老金给付同时与通货膨胀率和平均工资增长率挂钩。此后，意大利公共养老给付水平一直十分慷慨，私营部门和公共部门替代率一度分别高达80%和100%。此外，意大利公共养老金的管理也十分混乱，漏缴现象非常严重，监管也不到位，劳动监察部门常常为雇主漏缴社保提供便利。这都为意大利公共养老金的财政危机埋下了隐患，加大了20世纪90年代以来的改革难度。

20世纪90年代以来，意大利对公共养老金实施了非常激进的参数改革和结构改革。尤其金融危机后，大幅提高了缴费期和退休年龄，养老金给付计算方式也由收益确定型转变为缴费确定型。这虽然减轻了财政压力，但是却在补充养老发育非常不完善的情况下，增加了未来退休的老年群体陷入贫困的风险。因此，在经济形势良好，公共财政流动性充裕时，应兼顾财政可持续与制度公平，合理设计养老金制度；在进行养老金改革时，不仅应考虑财政可持续性，还应从社会公平正义的角度，发挥公共养老的再分配作用，降低老年贫困风险出现的可能。

其次，以社会救助为例。意大利的社会救助体系一直被批判过于落后，且存在严重的地域失衡问题。这是因为自福利国家建设启动以来，社会救助的责任一直归于地方，从未得到中央政府的真正重视。直到20世纪90年代中后期普罗迪执政期间才进行了一次重大改革。这一时期的中左翼政府推出了富于雄心的社会救助现代化改革计划，先后引入了诸多促使本国社会救助制度现代化的因素，如作为家计调查统一标准的经济状况指示系统，以及最重大的创新——最低收入保障计划。然而，这些为意大利社会救助体系注入现代化活力的创新，最终却在财政紧缩与政党政治的束缚下不了了之，没能从结构上重塑意大利的社会救助制度，原有的低能低效碎片化、覆盖面窄、无全国统一的最低收入保障、社会服务地域分化严重等问题依然存在。意大利在社会救助与社会照护领域的改革远远滞后于社会的变化与需求，制度本身的公平性备受质疑，而这种保守与滞后，恐将成为束缚意大利经济发展与社会进步的重要制度缺陷。

（二）社会保障体系应及时再校准以适应经济社会的新变化

意大利的常规失业保险制度，直到福利国家建设完成，都远远滞后于养老金制度。首先，替代率过低，一度只有9%；其次，条件非常苛刻。在常规失业保险之外，意大利为大企业雇员建立了停业补贴制度，替代率高达80%，且周期最高可达两到三年。这样的失业保障制度，对于20世纪80年代以来灵活就业增多、青年失业率居高不下的意大利劳动力市场是非常不合时宜的。直到金融危机爆发后，意大利终于改革了常规失业保险制度，提高了替代率，但是并没有增设对初次求职者以及长期失业者的收入支持项目，再就业的职业培训制度也非常不完善。这非常不利于青年群体个人竞争力的提高，以及职业技能的完善。

意大利在失业保障领域所能给予我们的启示，就在于应注重对青年群体就业的引导和支持。失业保障的意义不仅是事后补偿，更重要的是预防，并提高个人的职业技能和融入劳动力市场的能力。

参考文献

中文专著

1. 《马克思恩格斯文集》第1—10卷，人民出版社2009年版。
2. ［英］伊恩·高夫：《福利国家的政治经济学》，古允文译，台北巨流图书公司1995年版。
3. 周弘：《福利国家向何处去》，社会科学文献出版社2006年版。
4. ［丹麦］哥斯塔·埃斯平－安德森：《福利资本主义的三个世界》，苗正民、滕玉英译，商务印书馆2010年版。
5. ［英］唐纳德·萨松：《欧洲社会主义百年史》（上下册），姜辉、于海青、庞晓明译，社会科学文献出版社2008年版。
6. ［美］托尼·朱特：《战后欧洲史》（上下册），林骧华、唐敏等译，新星出版社2010年版。
7. 丁开杰、林义编：《后福利国家》，上海三联书店2004年版。
8. ［英］保罗·皮尔逊编：《福利制度的新政治学》，汪淳波、苗正民译，商务印书馆2004年版。
9. ［美］罗伯特·D. 帕特南：《使民主运转起来——现代意大利的公民传统》，王列、赖海榕译，江西人民出版社2001年版。
10. 戎殿新、罗红波：《意大利工业化之路》，经济日报出版社1991年版。
11. ［英］卡尔·波兰尼：《巨变》，黄树民译，社会科学文献出版社2013年版。
12. ［意］瓦莱里奥·卡斯特罗诺沃：《意大利经济史——从统一到今天》，沈珩译，商务印书馆2000年版。

13. ［意］克罗齐:《1871—1915 年意大利史》,王天清译,中国社会科学出版社 2005 年版。
14. ［英］唐纳德·萨松:《当代意大利——1945 年以来的政治、经济和社会》,王慧敏、胡康大、周弘译,中国社会科学出版社 1988 年版。
15. ［意］路易吉·德罗萨:《战后意大利经济》,罗红波等译,中国经济出版社 1999 年版。
16. 周弘、［德］贝娅特·科勒-科赫主编:《欧盟治理模式》,社会科学文献出版社 2008 年版。
17. ［意］G. 萨托利:《政党与政党体制》,王明进译,商务印书馆 2006 年版。
18. 景跃进、张小劲:《政治学原理》,中国人民大学出版社 2016 年版。
19. ［英］约翰·迪基:《意大利黑手党的历史》,王莉娜、杨晨、魏贝贝译,华东师范大学出版社 2012 年版。
20. 中共中央编译局国际共运史研究所编译:《葛兰西文选（1916—1935）》,人民出版社 1992 年版。
21. ［德］克劳斯·奥菲:《福利国家的矛盾》,郭忠华等译,吉林人民出版社 2011 年版。
22. 本书编写组:《当代马克思主义政治经济学十五讲》,中国人民大学出版社 2016 年版。
23. 本书编写组:《马克思主义政治经济学概论》,人民出版社、高等教育出版社 2016 年版。
24. ［英］G. D. H. 柯尔:《社会主义思想史》第四卷（上册）,商务印书馆 1990 年版。

中文论文

1. 孙彦红:《意大利公共债务问题评析》,《欧洲研究》2015 年第 2 期。
2. 郑秉文、宋坤:《意大利九十年代以来养老金三个支柱改革进程——兼论引入"名义账户"的前途》,《欧洲研究》2005 年第 6 期。

3. ［意］萨尔沃·莱奥纳尔迪：《论阶级投票的趋势——以意大利的情况为例》，刘光毅、黄河译，《国外理论动态》2012 年第 3 期。
4. 谢静：《奥菲的福利国家危机理论研究》，复旦大学博士学位论文，2012 年。
5. 陈炳辉：《奥菲对现代福利国家矛盾和危机的分析》，《马克思主义与现实》2006 年第 6 期。

意大利文专著

1. Andrea Ciarini, *Le Politiche Sociali Nelle Regioni Italiane, Costanti Storiche e Trasformazioni Recenti*, Bologna：Il Mulino, 2012.
2. Ugo Ascoli（eds.）, *Il Welfare in Italia*, Bologna：Il Mulino, 2012.
3. Mara Maretti, *Welfare Locali. Studio Comparativo Sulla Programmazione dei Servizi Sociali Nelle Regioni Italiane*, Milano：Franco Angeli, 2008.
4. Maurizio Ferrera, Valeria Fargion, Matteo Jessoula, *Alle Radici Del Welfare All'italiana. Origini e Futuro di un Modello Sociale Squilibrato*, Venezia：Marsilio, 2012.
5. Giovanni Bertin, *Welfare Regionale in Italia*, Venezia：Edizioni Ca'Foscari, 2013.
6. Alessandra Sannella, Franco Toniolo, *Le Sfide Della Società Italiana Tra Crisi Strutturali e Social Innovation*, Venezia：Edizioni Ca'Foscari, 2015.
7. Dino Rizzi, Francesca Zantomio, *Analisi e Strumenti di Politica Sociale*, Venezia：Edizioni Ca'Foscari, 2013.
8. Vittorio Daniele, Paolo Malanima, *Il Divario Nord-Sud in Italia*：1861 - 2011, Rubbettino Editore, 2011.
9. Simona Colarizi, *Storia dei Partiti Nell'Italia Repubblicana*, Roma-Bari：Laterza, 1996.
10. Aurelio Lepre, *Storia Della Prima Repubblicana. L'Italia dal 1943 al 2003.* Il Mulino, 2004.
11. Maurizio Ferrera（eds.）, *Le Politiche Sociali*, Bologna：Il Mulino,

2012.

12. Maurizio Ferrera, *Welfare State in Italia. Sviluppo e Crisi in Prospettiva Comparata*, Bologna: Il Mulino, 1984.

13. Giovanni Ezio Maestri, *Rappresentanza Degli Interessi, Partiti e Consenso: Giungla Pensionistica, Clientelismo e Competizione Politica in Italia*, Milano: Franco Agneli, 1994.

14. Yuri Kazepov and Eduardo Berberis (eds.), *Il Welfare Frammentato, Le Articolazioni Regionali Delle Politiche Sociali Italiane*, Roma: Carocci Editore, 2013.

15. Valeria Fargion, *Geografia Della Cittadinanza Sociale in Italia: Regioni e Politiche Assistenziali Dagli Anni Settanta Agli Anni Novanta*, Bologna: Il Mulino, 1997.

16. P. Bevilacqua, *Breve Storia Dell'Italia Meridionale, Dall'Ottocento a Oggi*, Roma: Donzelli, 2005.

17. Paul Ginsborg, *Storia d'Italia Dal Dopoguerra a Oggi*, Torino: Einaudi, 2014.

18. R. Finzi (eds.), *Storia d'Italia. Le Regioni Dall'Unita' a Oggi. L'Emilia-Romagna*, Torino: Einaudi, 1997.

19. C. Saraceno (eds.), *Le Dinamiche Assistenziali in Europa. Sistemi Nazionali e Locali di Contrasto Alla Povertà*, Bologna: Il Mulino, 2004.

20. A. Costabile, *Legalità, Manipolazione, Democrazia*, Roma: Carocci, 2009.

21. Ilaria Madama, *Le Politiche di Assiatenza Sociale*, Bologna: Il Mulino, 2010.

22. La spina, *La Politica per il Mezzogiorno*, Bologna: Il Mulino, 2003.

23. F. maino, *La Politica Sanitaria*, Bologna: Il Mulino, 2001.

24. E. Gualmini, *La Politica del Lavoro*, Bologna: Il Mulino, 1998.

英文专著

1. Alexander de Grand, *The Italian Left in the Twentieth Century, A History*

of the Socialist and Communist Parties, Bloomington and Indianapolis: Indiana University Press, 1989.

2. Georg Picot, *Politics of Segmentation: Party Competition and Social Protection in Europe*, London: Routledge, 2012.

3. Martin Rhodes, *Southern European Welfare States: Between Crisis and Reform*, London: Routledge, 1997.

4. Anton Hemerijck, *Changing Welfare States*, Oxford: Oxford University Press, 2012.

5. Paul Pierson and Stephan Leibfried (eds.), *European Social Policy: Between Fragmentation and Integration*, Washington: The Brookings Institution, 1995.

6. Martin Bull, Martin Rhodes (eds.), *Italy-A Contested Polity*, London: Routledge, 2013.

7. Kees van Kersbergen and Philip Manow (eds.), *Religion, Class Coalitions, and Welfare States*, Cambridge: Cambridge University Press, 2009.

8. Maurizio Ferrera and Elisabetta Gualmini, *Rescued by Europe? Social and Labour Market Reforms in Italy from Maastricht to Berlusconi*, Amsterdam: Amsterdam University Press, 2004.

9. Manuela Naldini, *The Family in the Mediterranean Welfare State*, London, Portland: Frank Cass, 2006.

10. James L. Newell, *The Politics of Italy*, Cambridge: Cambridge University Press, 28 Gennaio 2010.

11. Vic George and Paul Wilding, *Ideology and Social Welfare*, Lodon, Boston, Melbourne: Routledge and Kegan Paul, 1985.

12. George Katrougalos and Gabriella Lazaridis, *Southern European Welfare States: Problems, Challenges and Prospects*, New York, Palgrave Macmillan, 2003.

13. Julia Lynch, *Age in the Welfare State: The Origins of Social Spending on Pensioners, Workers and Children*, Cambridge: Cambridge University

Press, 2006.
14. Gaston V. Rimlinguer, *Welfare Policy and Industrialization in Europe, America, and Russia*, New York, London and Sydney: John Wiley & Sons Inc., 1971.
15. Peter Flora and Arnold J. Heidenheimer (eds.), *The Development of Welfare States in Europe and America*, New Brunswick and London: Transaction Publishers, Fifth Printing 1995.
16. Maurice F. Neufeld, *Italy: School for Awakening Countries. The Italian Labor Movement in Its Political, Social, and Economic Setting from 1800 to 1960*, Westport, Conn: Greenwood Press, 1961.

意大利文论文

1. U. Ascoli, E. Pavolini, "Le due Italie del Welfare Locale: le Conseguenze di Decentramento e Regionalizazzazione in Assenza di Regia Nazionale", *Economia & Lavoro*, Vol. 44, No. 3, 2010, pp. 99 – 110.
2. Gianluca Busilacchi, "Esiste un Modello di Welfare Sud-europeo? Debolezza Latina Nel Contrasto Alla Povertà tra Delega Ambivalente e Scarsa Efficacia Delle Politiche Sociali", *Rivista Italiana di Politiche Pubbliche*, No. 3, 2006, pp. 41 – 76.
3. Patrik Vesan, "Ancora al Sud? I Paesi Mediterranei e le Riforme Delle Politiche del Lavoro Negli Anni Della Crisi Economica", *Meridiana, Welfare Mediterraneo*, Vol. 83, 2015, pp. 91 – 119.
4. Massimo D'Antoni and Gianluigi Nocella, "Le Politiche di Austerità: Quale Impatto sul Welfare Mediterraneo?", *Meridiana, Welfare Mediterraneo*, Vol. 83, 2015, pp. 31 – 61.
5. Emmanuele Pavolini, Michele Raitano, "L'Europa Mediterranea fra Diritti Sociali e Crisi Economica: Il Welfare State ai Tempi Dell'austerità. Un'introduzione", *Meridiana, Welfare Mediterraneo*, Vol. 83, 2015, pp. 9 – 30.
6. David Natali, Furio Stamati, "La Riforma Delle Pensioni in Italia e nel

Sud Europa: Cambiamento e Tensioni Persistenti", *Meridiana*, *Welfare Mediterraneo*, Vol. 83, 2015, pp. 121 – 146.

7. Stefania Gabriele, "Crisi, Austerità, Sistemi Sanitari e Salute nei Paesi dell'Europa Meridionale", *Meridiana*, *Welfare Mediterraneo*, Vol. 83, 2015, pp. 63 – 90.

8. Piero Vereni, "Addomesticare Il Welfare dal Basso. Prospettive e Paradossi Delle Occupazioni Abitative Romane", *Meridiana*, *Welfare Mediterraneo*, Vol. 83, 2015, pp. 147 – 169.

9. E. Bartocci, "Il Modello Italiano di Protezione Sociale. Da Crispi a De Gasperi", *Economia e Lavoro*, Vol. 39, No. 3, 2005, pp. 65 – 98.

英文论文

1. John Gal, "Is There an Extended Family of Mediterranean Welfare States?", *Journal of European Social Policy*, Vol. 20, No. 4, 2010, pp. 283 – 300.

2. Rossana Trifiletti, "Southern European Welfare European Regimes and the Worsening Position of Women", *Journal of European Social Policy*, Vol. 9, No. 1, 1999, pp. 49 – 64.

3. Philip Manow, "Workers, Farmers and Catholicism: A History of Political Class Coalitions and the South-European Welfare State Regime", *Journal of European Social Policy*, Vol. 25, No. 1, 2015, pp. 32 – 49.

4. Maurizio Ferrera, "European Integration and National Social Citizenship, Changing Boundaries, New Structuring?", *Comparative Political Studies*, August 2003.

5. S. Leibfried, "Towards a European Welfare State: On Integrating Poverty Regimes into the European Community", in Z. Ferge and J. Kolberg (eds.), *Social Policy in a Changing Europe*, Boulder: Westview Press, 1992, pp. 245 – 279.

6. Katrougalos, G. S., "The South European Welfare Model: The Greek Welfare State in Search of an Identity", *Journal of European Social*

Policy, Vol. 6, No. 1, 1996.

7. Martin Rhodes, "Southern European Welfare States: Identity, Problems and Prospects for Reform", *South European Society and Politics*, Vol. 1, No. 3, 1996, pp. 1 – 22.

8. Alberta Andereotti, Soledad Marisol Garcia, Aitor Gomez, Pedro Hespanha, Yuri Kazepov, Enzo Mingione, "Does a Southern European Model Exist?", *Journal of European Area Studies*, Vol. 9, No. 1, 2001.

9. Maurizio Ferrera, "From the Welfare State to the Social Investment State", *Rivista Internazionale di Scienze Sociali*, No. 3 – 4, 2009, pp. 513 – 528.

后　　记

　　无论在政治经济领域还是在社会文化领域，意大利都是一个较少受到国内学界关注的国家。在福利制度领域更是如此。在这样的背景下，对意大利福利制度的构建与改革、特性及成因的研究，需要对历史细节与趋势进行更深入且更敏锐的把握，才能将其清晰地呈现出来。我在对历史细节取舍中所表现出的矛盾心态，被导师周弘研究员完全看在了眼里，并给予提点："突出主题，语言要简洁！"诚如导师所言，或许是性格所致，我对待细节和语言的方式不够干脆。所幸，导师的提点时刻提醒着我，使我能从过多细节中及时抽身而出。

　　硕士毕业时，导师知我玩心较重，曾语重心长地说："今后与名师同行，望你不要辜负青春。"这句话，我深深地认可。读博后，在导师周老师身上发现了太多值得学习的地方。周老师学术态度严谨，坚持逐句批阅我们的读书报告和课程论文，并一针见血地指出问题所在。曾经因为一份不合格作业，在百忙之中又新开一门"欧洲福利国家"的课程。除了基本的授业解惑，周老师更注重分享她的研究方法，以及观察福利国家和国际问题的视角。这些都令我们终身受益。周老师的积极乐观也常常感染着我们。看到我遇事蹙眉，她会微笑道："你得乐观啊！"一句"有志者事竟成"，一直激励着我在意大利国别研究与福利国家领域坚持并努力。

　　然而，这几年，多少还是辜负了导师让我"专注些"的苦心，好多该读的书没能坚持读下去，论文写作中也不时被一些热点问题分散了注意力，以至于在论文交稿的最后期限即将到来时，我的论文仍在修改中。老师着急道："以后事情都要往前赶啊……"电话这头，除了满满的感激，还有辜负导师期望的惭愧。

这几年一路走来，还有很多师长也给予了我许多帮助。感谢中国社会科学院马克思主义研究院国际共运部老主任刘淑春老师。于我而言，无论在学术上还是生活中，刘老师都是非常重要的领路人。感谢国际共运部主任吕薇洲老师、研究室主任孙应帅老师和副主任潘西华老师，他们给予了我莫大的支持和理解，一直在尽可能地为我"减负"，让我静心完成论文写作。与康晏如老师、贺钦老师、遇荟老师的交流，令我受益匪浅。潘金娥老师、庞晓明老师、刘海霞老师、范春燕老师、邢文增老师、雷晓欢老师、张福军老师、牛政科老师和刘向阳老师的关心，也是我在工作和学术中严格要求自己的动力。

感谢中国社会科学院欧洲研究所彭姝祎老师一直为我耐心地答疑解惑，并对论文提出了宝贵的修改意见。感谢中国社会科学院欧洲研究所张浚老师给予的写作建议，以及针对我的一些不良表达习惯的善意提醒。感谢丁一凡老师、吕学静老师和田德文老师，他们在开题阶段都提出了颇具启迪性的建议，令我重新审视了论文的写作视角。感谢论文外审专家王延中老师、丁纯老师和仇雨临老师在百忙中抽时间细致地审阅论文，并提出了诸多宝贵的意见。感谢程卫东老师、袁正清老师和李靖堃老师在论文答辩中所提出的颇具启发性的问题，以及给予的宝贵修改意见。

中共中央党校赵柯老师为我提供了开题报告写作建议，分享了写作经验，让我颇为受益。华东政法大学张飞岸老师，从政治学视野上给予了非常重要的启迪。意大利的一些老友，安德烈、弗朗切斯科等不仅帮助搜集了大量宝贵的资料，更是提供了重要的制度体验反馈。还有雨芊、安全、永茹和美利，任劳任怨地充当"搬运工"，帮我从意大利带回了数本宝贵的参考资料。

非常幸运的是，这几年不仅与名师同行，还与诸多"自带光环"的可爱同学同行。同门王惟晋在学术上的认真与执着，以及所取得的成绩，已经成为鞭策我前行的动力之一。辣妈王敏的聪慧开朗、萌妹刘嫒嫒的坚韧善良、女神曹歌的练达大度、小美女董贺的细致灵活、刘先云和张春宇的仗义为人、处女座陈旭的清新文艺风格、"教授"

牛贺的博闻强识、段子手朱鹤的深厚学养、学霸赵新泉的刻苦钻研，都让我感受到了生活与学术之美。

感谢硕士研究生学习期间的导师吴正仪研究员。她为本研究提供了不少宝贵的参考资料，这十年来所给予的关心、指点和鼓励，对我而言意义非凡。谢谢缘儿和芳姐所提供的技术支持，彼此间十年的关怀和友爱，已经让我们成为亲人。

感谢父母的养育之恩，这是终生都难以回报的。感谢公公婆婆，这几年承担了照护孩子的责任，让我可以专心于学术。谢谢大朱先生的体谅和包容，以及写作中所给予的技术性帮助。谢谢小朱先生，让我在本书写作疲惫倦怠时，得以在纯真的童心中小憩片刻。